Der Nürburgring

Impressum

HEEL Verlag GmbH
Gut Pottscheidt
53639 Königswinter
Telefon: 02223/9230-0
Telefax: 02223/9230-26

Gestaltung: Olaf Schumacher, Königswinter
Lithos: Fotosatz Hoffmann, Winterscheid
Druck: Ellwanger Bayreuth

ISBN 3-89365-841-6

Jörg-Thomas Födisch · Robert Ostrovsky

Der Nürburgring

Die legendäre Rennstrecke von 1927 bis heute

HEEL

Inhalt

Vorwort

Damals wie heute läßt der „Ring“, von 1925 bis 1927 in Zeiten bitterer Not und im Hinblick auf die hohe Arbeitslosigkeit in dieser Gegend gebaut, das Herz eines jeden Rennsportliebhabers höher schlagen, denn er gehört – eingebettet in eine besonders reizvolle Landschaft – zu den bekanntesten und schwierigsten Rennstrecken der Welt.

Inzwischen zur Legende geworden, ist er die älteste, heute noch regelmäßig befahrene Rennsportanlage in Deutschland.

Der 1984 eröffnete neue Grand-Prix-Kurs zählt inzwischen zu den modernsten und sichersten der Welt.

Knapp 40 Jahre nach der Konstruktion des ersten Automobils fand der Motorsport am Nürburgring ein Zentrum, in dem sich die Kraftfahrzeugtechnologie erproben und ihre Grenzen immer weiter hinausschieben ließen.

Legendäre Persönlichkeiten und ihre Erfolge sind eng mit ihm verknüpft.

Seine außergewöhnliche Streckenführung forderte und verlangt immer wieder das Äußerste von Mensch und Material. Diese extremen Beanspruchungen, die der „Ring“ an beide stellt, haben wesentlich dazu beigetragen, das Leistungs- und Sicherheitsniveau unserer heutigen Fahrzeuge zu erhöhen.

Der Nürburgring zieht Sportler und Besucher an, er dient zu Fahrerlehrgängen und trägt zur allgemeinen Verkehrssicherheit bei.

Das Motorsport- und Freizeitzentrum Nürburgring ist für die umliegende Region nach wie vor ein weithin ausstrahlender Anziehungspunkt und ein bedeutsamer Wirtschaftsfaktor.

Die Herausgeber

Der Nürburgring 1997

Wer den Zustand des Nürburgrings beim Eintritt in dessen achtes Jahrzehnt mit „rüstig" beschreibt, untertreibt gewaltig. Denn „rüstig" ist im allgemeinen mit „noch" verbunden. „Noch rüstig" heißt also nichts anderes, als daß jemand zwar schon im fortgeschrittenen Alter ist, sich aber noch gut fühlt und gesund ist. Dennoch aber liegt in dem „noch rüstig" schon der leise Hinweis, daß es mit dieser Rüstigkeit in absehbarer Zeit einmal zu Ende sein wird.

Beim Nürburgring sieht die Realität anders aus. Die Rennstrecke in der Eifel ist in ihrem Jubiläumsjahr 1997 kein „noch rüstiger" Rentner, sondern ein junger Modellathlet voller Saft, Kraft und Tatendrang. Er ist zweifellos auf einem Höhepunkt seiner Karriere, und nichts deutet darauf hin, daß dieses Leistungshoch nur vorübergehend sein könnte. Vielmehr spricht alles dafür, daß der „Ring" erst am Anfang eines neuen Erfolgskapitels seiner langen Geschichte steht. Sport, Tourismus, Wirtschaftsförderung in der Region – nie war der Nürburgring so stark und so wertvoll wie heute.

Zum drittenmal in Folge wird auf dem Grand-Prix-Kurs ein Weltmeisterschaftslauf der Formel 1 gefahren. Das heißt: der dritte Formel-1-Grand-Prix in einer Zeitspanne von weniger als zwei Jahren. Der „Große Preis von Luxemburg" am 28. September 1997 bestätigt den Nürburgring als eine Top-Rennstrecke und zugleich auch Nürburgring GmbH und ADAC als kompetente Organisatoren. Der Name des Rennens ist Zeichen für europäisches Denken und gute Nachbarschaft zum angrenzenden Großherzogtum. Die Formel 1 ist unbestritten der Höhepunkt im Sportprogramm, aber sie allein gibt dem Nürburgring 1997 noch nicht seine Ausnahmestellung unter den großen internationalen Rennstrecken.

Wieder fahren auch die besten Motorrad-Rennfahrer der Welt auf der Eifelrennstrecke um Weltmeisterschaftspunkte. Die Zweirad-Artisten haben den Nürburgring vor allem wegen seiner Sicherheit schätzen gelernt. Nicht zuletzt dies hat zu einer Vertragsgestaltung geführt, die dem „Ring" die Motorrad-Weltmeisterschaft auch in den nächsten Jahren sichert. Deutschlands Weltklasse-Rennfahrer, an ihrer Spitze der Ennepetaler Ralf Waldmann, fühlen sich auf dem Nürburgring inzwischen „daheim". Den Heimvorteil wollen sie am 20. Juli 1997 in Punkte ummünzen.

Zu den Nürburgring-Spitzenveranstaltungen mit internationalem Ruf zählt seit seiner Premiere im Jahre 1986 der ADAC-Truck-Grand-Prix. Er ist unangefochtener Spitzenreiter in der europäischen Truck-Race-Szene und hat ein Publikum, dessen Treue zur Veranstaltung und ihrer Rennstrecke bereits sprichwörtlich ist. Spannender Motorsport mit tonnenschweren Renn-Trucks und ein ebenso faszinierendes Umfeld aus Show und Musik geben dem Truck-Grand-Prix sein einzigartiges Gepräge. Die Entwicklung zum „Fest der Wagen und Gesänge" ist ein Beispiel dafür, daß auch im Motorsport Innovation und Ideenreichtum gefragt sind, wenn Erfolg angepeilt wird. Der Nürburgring verschließt sich nicht neuen Ideen, sondern nimmt sie wahr und schafft die Voraussetzungen für ihre Umsetzung.

Zu den Highlights des deutschen und internationalen Motorsports gehören Tourenwagenrennen der Top-Klasse. Der Nürburgring kann im Jubiläumsjahr damit gleich zweimal dienen: beim ADAC-Eifelrennen und beim ADAC-Bilstein-Supersprint mit Läufen des Super-Tourenwagen-Cups (STW). Das unterstreicht auch im Tourenwagensport die Bedeutung der Eifelrennstrecke und die Qualität der Arbeit, die von der Nürburgring GmbH und ihren Partnern geleistet wird.

Zur Tradition des Nürburgrings paßt perfekt der AvD-Oldtimer-Grand-Prix, der sein festes Stammpublikum hat und die Rennstrecke regelmäßig einmal im Jahr in das größte automobile Freilichtmuseum der Welt verwandelt.

Motorsport allein aber ist längst nicht mehr der einzige Geschäftszweig der Nürburgring GmbH. Die Rennstrecke hatte immer auch die Aufgabe, die Wirtschaftskraft in der Region zu fördern. Das bezog sich vor allem auf die Entwicklung des Tourismus in der Eifel. Auch hier war der Nürburgring nie so aktiv wie heute. Man beschränkt sich nicht mehr darauf, durch Motorsportveranstaltungen für Besucher zu sorgen, sondern organisiert eigene, motorsportfremde Veranstaltungen wie Open-Air-Konzerte und erschließt damit neue Publikumskreise und Umsatzquellen. Jetzt wird mit dem Bau der „Erlebniswelt Nürburgring" begonnen. Ein kleiner, aber feiner Freizeitpark, der sicher weitere Besucherströme in die Eifel führen, damit die Struktur verbessern und den Lebensstandard der Menschen fördern wird.

Sichere Arbeitsplätze, heute das wichtigste Ziel der Wirtschaftspolitik, werden im Gewerbepark am Nürburgring geschaffen. Die Nürburgring GmbH ist an dem Projekt beteiligt und leistet fachlichen Rat. Sie sieht sich auch hier in der Pflicht gegenüber den Menschen in der Eifel. Getreu dem Satz, den vor 70 Jahren der Landrat des damaligen Kreises Adenau und eigentliche Vater des Nürburgrings, Dr. Otto Creutz, sprach: „Die Rennstrecke ist nur so gut, wie der Dienst ist, den sie unserer Bevölkerung leistet." Würde Dr. Creutz noch leben, könnte er zufrieden sein. Noch zu keiner Zeit seines Bestehens leistete der Nürburgring mehr für die Menschen seiner Region als im Jahr seines 70. Geburtstages.

Dr. Walter Kafitz
Hauptgeschäftsführer
der Nürburgring GmbH

W. Kafitz

70 Jahre Nürburgring

Liebe Freunde des Nürburgrings,
die Herausgeber dieses Jubiläumsbandes haben mich gebeten, ein – wie sie formulierten – ausführliches Grußwort zu schreiben.

Ich möchte dem gerne nachkommen; die Fülle der Ereignisse dieser 70 Jahre, von denen ich persönlich eine Vielzahl miterleben und auch mitgestalten durfte, würde aber den Rahmen dieser Seite sprengen.

Es war der ADAC Rheinland mit Sitz in Köln, der den Bau einer Rennstrecke in der Eifel in den 20er Jahren mit vorantrieb und auch zur Eröffnung des Nürburgrings 1927 sein damals bereits etabliertes Eifelrennen einbrachte.

Die rasante Entwicklung in der Kraftfahrzeugtechnik, deutsche Spitzenfahrer und eine beständig wachsende Mobilität der Bevölkerung trieb den „Ring" nach vorn: Zum Mekka des deutschen Motorsports pilgerten riesige Zuschauermengen in die Eifel und dieser Boom hielt bis weit in die 60er Jahre an.

Es waren strukturelle Veränderungen im Motorsport und tragische Unfälle, die dann den Fortbestand des klassischen Kurses in Frage stellten und letztendlich zu einem totalen Umbau unseres Nürburgrings führten.

Der Weg hin zu dem, was wir heute als Grand-Prix-Strecke kennen, war nicht einfach. Im Spätherbst des Jahres 1976 fanden die ersten richtungsweisenden Gespräche zwischen Politikern, Gesellschaftern des Nürburgrings und dem ADAC statt. Und so erfolgte auch der erste Spatenstich erst am 30. November 1981. Vieles wurde erreicht, aber es wartet bis heute noch einiges auf seine Vollendung.

Wenn man als Beteiligter diese Jahre Revue passieren läßt, erinnert man sich meist zuerst an Probleme und Widerstände. Die schönen, erfolgreichen Dinge geraten dabei aber nicht in Vergessenheit: Noch heute spüre ich die Begeisterung, den Elan, der quer durch Deutschland ging und mit der Aktion „Rettet den Nürburgring" hunderttausende von Unterschriften und Solidaritätsbekundungen zusammenbrachte.

Wir Streiter für den Nürburgring, und hier möchte ich stellvertretend für alle Weggenossen den vormaligen Landrat Dr. Plümer nennen, brauchten diese Zustimmung, um nicht zu resignieren und alle Kräfte bündeln zu können: Im Januar 1981 wurde der Verein „JA zum Nürburgring" gegründet, der alle für den Nürburgring arbeitenden Verbände und Institutionen zusammenbrachte. Unter maßgeblicher Beteiligung des ADAC wurde so eine Fördersumme in Höhe von sechs Millionen DM bereitgestellt, der dann die Freigabe der öffentlichen Mittel folgte.

Es war geschafft! Doch die Realisierung des Wunsches, die Formel 1 wieder an den „Ring" zu holen, dauerte wiederum über ein Jahrzehnt. Aber auch das gelang!

Rückblickend erinnern mich diese Jahre an meine eigene aktive Zeit im Motorsport: Es war ein tolles Rennen, dessen Start – wie alle Starts – von der Euphorie des Erfolges getragen wurde. Man fuhr an der Spitze, wurde überholt und überholte selbst wieder. Es gab technische Probleme, die man lösen konnte oder die sich von selbst lösten. Der Wille, nach vorne zu kommen, die Ziellinie – möglichst als Sieger – zu passieren, war stets ungebrochen.

Wir waren, wie man es heute bezeichnet, eben „Racer", und solche Leute gehören auf Rennstrecken wie unseren Nürburgring.

Wenn ich nun für mich spreche, so werde ich weiterhin für den Eifelkurs und die Eifelregion „rennen". Gehen Sie alle diesen Weg mit: Der Nürburgring ist es wert!

Otto Flimm
ADAC-Präsident

Der alte Nürburgring war meine Lieblingsrennstrecke aus zwei Gründen: Zum einen wohne ich im Lake District in England und die Straßen ähneln sehr dem „Ring". Zum anderen fuhr ich zu Beginn meiner Karriere Fahrzeuge mit geringer Endgeschwindigkeit. Die herausfordernden Kurven und die Schwierigkeiten des Nürburgrings ließen mich den Mangel an Top-Speed wieder wettmachen durch besseres Bremsen und Fahrvermögen. Dies alles auf einer Rennstrecke, die ich als die großartigste Teststrecke der Welt bezeichnen möchte, auf der die Fahrer all ihre Fähigkeiten zeigen können.

Ich erinnere mich noch gut an das erste Mal, als ich vor 40 Jahren mit einem Lotus-11-Sportwagen am „Ring" ankam. Begleitet wurde ich von Mike Costin in einem Ford Prefect. Wir kamen am Sporthotel an, und die erste Person, die wir trafen, war Stirling Moss. Wir unterhielten uns kurz und dann bot er uns etwas an, was er eine „Besichtigungsrunde" nannte.

Er fuhr den kleinen Ford, ich saß auf dem Beifahrersitz, und Mike hinten. Mit Vollgas gings die Boxen entlang, durch die Südkehre, vorbei hinter der Boxenanlage. Die Abfahrtsstrecke Richtung Breidscheid war höchst spektakulär, da das Auto sich mehr auf einem Rad befand als auf zwei Rädern oder auf vier.

Am Ende dieser Runde hielt Stirling an den Boxen an und fragte: „Nun, das wars. Wie fandet ihr es?" Ich dankte ihm für die Fahrt, aber lernte eigentlich sehr wenig außer der Tatsache, so etwas nie wieder mitmachen zu wollen.

Ich habe viele Rennstrecken, auf denen ich damals das Privileg hatte, zu fahren, wieder besucht. Ich finde, daß sie sich alle verändert haben, einige von ihnen sind nicht mehr wiederzuerkennen. Aber ich habe immer noch starke Erinnerungen an die großen „Fahrerstrecken" wie an den Nürburgring, Spa-Francorchamps, Monza und die Targa Florio.

Cliff Allison, Grand-Prix-Pilot

Ich glaube, die herrliche Eifelrennstrecke war der größte Rennkurs von allen. Dort zu gewinnen, machte mehr Freude und verschaffte mehr Genugtuung als Siege auf anderen Strecken.

Ich erinnere mich noch gut an mein größtes Rennen auf dem Nürburgring, den Großen Preis von Deutschland 1958. Ich gewann diesen Grand Prix auf meinem Vanwall, nachdem ich rundenlang gegen die beiden Ferrari-Fahrer Hawthorn und Collins kämpfte.

Aber auch im Jahr zuvor hatte ich auf diesem einzigartigen Rennkurs Grund zur Freude, denn zusammen mit Noel Cunningham-Reid siegte ich beim 1000-km-Rennen auf einem Aston Martin.

Die Nordschleife des Nürburgrings bleibt für mich eine einzigartige Rennstrecke, die schönste, aber auch schwierigste.

Tony Brooks, Grand-Prix-Pilot

Was macht eine Rennstrecke zu einer Legende? Ihre geographische Lage? Ihre Umgebung? Die Herausforderung, die sie für Fahrer und Material darstellt? Heroische, manchmal dramatische Kämpfe, die dort ausgetragen wurden? Die Atmosphäre, die die Veranstaltung umgibt?

Nur zwei Rennstrecken auf der Welt können alle diese Faktoren für sich in Anspruch nehmen: der Madonie-Kurs der damaligen Targa Florio und die Nordschleife des Nürburgrings in der wunderschönen Eifellandschaft, am Fuße der stolzen Nürburg.

Schon vor unserer Zeit, in der die meisten Rennstrecken zu vier Kilometer Asphalt auf langweiligem Flachland, umgeben von Sandkästen, zusammengeschrumpft sind, war der Nürburgring eine Sache für sich. Mit Steigungen, Gefällen, unübersichtlichen Kuppen, dem Karussell, der berüchtigten Fuchsröhre, unzähligen Kurven, in die man einlenken mußte, bevor man sie sah, dem Kesselchen, dem Brünnchen und dem Flugplatz, wo man richtig schnell war, wo man auch wirklich flog…

Helden sind dort gefahren. Man muß einmal einen schweren Mercedes-Kompressor der 20er Jahre gefahren sein, um sich ein Bild davon machen zu können, was es für einen körperlichen und geistigen Einsatz erfordert, einen damaligen Typ S oder SSK im Renntempo mehrere hundert Kilometer um die Strecke zu bringen, wie es Caracciola, Merz, Werner und Sebastian taten.

Und auch diejenigen, die die Zeit der berühmten Silberpfeile der späten 30er Jahre nicht erlebt haben, haben von den von hunderttausenden Zuschauern verfolgten Titanenkämpfen gehört, deren Darsteller Bernd Rosemeyer, Rudolf Caracciola, Hans Stuck senior, Manfred von Brauchitsch, Hermann Lang, Tazio Nuvolari, Louis Chiron, Dick Seaman und Achille Varzi hießen. Ihre Mercedes, Auto Union und Alfa Romeo waren schon damals auf ihren schmalen, glitschigen Reifen und primitiven Aufhängungen fast so schnell wie die heutigen Formel-1-Wagen. Doch wer einmal einen Fehler machte, fand zu seiner Rettung keinen Sand und keine Auslaufzone, nur Bäume, Gräben, Böschungen und Abhänge.

Für diese hatte aber Fangio auf seinem Maserati keine Gedanken, als er 1957 in einer tollen Aufholjagd Mike Hawthorn und Peter Collins einholte und die beiden besten Ferrari-Fahrer verwundert, aber bewundernd hinter sich ließ.

Das ist der Nürburgring, ein wahrer Fahrerkurs, auf dem ein genialer Fahrer mehr wert ist als 50 PS mehr.

Auf anderen schönen Strecken dröhnen die Motoren nicht mehr, aber der Nürburgring lebt weiter. Die Formel 1 ist auf den neuen Grand-Prix-Kurs umgezogen, aber Veranstaltungen wie das 24-Stunden-Rennen ziehen noch unzählige Zuschauer mit Zelt und Wohnwagen zur Nordschleife. Diese ist für die Industrie die weltbeste Teststrecke. Sogar aus Japan kommen Prototypen, deren Fahrwerke auf dem „Ring" den letzten Schliff erhalten.

Die Nordschleife wird weiterleben, denn für die Industrie ist sie Gold wert.

Dem Nürburgring sage ich zum 70jährigen Jubiläum meine herzlichen Glückwünsche.

Paul Frère, Grand-Prix-Pilot

Der Nürburgring war die erste Rennstrecke, die ich kennenlernte und er hat mich von Anfang an fasziniert. Durch Vergleiche mit anderen Strecken konnte ich später feststellen, daß er eindeutig die höchsten Anforderungen stellt – an die Fahrer wie an die Wagen.

Bezeichnend war seine Rolle als ideale Teststrecke für unsere Fahrzeuge. Wenn wir – bei Mercedes, Porsche oder Borgward – ein neues Modell oder ein neues Fahrwerk fertiggestellt hatten, gingen wir nach den ersten Gehversuchen – meistens in der näheren Umgebung des Werkes – an den Nürburgring und erprobten es dort – oft tagelang.

Wenn wir so die Grundeinstellung erarbeitet hatten, konnten wir ziemlich sicher sein, daß an den anderen Rennpisten nur noch eine Feinabstimmung notwendig war. So ist es auch verständlich, daß jeder, der auf einer solchen Strecke einen Sieg herausfahren konnte, ganz besonders stolz war.

Dem Nürburgring sage ich zum Jubiläum meine herzlichen Glückwünsche.

Hans Herrmann, Grand-Prix-Pilot

Der Nürburgring – seit 70 Jahren Synonym für die schönste und schwierigste Rennstrecke der Welt.

Austragungsort von Tausenden von Veranstaltungen und Anziehungspunkt für Millionen von sportbegeisterten Besuchern, aber auch Schmelztiegel von Ereignissen, Erlebnissen und Schicksalen der verschiedensten Persönlichkeiten über mehrere Generationen.

Als Zeuge der Kompressor-Orgien der zwanziger Jahre, der Silberpfeile und roten Renner von Alfa Romeo der dreißiger und fünfziger Jahre, der filigranen Formel 1 der sechziger sowie des hochprofessionellen Motorsports der siebziger Jahre bis zum heutigen Tage, ist der Nürburgring selbst ein bedeutendes Stück Zeitgeschichte geworden.

1927 aus wirtschaftspolitischen Überlegungen gebaut, ist der Nürburgring bis heute ein unverzichtbarer Wirtschaftsfaktor für die Region. Fortwährende Veränderungen und Verbesserungen, um dem technischen Fortschritt Rechnung zu tragen, gipfelten 1981 im Neubau der Grand-Prix-Strecke, auf der auch in Zukunft weiterhin als harmonisches Nebeneinander von Tradition und Fortschritt die Formel 1 gastieren wird. Aber auch aus persönlichen Empfindungen ist der Nürburgring einzigartig: Bereits von mir als 16jährigem mit dem Moped bewundert, stellte mich der Nürburgring auch später als Rennfahrer vor bis dahin unbekannte Aufgaben.

Auf keiner anderen Rennstrecke gibt es eine derartig komplexe und schwierige Ansammlung von Kurven und Streckenabschnitten. Sie machen den Nürburgring, egal ob im Serienfahrzeug oder Rennauto, zur anspruchsvollsten „Fahrerstrecke“ der Welt.

Noch heute ist es immer wieder ein Erlebnis, durch die Fuchsröhre zu jagen, durch das Karussell zu driften oder im „Tiefflug“ den Pflanzgarten zu überqueren.

Der Nürburgring – eine nach wie vor verrückte und einmalige Strecke, auch für die nächsten 70 Jahre.

Marc Hessel, Tourenwagen-Pilot

Am 18. Juni 1997 feiert der Nürburgring seinen 70. Geburtstag. Der weltbekannte Eifelkurs, der zu Recht als die schönste aber auch schwerste Rennstrecke bezeichnet wird, hat seit 1927 Generationen von Fahrern und Zuschauern in seinen Bann gezogen.

Meine erste Bekanntschaft mit dem „Ring“ machte ich schon in den frühen fünfziger Jahren. Damals schickten mich meine Eltern in ein Gymnasium nach Adenau. Sie glaubten wohl, daß ich mich fernab von meinem Heimatort Mönchengladbach und damit auch fernab von automobiler und motorsportlicher Ablenkung in der ruhigen und besinnlichen Eifel besser auf die Schule und mein späteres Berufsleben vorbereiten könne. Genau das Gegenteil aber war der Fall: Durch die Nähe zum „Ring“ wurde ich dermaßen vom Motorsportbazillus infiziert, daß ich schon mit sieben Jahren in und um Adenau durch Rennversuche mit selbstgebastelten Rollern inklusive Beiwagen nicht nur der örtlichen Polizei auffiel. Meine Leidenschaft für alles, was mit der Rennerei zu tun hatte, war geweckt. Keine Frage, der hautnahe Kontakt zur Eifelpiste beeinflußte mein Leben entscheidend, und die Nordschleife war mir besonders ans Herz gewachsen.

Es dauerte aber noch einige Jahre, bis ich selbst auf dem Nürburgring startete. Meine ersten motorsportlichen Schritte unternahm ich nämlich im Go-Kart, und die fuhren am „Ring“ leider nicht. Dieser Sportart blieb ich auch bis 1970 treu. Erst danach stieg ich um in die Tourenwagen und kehrte wieder in die Eifel zurück.

Mir sind zahlreiche „Ringschlachten“ in bester Erinnerung geblieben; Kämpfe, die in die Tourenwagen-Geschichte eingingen und die nur auf der einzigartigen Nordschleife möglich waren.

Auch heute noch finde ich den alten „Ring“ phantastisch. Darauf zu fahren ist einmalig und großartig für jeden Rennfahrer. Ich bin sicher, daß die Strecke noch immer die größte Herausforderung unter allen Rennstrecken der Welt darstellt. Nur wer auf der legendären Nordschleife des Nürburgrings besteht, zählt wirklich zu den Besten.

Meiner Meinung nach fehlt es an der 1970 und 1971 umgebauten Nordschleife an nichts. Lange Hochgeschwindigkeits-Stücke, Bergauf- und Bergab-Passagen und die oftmals unterschiedlichen Witterungsbedingungen fordern vom Fahrer alles. Die Sprunghügel, bei denen die schnellsten Fahrzeuge von der Bahn abgehoben haben, sind zwar rar geworden, dennoch ist über die gesamte Runde hinweg vollste Konzentration erforderlich.

Seit 1984 wird die Geschichte des Nürburgrings auch von dem neuerbauten Grand-Prix-Kurs mitgeschrieben. Diese Strecke war erforderlich und wurde inzwischen wohl zum organisatorischen Rückgrat des „Rings“. Sie bildet heute das Zentrum einer der bekanntesten und besten Rennsportanlagen der Welt.

Der Nürburgring ist in den letzten Jahren nicht nur motorsportlicher Mittelpunkt Deutschlands und Europas geblieben, sondern hat auch durch die ständigen Kfz- und Industrieversuche und das umfangreiche Breitensportangebot dafür gesorgt, daß die Rennstrecke weiterhin „Motor“ der wirtschaftlichen Entwicklung dieser Region bleibt.

Hans Heyer, Touren- und Sportwagen-Pilot

Phil Hill, Automobil-Weltmeister von 1961, überbrachte dem Nürburgring seine besten Wünsche zum Jubiläum.

Er fuhr 1962 zusammen mit Olivier Gendebien beim ADAC-1000-km-Rennen den siegreichen Ferrari SP 246.

1966 gewann Phil Hill mit Joakim Bonnier das 1000-km-Rennen auf einem Chaparral.

Mit fortschreitendem Alter werden die sogenannten Jubiläums-Geburtstage in immer kleineren Abständen gefeiert.

Es gibt meiner Meinung nach aber keinen Grund dafür, daß die wohl berühmteste Rennstrecke der Welt da eine Ausnahme machen sollte.

Deshalb feiert der Nürburgring auch in diesem Jahr sein 70jähriges Bestehen.

Unvergessen bleibt, wie 1927 die „Allgemeine Renn- und Prüfungsstraße Nürburgring" mit Motorrad- und Autorennen eingeweiht wurde. Unvergessen bleibt auch, in welch kurzer Zeit tausende von Arbeitern mit Hacke und Schaufel den später weltbekannten Rennkurs in nur zwei Jahren in die einmalig herb-schöne Eifel-Landschaft hineinbauten.

Meine eigene sportliche Laufbahn ist sehr eng mit dem Nürburgring verbunden, denn schon von frühester Jugend an nahmen mich meine Eltern mit an die Nordschleife, die ich nach wie vor für die schwierigste, aber auch schönste Rennstrecke der Welt halte.

Anfangs fuhr ich mit dem Moped und einem VW über den „Ring". Zu jener Zeit gab es an den Wochenenden oft die „Tour de Nürburgring", wie ich es genannt habe. Ich bin dann so lange gefahren, wie das Geld reichte.

Wenn ich zurückdenke, hat es eigentlich immer nur den Nürburgring für mich gegeben. Bis ich 24 Jahre alt war, bin ich nie auf einer anderen Rennstrecke gewesen. Und auf eben diesem Eifelkurs habe ich wohl auch die größten Erfolge meiner sportlichen Laufbahn erzielt.

Ich glaube, auch heute noch ist die Nordschleife für jeden Fahrer die absolute Herausforderung. Und je weiter man davon weggerückt ist, wie in den letzten Jahren, um so größer wird diese Herausforderung. Dieses Autofahren wie auf einer Achterbahn, das gibt es sonst nirgends, das ist wirklich einmalig.

Auf der anderen Seite wäre es heute jedoch undenkbar, mit einem High-Tech-Rennwagen über eben diesen legendären Kurs zu fahren. Dafür ist die Nordschleife einfach überholt. Das wäre aber auch unverantwortlich.

Schließlich wurde von 1981 bis 1984 der neue Nürburgring-Grand-Prix-Kurs gebaut. Eine modern konzipierte Rennstrecke, die inzwischen das Nonplusultra unter den Motorsportanlagen in der Welt darstellt. Und diese Anlage wird vor allem den Anforderungen an die Sicherheit, den Umweltschutz und auch an die Wirtschaftlichkeit gerecht.

In meinen Augen haben die Nürburgring-Verantwortlichen mit dem Bau des neuen Grand-Prix-Kurses und dem Erhalt der Nordschleife aber auch den Fortschritt und die Tradition des Nürburgrings verbunden.

Motorsport, in welcher Form auch immer, wird stets mit dem Nürburgring verbunden sein.

Meine herzlichen Glückwünsche zum 70jährigen Jubiläum.

Klaus Ludwig,
Touren- und Sportwagen-Pilot

Legendäre Fahrer, legendäre Rennmaschinen und legendäre Rennen haben die Geschichte dieser einzigartigen und weltbekannten Rennstrecke in der Eifel geschrieben.

Meine Karriere erlebte einen ihrer Höhepunkte, als ich 1976 auf dem Eifelkurs den ersten Grand-Prix-Sieg auf meiner 125-ccm-Morbidelli errang. Unvergeßliche Duelle, Sprünge und Schräglagen, das waren die Motorrad-GP in den 70er Jahren bis zum letzten Großen Preis 1980 auf der Nordschleife. Dieser Grand Prix bleibt mir und wohl auch den meisten Zuschauern von damals unvergessen – noch heute spricht man vom Zweikampf zwischen Jon Ekerold und mir um den Gewinn der Weltmeisterschaft in der 350-ccm-Klasse. Ein Rennen, wie ich es in meiner langen Karriere nicht mehr erlebt habe. Nicht nur seit diesem Großen Preis von Deutschland bin ich der Meinung, daß ein Sieg oder eine gute Plazierung auf der „Eifel-Achterbahn" immer etwas Besonderes war. Das 22,8 Kilometer lange Asphaltband rund um die Nürburg stellte Anforderungen an den Fahrer wie auf keiner anderen Strecke der Welt.

Und noch eines konnte die Nürburgring-Nordschleife für sich in Anspruch nehmen: Auf ihr war stets der Pilot entscheidend, die Technik war von sekundärer Bedeutung.

1984 wurde der „alte Ring" durch den neuen GP-Kurs ersetzt. Der Sicherheitsaspekt stand hierbei an erster Stelle, sowohl für den Fahrer als auch für den Zuschauer. Zeitgemäß, modern und relativ ungefährlich sind Attribute, die auf die 4,5 Kilometer lange Piste zutreffen. Dennoch war von Anfang an klar, daß die neue Strecke höchste Ansprüche an die fahrerische Konzentration und auch an die Kondition stellt. Da die Piste sehr schnell ist, wird sie auch um so schwieriger.

Ich bin froh, daß nach einer relativ langen Pause die deutschen Grands Prix in den beiden letzten Jahren wieder am „Ring" ausgetragen wurden. Auf dem deutschen Traditions-Rennkurs wird auch der Große Preis von Deutschland 1997 gestartet. Damit kommt der Rennstrecke gerade im 70. Jahr ihres Bestehens wieder die Bedeutung zu, die sie verdient.

Ich bin sicher, daß viele Motorradfans in diesem Jubiläumsjahr an die Rennstrecke kommen, die seit 1927 Rennsportgeschichte schrieb. Altehrwürdige Nordschleife und ein supermoderner Grand-Prix-Kurs, zwei Pisten, die für jeden Zweiradfan immer wieder neue Herausforderungen darstellen.

Toni Mang,
Motorrad-Weltmeister

Der Nürburgring feiert am 18. Juni 1997 sein 70jähriges Bestehen. Dies ist für uns alle, für Fahrer, Rennsportfreunde und für die Region um die Nürburg Grund zu freudigem Gedenken.

Zahlreiche Erinnerungen verbinden meine Motorsportlaufbahn mit dem weltbekannten und einmaligen deutschen Traditionsrennkurs in der Eifel. Unvergessen sind mir besonders jene Rennen, mit denen die deutsche Nachkriegs-Motorsport-Epoche begann: Das Eifel-Pokal-Rennen für Motorräder mit und ohne Seitenwagen am 17. August 1947 und die legendäre Eifel-Pokal-Veranstaltung am 22. Mai 1949.

Süd- und auch Nordschleife in der wunderschönen Eifellandschaft waren mir gleichermaßen ans Herz gewachsen. Sowohl auf dem Motorrad als auch im Rennwagen habe ich mehr als einmal erfahren, daß der „Ring“ aber auch zu Recht als schwierigste Rennstrecke der Welt bezeichnet wurde.

Für uns Fahrer bedeutete der Nürburgring immer die größte Herausforderung unter den Rennpisten der Welt. Kurven jeder Art, Steigungen, Gefälle, Sprunghügel und zahlreiche Stellen, wo „der ganze Mann“ gefragt war.

Untermotorisierte Piloten haben hier auf dem Nürburgring mehrfach ihr großes fahrerisches Können bewiesen und Nachteile ihres Fahrzeuges wettmachen können. Seitdem ich diese Strecke kennenlernte, war ich davon überzeugt, daß der Nürburgring wie keine andere Rennpiste auf der Welt die Spreu vom Weizen trennte.

Nicht nur während meiner aktiven Laufbahn habe ich regen Anteil am Geschehen auf dem Eifelkurs genommen. Auch danach war ich der weltberühmten Rennstrecke verbunden, die sich in nunmehr 70 Jahren zum motorsportlichen Mittelpunkt Deutschlands und Europas entwickelt hat. Auch die Zahl der internationalen und nationalen Rennen sowie der vielen Rallyes auf dem Nürburgring legen Zeugnis davon ab, welch hohen Stellenwert dieser Kurs in sieben Jahrzehnten eingenommen hat.

Der Rennkurs hat jedoch nicht nur für internationale Rennen, sondern auch als Test- und Prüfstrecke für die Kraftfahrzeug- und die Zubehörindustrie gedient. Daß in den letzten Jahren die Angebote von Fahrsicherheitslehrgängen am Nürburgring einen immer größeren Raum einnehmen, ist im Interesse der allgemeinen Verkehrssicherheit sehr zu begrüßen. Es beweist eindrucksvoll, daß der „Ring“ heute weit mehr Aufgaben hat, als nur Rennstrecke zu sein.

Zum 70. Geburtstag des Eifelkurses wünsche ich, daß der Nürburgring auch weiterhin seine Aufgaben zum Wohle der Allgemeinheit erfüllen kann, wobei der Motorsport nach wie vor im Mittelpunkt aller Aktivitäten stehen sollte.

Georg Meier, Automobil- und Motorrad-Rennfahrer

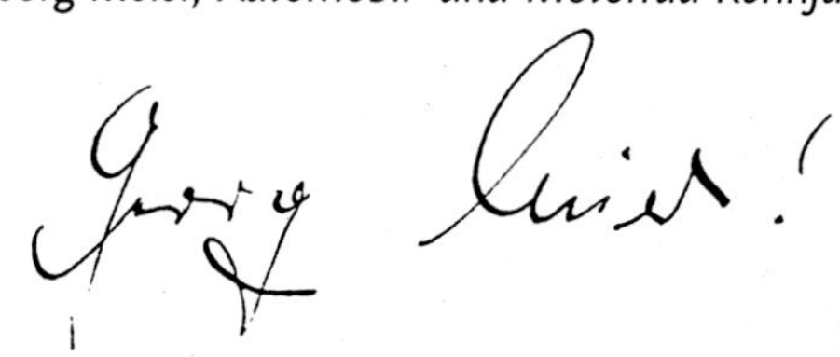

Am 1. August 1976 startete ich beim letzten Formel-1-Grand-Prix auf der legendären Nordschleife des Nürburgrings. Dieses Rennen ist mir aus mehreren Gründen gut in Erinnerung geblieben: Lauda-Unfall, zweiter Start, einige Dreher von mir und damit verbunden der Verlust des dritten Platzes. Letztendlich wurde ich nur Neunter in diesem GP von Deutschland.

In Erinnerung geblieben aber ist mir der Nürburgring vor allem wegen seiner außergewöhnlich schwierigen Streckenführung. Der dauernde Wechsel von Steigungen, von Gefällen und die große Zahl der Kurven haben mir alles abverlangt. Und oftmals hatte ich mit den unterschiedlichsten Witterungsbedingungen zu kämpfen, so auch bei meinem Grand-Prix-Sieg 1974.

In meiner ganzen Karriere hat mich keine Rennstrecke so fasziniert wie der Nürburgring. Auf diesem Kurs war die Herausforderung an mich stets am größten.

Immer wieder wurde gesagt, die Nordschleife sei am schönsten, aber auch am schwierigsten. Für mich stimmt diese Aussage, denn selbst 1975, als ich ausfiel, war ich sicher, etwas Großes erreicht und höchste Anforderungen bestanden zu haben: Ich hatte in 7:06,4 Minuten einen neuen Rundenrekord gefahren.

Der legendäre Kurs der Nordschleife wurde durch die neue Grand-Prix-Piste ersetzt. Beide Strecken zusammen machen jetzt das einmalige Flair des Nürburgrings aus.

Dem Nürburgring übermittle ich herzliche Glückwünsche zum Jubiläum.

Clay Regazzoni, Grand-Prix-Pilot

Bevor ich mit dem Motorsport begann, hatte ich in Motorsport-Zeitschriften von einigen Rennfahrern und ihren berühmten Siegen auf dem Nürburgring gelesen. Vor allem von Nuvolaris Sieg im Alfa-Romeo-Monoposto gegen die Mercedes-Benz und die Auto Union sowie von Dick Seamans Erfolg für Mercedes, nachdem der Wagen von Manfred von Brauchitsch an den Boxen Feuer gefangen hatte.

Diesen Berichten entnahm ich, daß diese Strecke extrem anspruchsvoll und angsteinflößend war. Nachdem ich später bei verschiedenen Gelegenheiten dort gefahren war, fand ich diese Ansichten sehr wohl bestätigt. Der Nürburgring ist eine Strecke, die sehr schwer zu beherrschen ist. Dort ein Rennen zu gewinnen gegen Top-Gegner der jeweiligen Zeit, ist meiner Meinung nach die herausragende Leistung in der Laufbahn eines jeden Rennfahrers. Ohne Zweifel war der Nürburgring die anspruchsvollste Rennstrecke der Welt.

Roy Salvadori, Grand-Prix-Pilot

Schon von frühester Jugend an ist mir der Nürburgring, und hier besonders die Nordschleife, vertraut. Als gebürtiger Kottenborner war der Eifelkurs immer Bestandteil meines Lebens, auch zu jener Zeit, als ich noch Fan war und die legendären Fahrer der 50er und 60er Jahre bewunderte.

In den Anfangsjahren meiner Motorsportkarriere nahm ich zunächst an zahlreichen Slaloms, Zuverlässigkeits- und Orientierungsfahrten teil.

Danach, es war Ende der 60er Jahre, stieg ich um in den Rundstreckensport und fuhr hauptsächlich auf der Strecke, auf der ich „groß“ wurde und auf der ich auch meine größten Erfolge erzielte: auf der Nordschleife des Nürburgrings.

Ich glaube, daß dieser Kurs von allen Rennstrecken der Welt derjenige ist, der den Fahrer am meisten anspricht. Die lange Nordschleife bietet Herausforderungen in jeder Runde: Gefälle, Steigungen und schwierige Kurven.

Ich bin der Ansicht, daß hier noch immer die Kunst des schnellen Autofahrens am besten demonstriert werden kann. Entscheidende Sekunden müssen meist dem Fahrer zugeschrieben werden, die Technik spielt zwar auch eine große Rolle, der Pilot hat jedoch an einer guten Rundenzeit noch immer den größten Anteil.

Gewiß, der alte Kurs wurde oft in Frage gestellt und mag sich auch nicht mehr für die modernsten Fahrzeuge unserer Zeit eignen, dennoch bin ich wie viele meiner Kameraden und Fahrerkollegen der Meinung, daß die wohl schwierigste und auch schönste Rennstrecke der Welt dem Motorsport zu Recht erhalten blieb und jetzt vor allem von Langstrecken- und Breitensportlern genutzt wird.

Ich glaube, daß es für jeden Fahrer, der auf der Nordschleife gefahren ist, keine größere Genugtuung gibt, als zu sagen: „Du hast auf der besten und schwierigsten Rennstrecke der Welt gute Rundenzeiten erreicht.“

Herzliche Glückwünsche dem Nürburgring und seiner Region zum Jubiläum.

Johannes Scheid, Tourenwagen-Pilot

Vor nicht allzulanger Zeit erhielt ich einen Brief einer Motorsport-Journalistin aus Argentinien; sie besuche zum ersten Mal Europa und ihr größter Wunsch sei, mit mir eine Runde über den alten Nürburgring zu fahren. Ob ich ihr diese Bitte erfüllen würde?

Nun, eine Runde auf der Nordschleife „zu drehen“ ist auch heute noch ein Erlebnis für mich. Mit einem Serienauto hat die Strecke sogar mehr Kurven?! Mit meinem March-BMW-Formel-2 gingen nämlich zwei Drittel der Kurven voll, so einen Grip hatten diese Autos damals. Das bedeutete, ab Hatzenbach bis Aremberg alles Vollgas. Können Sie sich vorstellen, mit 280 km/h auf das Schwedenkreuz zuzufahren und einfach einen Fuß unten zu lassen? Nein? Ich auch nicht mehr! Wie wenig Zeit dann noch blieb, um Aremberg anzubremsen. Die Fuchsröhre anschließend wird von vielen Nürburgring-Spezialisten voll gefahren. Aber bei einigen der schnellsten Renn- oder Sportwagen verwindeten die Chassis in der Senke so stark, daß für einen Moment die Lenkung blockierte. Man mußte also schon vorher den Lenkeinschlag genau treffen, denn dort war man nur noch Passagier. Je schneller ein Auto war, desto kürzer wurden auch die Geraden, speziell, wenn die Kurve vorher voll ging, und man den ganzen Schwung mitnahm. Anstrengend waren auch die Sprunghügel, man kam sich vor wie ein Rodeo-Reiter. Erst auf der Döttinger Höhe konnte man mal richtig durchatmen und auf die Instrumente schauen. Dann kam auch manchmal dieses Hochgefühl auf: Wow! Was für eine Strecke! Mein Formel-2-Ingenieur hatte einmal gesagt: „Für den Nürburgring baue ich einfach eine Rallye-Abstimmung ein, das heißt, lange Federwege, damit die Räder über den Kuppen möglichst lange am Boden bleiben und somit ein einfacheres Handling ergeben. Den Rest macht hier sowieso der Fahrer!“

Wenn ich heute die vielen sterilen Grand-Prix-Strecken sehe, tun mir die Fahrer ein bißchen leid. Aber mit den modernen Autos kann man nicht mehr auf so einer Strecke wie dem Nürburgring fahren. Die Zeit bleibt eben nicht stehen, und das hat auch seine guten Seiten.

Übrigens, den Wunsch der Journalistin habe ich natürlich gern erfüllt.

Marc Surer, Grand-Prix-Pilot

Während meines Lebens habe ich eigentlich drei verschiedene Nürburgring-Rennstrecken kennengelernt: Den Nürburgring von heute, den Nürburgring nach dem Umbau von 1971 und außerdem den, den ich anläßlich meines ersten Besuches 1955 „vorfand“, als ich meine NSU-250-ccm-Maschine und meine 350er Norton mitbrachte.

Außerdem hatte ich ja noch die Einladung von BMW, eine von ihren Maschinen in der 500er Klasse zu fahren.

In späteren Jahren gewann ich dann verschiedene Veranstaltungen auf dem Eifelkurs auf Motorrädern, Sportwagen und Grand-Prix-Wagen.

Abgesehen von dem sich windenden und anspruchsvollen Streckenverlauf, den der Nürburgring darstellte, gab es noch seine Geschichte. Das alte Sporthotel war voll davon, ebenso das alte Fahrerlager und die Boxenanlage, und man wäre sicherlich nicht überrascht gewesen, in Rudolf Caracciola oder in einen seiner Kollegen gelaufen zu sein. In einer Aura, die die ganze Szenerie zu umgeben schien. Dies habe ich nie auf einer anderen Rennstrecke so kennengelernt.

Das alte Sporthotel und die BMW-Entwicklungsstätte, die damals davorstand, die alte Rennstrecke, dicht umsäumt von Hecken sowie die irreführenden, nicht völlig mit Vollgas zu durchfahrenden Kurven, all dies gibt es nicht mehr. Besonders einige Kurven wurden beim Umbau 1971 begradigt.

Sicherlich aber bewahre ich angenehme Erinnerungen und Bilder an eine der anspruchsvollsten Rennstrecken, die es je gab, an eine Rennstrecke, an der für viele Jahre bis hin zu ihrer Sanierung die Zeit stillstand.

John Surtees,
Motorrad- und Automobil-Weltmeister

Die Nürburg

Christian Dewitz

Südlich von Adenau, auf einer der höchsten Erhebungen der Eifel, steht die Ruine der Nürburg. In ihren Grundmauern fast vollständig und im hochgeführten Mauerwerk in den wesentlichen Bestandteilen erhalten, krönt sie in rechteckiger Form den Berggipfel. Diese uralte Burg ist das Wahrzeichen einer ganzen Region und bei Rennsportfans in aller Welt ein Begriff. Herzen, die sich dem Motorsport verschrieben haben, schlagen bei ihrem Anblick höher. Denn wenn die Nürburg auf dem 678 Meter hohen Basaltkegel in der Ferne auftaucht, kann der „Ring" nicht mehr allzuweit sein.

Der „Ring", das ist „der Welt größte Rennstraße für Kraftfahrzeuge". Die Strecke windet sich rund um die Festung, schlängelt sich über Berge und durch Täler der Hocheifel. Der Ruine Nürburg verdankt das Straßen- und Streckennetz seinen Namen: Nürburgring! Auf dieser berühmten deutschen Piste sind zahllose Kapitel der Motorsportgeschichte geschrieben worden. Triumphale, aber auch tragische Kapitel. Aber auch das Markenzeichen von Adenau hat einiges zu erzählen.

Die Geschichte der im Jahr 1166 fertiggestellten Burg spielt im Spannungsfeld von Verfall, Wiederaufbau und abermaligem Verfall. Funde beweisen, daß bereits in römischer Zeit auf dem Berg eine Signalstation stand. Im 10. Jahrhundert gehörte der Berg zum Herrschaftsbereich der Grafen von Are. Theoderich I. von Are begann hier mit dem Bau einer Fluchtburg für den Herrenhof Adenau, der zur Herrschaft der Aregrafen gehörte. Einer seiner Söhne, Ulrich, errichtete (1150 bis 1160) aus der Fluchtburg eine Ritterburg.

Die Nürburg, das Wahrzeichen einer ganzen Region. Im Süden von Adenau gelegen, wurde die Burg im Jahr 1166 fertiggestellt und gab der weltberühmten Rennstrecke ihren Namen.

Die Jahre und Jahrzehnte kamen und gingen, und mit ihnen kamen immer wieder neue Burgherren. Häufig verkauft, unter Erben geteilt und als Sitz der kurkölnischen Amtmänner mehrfach verpfändet, war die Nürburg um 1530 weitgehend unbewohnbar. Mal hatte sie ganz oder in Teilen dem Kaiser gehört, mal hatte die Linie von Are um den Besitz oder Mitbesitz gestritten, mal hatte sie die Familie von Nürburg besessen, mal die Kölner Erzbischöfe den Schlüssel zur Burgpforte verwahrt. Burgmänner und Burggrafen wechselten in rascher Folge: ein Herr von Landskron, ein Peter von Adenau, ein Heinrich Adenau und viele andere.

Die Nürburg und ihre Bewohner haben auch Krieg, Terror und Verwüstung erleben und erleiden müssen. 1587 kamen niederländische Truppen und plünderten. 1633 zogen die Schweden unter General Baudissin hinauf zur Feste und gaben sie dem Verfall preis. 1690 zerstörten französische Truppen unter General Boufflers das Bauwerk endgültig.

Im Jahre 1815 war die Ruine preußische Staatsdomäne. 1818 wurde der Bergfried als trigonometrischer Punkt eingerichtet und ein Eingang zu ebener Erde hereingebrochen. 1864 versah man die Plattform mit einer Brustwehr und stellte das oberste Gewölbe wieder her.

Ende des 19. Jahrhunderts wurde die Nürburg zum magischen Anziehungspunkt für Naturfreunde aus allen Teilen Deutschlands. Heute locken nicht nur die herrliche Aussicht vom runden Turm und die Flora und Fauna der Hocheifel die Besucher an.

Die unmittelbare Nachbarschaft zu der weltberühmten Rennstrecke „Nürburgring" hat für ein weiteres Kapitel in der bewegten Historie der Burg gesorgt.

Das Kapitel heißt: „Motorsport am Ring"...

Die Entstehungsgeschichte des Rings

Der nachfolgende Artikel zur Entstehungsgeschichte, der den Zeitraum von 1904 bis 1927 beschreibt, wurde aus zeitgenössischen Dokumenten übernommen.

Sieben Jahrzehnte gibt es ihn: den inzwischen zur Legende gewordenen Nürburgring. Sein Ruf als anspruchsvollste und schönste Rennstrecke ging um die Welt. Die klassische Nordschleife mit ihren 22,8 km (Anmerkung: ab 1983 verkürzt auf 20,8 km) über Berge und durch Täler der Eifel ist untrennbar verbunden mit der Entwicklung des Kraftfahrzeuges und der Geschichte des Rennsports.

Das Automobil selbst steckte noch in den „Kinderschuhen", als man es bereits zu Beginn unseres Jahrhunderts für den Sport entdeckte.

Schon zu dieser Zeit war der Kreis Adenau im Gespräch, als man Ausschau danach hielt, wo eine für Automobilrennen geeignete Straßenstrecke in Westdeutschland zu finden wäre. Nachdem insbesondere in Frankreich mehrere Automobilrennen durchgeführt worden waren und sich beim Gordon-Bennet-Rennen im Jahre 1904 und dann beim Wettbewerb um den Kaiserpreis von 1907 im Taunus die Fahrzeuge der italienischen, französischen, belgischen, schweizerischen und englischen Industrie den in Deutschland produzierten Rennwagen überlegen gezeigt hatten, wuchs auch in Deutschland die Erkenntnis von der Bedeutung derartiger Renn- und Prüfungsfahrten für die technische Entwicklung der Kraftfahrzeuge.

Mehr als 2000 Bauarbeiter waren im Rahmen der „produktiven Erwerbslosenfürsorge" beim Bau des Nürburgrings in den Jahren von 1925 bis 1927 beschäftigt. Die „Gebirgs-, Renn- und Prüfstrecke" in der Eifel wurde fast ausschließlich in Handarbeit gebaut. Eine Schmalspur-Lorenbahn war eines der wenigen technischen Hilfsmittel.

Es war Kaiser Wilhelm II., der die Anregung gab, der deutschen Industrie und den deutschen Kraftfahrern eine besondere Strecke zu geben, auf der sie sich und ihre Fahrzeuge erproben und sich sowohl untereinander als auch mit den Kraftfahrern des Auslandes messen konnten.

Der Bau einer Automobil-, Renn- und Prüfungsstrecke wurde als notwendige Voraussetzung erkannt, eine noch bessere Ausbildung und ein optimales Leistungsvermögen der deutschen Fahrer zu erreichen und außerdem die Entwicklung leistungsfähiger deutscher Kraftfahrzeuge weiter zu erhöhen.

Wilhelm II. hatte mit seiner ersten Anregung bereits Hinweise darauf gegeben, daß ein geeignetes Projekt nur im Taunus, in der Lüneburger Heide oder in der Eifel zu finden sein würde.

Einer Kommission wurde die Aufgabe gestellt, ihm zur Errichtung einer Automobil-, Renn- und Übungsstraße diejenige Gegend vorzuschlagen, die unter sachlicher Würdigung aller in Betracht kommenden Verhältnisse dafür am ehesten geeignet sei.

Einer der ersten Bewerber für die geplante Straße war der Kreis Adenau. Als besonders vorteilhaft wurde das hügelige Gelände angesehen, weil hier Steigungen, Gefälle und scharfe Kurven besondere Anforderungen an die Fahrzeuge und an die Fahrer stellen würden. Von Juli bis Dezember 1907 fanden sich in den Spalten der Adenauer Zeitung mehrfach Ausführungen, die nicht nur das Interesse des Kreises und der Bevölkerung belegten, sondern auch vom Fortgang der Verhandlungen berichteten.

Selbstverständlich gab es auch Gegner des Projektes, wobei insbesondere der Landschaftsschutz und die Interessen von Wanderern an erster Stelle standen.

Wenn es in den Jahren vor dem Ersten Weltkrieg noch nicht zum Bau des Nürburgrings oder einer entsprechenden Renn- und Übungsstraße kam, so lag das allerdings vornehmlich daran, daß die deutsche Kraftfahrzeugindustrie unter dem Druck einer auch international fühlbaren Geldknappheit eine schwere Krise durchstehen mußte. Sogar von Amts wegen versuchte man durch staatliche Subventionen im Hinblick auf die militärische Verwendbarkeit des Kraftfahrzeuges Unterstützung zu leisten. Nach Ausbruch des Krieges und insbesondere nach dem deutschen Zusammenbruch versuchte die ausländische Konkurrenz alles, um die deutsche Automobilindustrie vom ausländischen Markt völlig zu verdrängen und auch in ihrer heimischen Position zu schwächen. Die Wiederbelebung des Kraftfahrzeugexports zu Beginn und Mitte der 20er Jahre gelang nur schrittweise gegen außerordentliche Schwierigkeiten.

Der nach dem Kriege erhöhte Einfuhrzoll mußte von Jahr zu Jahr wie-

der abgebaut werden und erreichte im Sommer 1928 ein Niveau, das unter der Vorkriegshöhe lag.

Noch wichtiger als im Jahre 1907 erschien es jetzt, der deutschen Industrie Möglichkeiten zu eröffnen, ihr die systematische Erprobung der neu entwickelten Fahrzeugtypen zu ermöglichen. Schwierige, die Fahrzeuge stark beanspruchende Prüfungsfahrten sollten dazu dienen, die für den deutschen und ausländischen Markt bestimmten Kraftfahrzeuge in jeder Beziehung besonders leistungs- und konkurrenzfähig zu machen.

Eifel-Rennen

Es entsprach der in Fachkreisen vorhandenen Erkenntnis von der Bedeutung der Rennveranstaltungen jener Jahre, daß schon im Frühjahr 1922 der ADAC beschloß, auf einer 33 km langen Rundstrecke bei Nideggen in der Eifel eine „Eifelrundfahrt" zu veranstalten. Dieses Eifelrennen führte durch sieben Ortschaften hindurch. Es gab noch keine Einteilung nach Touren-, Sport- und Rennwagen und noch keine Unterscheidung zwischen Privat- und Industriefahrern, aber es erschienen über hundert Fahrzeuge am 15. Juli 1922 zum ersten Start. Begeistert sprach man von der deutschen Targa-Florio-Strecke, und die Industrie erkannte, daß sie aus solchen Veranstaltungen außerordentlich wertvolle Erkenntnisse für die Weiterentwicklung ihrer Maschinen ableiten könnte.

Die ihrem Höhepunkt entgegengehende Inflation, insbesondere aber die Besatzungsnöte des Jahres 1923, gestatteten es zunächst nicht, das Eifelrennen zu wiederholen.

Eine neue Einladung zur Teilnahme an der Eifelrundfahrt erfolgte für den Juli 1924. In sechs Klassen gingen die Motorräder an den Start. Touren- und Rennwagen fuhren am zweiten und dritten Tage trotz Regen- und Hagelwetters über den Kurs. Der später weltbekannte Rudolf Caracciola erreichte mit weitem Vorsprung das Ziel und die schnellste Zeit des dritten Tages. Aber auch alle anderen Fahrzeuge warteten mit erheblich besseren Leistungen als 1922 auf.

Das Eifelrennen von 1925 wurde überschattet von mehreren tödlichen Unfällen. Die Erfahrungen der Jahre 1925 und 1926 zeigten darüber hinaus, daß diese Eifelrennen bei Nideggen in mehr als einer Hinsicht die Erwartungen der deutschen Automobilindustrie nicht mehr erfüllen konnten. Die Rennstrecke führte, wie schon erwähnt, durch sieben Ortschaften. Für den öffentlichen Verkehr konnten die Straßen nur vorübergehend gesperrt und somit außerhalb der eigentlichen Rennzeit nur in ganz beschränktem Maße für Trainingszwecke freigegeben werden. Außerdem war der Verlauf der Rennstrecke an vielen Stellen für Rennveranstaltungen nicht nur übermäßig schwierig, sondern auch außerordentlich gefährlich. So ergab sich zwangsläufig der Gedanke, für die ehemalige „Eifelrundfahrt" ganz neue Voraussetzungen zu schaffen.

Inzwischen war nämlich das allgemeine Interesse für das Automobil „erwacht". Allein im Gau Rheinland des ADAC stieg die Zahl der Ortsgruppen, und innerhalb dieser Ortsgruppen wieder die Anzahl der Mitglieder rasch an: Ende 1923 gab es 35, Ende 1924 bereits 50 örtliche Automobil- und Motorradclubs. Diese Clubs hatten zu jener Zeit bereits mehr als 4000 Mitglieder. Immer weitere Kreise der Bevölkerung erkannten die

Bedeutung des Kraftfahrzeugs. Nicht nur die Eifelrennen, mehr noch die Deutschland-Fahrten förderten dieses Interesse und bewirkten eine Beschleunigung der Motorisierung des Straßenverkehrs.

Die Kraftfahrzeugindustrie wußte aber, daß sie einen Rückstand gegenüber der ausländischen Konkurrenz aufzuholen hatte. Sie erkannte, daß ähnlich wie in Frankreich, Italien und Großbritannien eine Renn- und Prüfungsstrecke nötig wäre, um sich mit den Spitzenerzeugnissen der ausländischen Produzenten auf dem deutschen Markt zu behaupten und auf dem Weltmarkt Aussicht auf Erfolg zu haben.

Die Vorbilder des Auslandes machten deutlich, worauf es ankam. Die modernste und schnellste Automobil-Rennbahn der Welt war in Frankreich gebaut worden (Linas-Monthléry), und entsprechende zusätzliche Anlagen hatten ihr gerade in den letzten Jahren den Charakter einer Straßenprüfstrecke gegeben. Die Automobilindustrie Frankreichs und auch die anderer Länder erprobten dort die Leistungsstärke ihrer Erzeugnisse, und die Vergleiche mit der Konkurrenz zeitigten wachsende Erfolge.

Die Briten verfügten bereits seit 1907 über die Brooklands-Bahn bei London. Ohne Zweifel hatte diese Strecke viel dazu beigetragen, daß insbesondere die britischen Motorräder in wenigen Jahren jeder Auslandskonkurrenz – insbesondere auch der deutschen – überlegen wurden. Auch einige deutsche Automobilfabriken haben vor dem Ersten Weltkrieg wiederholt ihre Kraftfahrzeuge zur Erprobung auf die Brooklands-Bahn geschickt.

Der italienischen Industrie stand seit 1922 das musterhaft angelegte Autodrom im Park von Monza bei Mailand zur Verfügung. Die italienische Automobilindustrie machte von den Möglichkeiten, die Neuheiten und Verbesserungen in der modernen Fabrikationstechnik zugunsten ihrer Wettbewerbssituation auf dem nationalen und internationalen Automobilmarkt laufend dort zu erproben, regen Gebrauch.

In Berlin war Anfang 1909 die Avus-GmbH gegründet worden. Dieses Faktum bedeutete zunächst nicht viel mehr als die vorläufige Zurückstellung jedes anderen großzügigen Projektes in Deutschland. Aber auch der Avus-Plan reifte nur langsam. Erst im Juli 1913 erfolgte der erste Spatenstich, und dann führte der Krieg zur Wiedereinstellung der Arbeiten.

Erst im Herbst 1921 konnte die Anlage dem Verkehr übergeben werden. Die Avus jedoch war und ist eine fast schnurgerade, völlig ebene Rennstrecke innerhalb des öffentlichen Straßennetzes und daher als Übungs- und Prüfungsstraße nicht sonderlich geeignet.

Aufgrund dieser Situation hatte das deutsche Kraftfahrwesen und die deutsche Automobilindustrie, verglichen mit den fortschrittlich ausgestatteten Nachbarländern, einen schlechten Stand. Aber der Umschwung und der nötige Auftrieb ergaben sich aus der in raschem Tempo wachsenden Aufgeschlossenheit breitester Bevölkerungskreise für die Bedeutung des Automobils im modernen Verkehrswesen.

Pläne wurden geschmiedet und waren wenig später vorhanden: Erste Initiativen gab es 1923/24 für den Kottenforst bei Meckenheim, ein Waldgebiet nahe Münstereifel und ein Gelände auf einer Golfanlage im Süden von Köln.

Es ist kein Wunder, daß gerade dort, wo sich schon 1907 das Interesse für den Plan einer Automobil-, Renn- und Prüfungsstrecke nachdrücklich gemeldet hatte, nämlich im Gau Rheinland des ADAC und im besonderen in der Eifel, der alte Gedanke wieder aufgegriffen und in Kombination mit neuen Argumenten erneut zur Erörterung gestellt wurde. Der Bonner Kaufmann Hans Weidenbrück, Mitglied des Automobilclubs von Adenau, machte 1925 den Vorschlag, eine große Automobil-Gebirgsrennstraße im Kreis Adenau zu errichten. Allerdings hatte er nur daran gedacht, die vorhandenen Straßen von Adenau nach Mayen und von Adenau nach Kelberg von der Döttinger Höhe her über die Nürburg nach Müllenbach zu verbinden. Auf diesem aus öffentlichen Straßen bestehenden Dreieck sollte in Zukunft das Eifelrennen ausgetragen werden. Die alte „Eifelrundfahrt" würde also aus dem Bezirk Nideggen in den Kreis Adenau verlegt, und es wäre vielleicht manche Verbesserung, aber nichts grundlegend Neues erreicht worden.

Der Landrat des Kreises Adenau, Dr. Otto Creutz, zugleich Vorsitzender des Automobilclubs Adenau, erkannte die Unzulänglichkeit des Projektes, das nicht mehr als 25 000 Reichsmark kosten sollte, und ging mit seinen Vorschlägen sofort weit darüber hinaus. In vorausschauender Weise regte er den Bau einer vom allgemeinen Verkehr völlig losgelösten großen Gebirgs-, Renn- und Prüfungsstraße an, die nicht nur den dringend förderungswürdigen Interessen der Automobil-Industrie dienen und Nutzen bringen sollte, sondern auch die Kraftfahrt im allgemeinen und den Sport im besonderen fördern sollte.

Creutz versprach sich darüber hinaus auch einen nachhaltig starken Einfluß im Sinne einer großzügigen Fremdenverkehrswerbung für die landschaftlich schöne, wirtschaftlich aber sehr arme Eifel. Er wußte, daß der Bau einer solchen großzügigen Straßenanlage für eine Vielzahl von Erwerbslosen auf lange Zeit Arbeit und Brot bedeuten würde. So konnte dieses Projekt unter neuen Gesichtspunkten begründet werden und Creutz hat bei den folgenden Verhandlungen immer wieder mit Nachdruck betont, daß es nicht nur darum gehe, dem Automobilsport eine moderne Rennstraße zu schaffen und dafür öffentliche Gelder bereitzustellen, sondern daß aus den Mitteln der aktiven Erwerbslosenfürsorge eine Erprobungs- und Prüfungsstrecke gebaut werden sollte, die zur Verbesserung der Motorfahrzeuge wertvolle Dienste leisten würde.

Dieser Argumentation konnte sich der Staat nicht verschließen. Die erforderlichen Geldmittel wurden bewilligt mit der Begründung, daß der Bau der vorgeschlagenen Straßenanlage einer großen Anzahl von Erwerbslosen aus dem Kreis Adenau und dem ganzen Regierungsbezirk Koblenz sowie aus zahlreichen benachbarten Kreisen Arbeit böte. Dem armen Kreis Adenau würde man zudem durch großzügige Werbung dazu verhelfen, Arbeitsplätze zu schaffen. Der Automobilindustrie und den Kraftfahrt-Sportverbänden könnte man die längst geforderte und dringend notwendige Übungsstätte geben. Dadurch wären die mit dem wachsenden Straßenverkehr unvermeidbaren Einschränkungen von Kraftfahrzeugwettbewerben auf öffentlichen Straßen umgangen.

Es ergänzten sich somit Voraussetzungen und Wünsche verschiedenster Art, und es gelang in erstaunlich kurzer Zeit dank der guten Zusammenarbeit aller interessierten Behörden und Kreise – trotz mancher großen und kleinen Schwierigkeiten – das Projekt zur Reife zu bringen.

1925 waren die Vorbereitungen abgeschlossen. Um mehrere Veranstaltungen gleichzeitig durchzuführen, sah man mit Blick auf die Zukunft bereits damals vier Streckenabschnitte vor:

- den gesamten Nürburgring mit 28,262 km,
- die Nordschleife mit 22,810 km,
- die Südschleife mit 7,747 km,
- die Start- und Zielschleife mit 2,292 km.

Bei der gesamten Planung war man darauf bedacht, immer im Sinne der Anforderungen an eine Erprobungsstraße das Optimum zwischen engen und flachen Kurven zu erreichen. Zwischen großen und geringen Steigungen, starkem und schwachem Gefälle sowie bei der Ausgestaltung von Senken und Kuppen sollten die Fahrer ihre äußerste Leistungsfähigkeit unter Beweis stellen. Die Kurvenanlage und die Kurvenfolge sollten gewährleisten, daß Fahrer und Fahrzeuge sowohl beim Bremsen als auch beim Beschleunigen auf diesem mit Schwierigkeiten gespickten Versuchsfeld ständig gefordert waren. 89 Links- und 85 Rechtskurven, 300 m Höhenunterschied mit Steigungen bis zu 27 Prozent und Gefälle bis zu 11 Prozent sollten bewältigt werden.

Fahrzeuge, die bei Versuchsfahrten derartigen Anforderungen genügten, waren geeignet, überall als Gebrauchswagen Verwendung zu finden. Insbesondere Reifen und Bremsen mußten hohen Beanspruchungen gewachsen sein. Gerade darauf kam und kommt es bei der steigender Verkehrsdichte auch im allgemeinen Straßenverkehr damals wie heute an.

Grundsteinlegung

Nachdem am 13. August 1925 durch Erlaß des Preußischen Wohlfahrtsministeriums der Bau der „Ersten Deutschen Gebirgs-, Renn- und Prüfungsstraße im Kreise Adenau" als „Notstandsarbeit" genehmigt und am selben Tag die landesbaupolizeiliche Baugenehmigung ausgesprochen wurde, konnten alle Schwierigkeiten als überwunden angesehen werden. Es folgten eine Streckenbegehung zur Sicherung des Grunderwerbs und der Abschluß der Verträge mit vier Baufirmen.

Wenn man auch schon im April 1925 mit kleineren „Notstandsarbeiten" (Beschäftigung von 60 Leuten) begonnen hatte, so war doch erst jetzt der Zeitpunkt für den offiziellen Auftakt zum Baubeginn gekommen.

Am 27. September 1925 legte der damalige Oberpräsident der Rheinprovinz, Dr. h.c. Fuchs, den Grundstein für den inzwischen in allen Einzelheiten festgelegten Bau, der mehrere Millionen Reichsmark kosten sollte. Die Rede, die Dr. Fuchs aus diesem Anlaß gehalten hat, ist aus zwei Gründen besonders bedeutsam: Der bemerkenswerte, in jenen Jahren noch fast prophetisch anmutende Weitblick über die Entwicklung des Kraftfahrwesens im allgemeinen; im besonderen aber umriß der Oberpräsident die Aufgaben des Nürburgrings, die für die praktische Arbeit auf dieser Renn- und Prüfungsstrecke damals wie heute gelten. Es erscheint daher zweckmäßig und im Rahmen dieses Buches von besonderer Bedeutung, jene Rede auszugsweise im Wortlaut wiederzugeben.

Dr. Fuchs führte u.a. folgendes aus: „Als der Ruf durch die Lande ging, daß hier eine Rennstraße gebaut werden solle, befürchtete ich gleich allen Naturfreunden, daß diese Straße die Schönheit der Landschaft vernichten könnte. Wir mußten alle Besorgnisse und Bedenken prüfen, und Gott sei Dank haben sie sich als unbegründet erwiesen. Nachdem aber Denkmalschutz und Heimatschutz keine Bedenken mehr vorzubringen hatten, mußten wir die Gründe prüfen, die die Förderer und Unternehmer dieser Bahn hatten. Und diese Gründe haben sich als stichhaltig erwiesen. In unserer Zeit einer beispiellosen wirtschaftlichen Konkurrenz kann der Verkehr nicht mehr nur an den Schienenstrang gebunden werden. Dazu ist es aber notwendig, daß wir die Fahrzeugindustrie auf den höchsten Stand der Vollkommenheit bringen. Es ist nicht mehr angängig, daß wir den Vorsprung, den wir dereinst in dieser Industrie hatten, an andere Länder abgeben. Wir müssen unsere Fahrzeuge prüfen auf ihre höchste Leistungsfähigkeit und Sicherheit. Das ist nur möglich, wenn uns eine entsprechende Bahn zur Verfügung steht. Diese Rennstraße, die hier gebaut werden soll, entspricht nach der Auffassung aller Sachverständigen den Anforderungen, die an eine solche Bahn gestellt werden müssen."

Oberpräsident Dr. Fuchs betonte in seiner damaligen Rede auch die erhöhte Verantwortung, die sich aus dieser Entwicklung im Verhältnis zum übrigen Publikum ergebe:

„Ich will nicht von den vielen Unfällen sprechen, auch nicht darauf hinweisen, daß unsere Straßen noch nicht dem gesteigerten Verkehr entsprechen. Es muß jeder Mensch, der ein Kraftfahrzeug besitzt und jeder Fahrer sich bewußt sein, welche Verpflichtungen er der Menschheit gegenüber hat. Ich habe den dringenden Wunsch an alle Beteiligten, seien Sie darauf bedacht, daß dem Publikum die nötige Rücksicht entgegengebracht wird. Ich sage das, weil es notwendig ist, denn ich sehe den Siegeszug des Kraftfahrzeugs voraus. Er läßt sich nicht aufhalten und wird ein Triumphzug sein. Er kann aber nur ein Triumphzug werden, wenn das geschieht, was ich eben gesagt habe."

Des weiteren stellte Dr. Fuchs fest: „Die Zeit, wo das Kraftfahrzeug lediglich ein Luxusfahrzeug war, ist vorüber. Die Menschen darin sind zumeist keine Vergnügungsreisende, sondern sie reisen im Interesse der Wirtschaft."

Indem er auf die wirtschaftliche Notlage des Landes einging, betonte Dr. Fuchs mit besonderem Nachdruck: „Seit einem Jahrhundert mühen sich der preußische Staat und die Rheinprovinz ab, die wirtschaftlichen Verhältnisse dieser Gegend zu bessern. Ich freue mich über das Einsehen der Vertretung dieses Kreises, an der Spitze der Landrat, daß sie nach neuen Wegen gesucht hat, um der Bevölkerung ihr schweres Los erträglicher zu machen. Unser aller Pflicht ist es, dieses Unternehmen zu fördern. In der allgemeinen schlechten Wirtschaftslage ist es ja auch möglich, bei diesem Unternehmen diejenigen zu beschäftigen, die in der Wirtschaft nicht haben beschäftigt werden können. Schwere Jahre der Not haben wir hinter uns, schwere Jahre stehen sicherlich noch bevor. Ich bin überzeugt, daß der Segen, der aus diesem Unternehmen hervorgeht, der Bevölkerung dieses Kreises zugute kommen und über das ganze Vaterland herausströmen wird."

Wenige Wochen später, am 30. Oktober 1925, gab Oberpräsident Dr. Fuchs der Ersten Deutschen Gebirgs-, Renn- und Prüfungsstraße für Kraftfahrzeuge im Kreis Adenau den seither im In- und Ausland bekannten Namen „Nürburgring". Damit wurde dem preisgekrönten Vorschlag des Regierungspräsidenten a.D. Dr. Kruse entsprochen.

Kennzeichnend dafür, wie von Anfang an Bedeutung und Wesen des Nürburgrings gesehen wurden, ist das Geleitwort, das der Initiator des Nürburgrings und der wichtigste Förderer dieser großen Bauaufgabe äußerte: Der Landrat des Kreises Adenau, Dr. jur. Otto Creutz, schrieb in der im April 1926 erstmals erschienenen Zeitschrift „Nürburgring":

„Zur Förderung aller wirtschaftlichen und sportlichen Interessen im Kraftfahrwesen wird die Prüfungsstraße Nürburgring gebaut, und zwar als große Notstandsarbeit mit Rücksicht auf die soziale Lage der Eifelbevölkerung, denen eine dürftige Kleinbauernwirtschaft nur einen Teil des Lebensunterhalts gewährt und die Stillegung der Industrie jede Möglichkeit nahm zur Beschaffung des Ausfalls."

Wenige Zeilen weiter betont Dr. Creutz die Eigenart des Nürburgrings, die jeden Wettbewerb mit etwas Bestehendem von vornherein tatsächlich und mit Bewußtsein ausschließe.

In der Betonung dieses Sonderdaseins habe der Nürburgring sein höchstes Ziel und bestes Maß nach jeder Seite:

- Dienst am gesunden Fortschritt des Kraftverkehrs auf wirtschaftlicher Grundlage,
- Förderung der einschlägigen Industrien und der sportlichen Betätigung,
- Führung zum Schönen in der Landschaft des Nürburgrings und der Zufahrtstraßen im weitesten Sinne für Eifel, Rheingebiet und Westdeutschland.

Damit hat der Landrat des Kreises Adenau von vornherein die Zielsetzung für den Nürburgring, sein Wesen, seine Bedeutung und seine Aufgabe knapp umrissen und gleichzeitig so vorausgesagt, wie sie sich in der späteren Entwicklung zeigen sollte.

Die Bauarbeiten begannen im April 1925 in verschiedenen Abschnitten. Schließlich mußten sie wegen eingegangener sportlicher Verpflichtungen 1927 beendet sein.

Ende Mai 1927 wurde die neue Straße erstmalig von den Teilnehmern an der Westdeutschen Gebirgs-Prüfungsfahrt und am Tage darauf (29. Mai) durch die Studien-Gesellschaft für Automobil-Straßenbau befahren.

Die landespolizeiliche Abnahme nahm am 11. Juni 1927 der Regierungspräsident von Koblenz, Dr. Brandt, vor.

Insgesamt betrugen die Baukosten 14,5 Millionen Reichsmark.

Nach knapp zwei Jahren Bauzeit hatten rund 2000 Arbeiter das Werk vollendet. Am 18. Juni 1927 erlebten mehr als 80000 Zuschauer mit dem ADAC-Eifelrennen die Eröffnung des Nürburgrings. Der Erfolg dieser Strecke war durchschlagend. Für den Zeitraum eines halben Jahrhunderts galt der Nürburgring als die größte Herausforderung an Fahrer und Maschine.

Die Zeit des Nürburgrings von 1927 bis 1997

Namen, die unvergeßlich bleiben, bestimmten in nunmehr 70 Jahren das Geschehen:

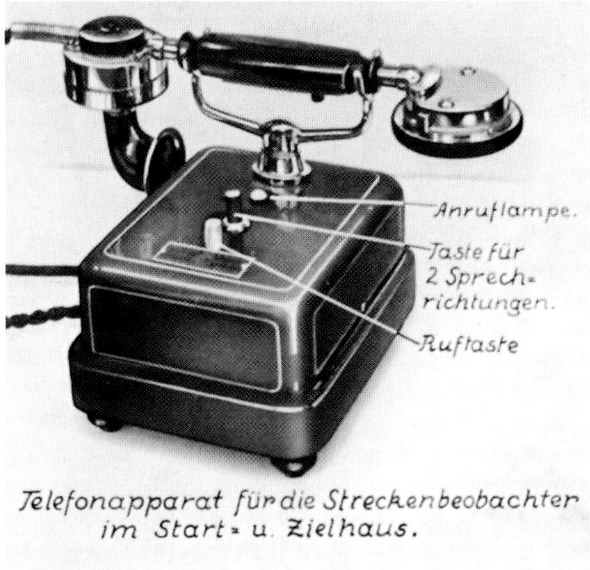

oben: Dieses schöne Gerät wird im Programm der Eröffnungsfeier stolz als „besonderer Fernsprechapparat" präsentiert.

unten: Fernsprechzentrale des Nürburgrings 1927.

Caracciola, Stuck, Nuvolari; die Silberpfeile von Daimler-Benz und Auto Union, die roten Alfa Romeos und die sagenhaften Bugattis vor dem Zweiten Weltkrieg, Ascari, Fangio, Moss, Graf Trips, Surtees, Stewart und viele andere danach. Sie alle hatten großen Respekt vor der anspruchsvollsten und schwierigsten Rennstrecke. Doch für fast alle war es gleichzeitig auch die meistgeliebte Rennstrecke.

Wie über viele liebgewordenen Dinge unseres Lebens ging auch über den alten Nürburgring die technische Entwicklung hinweg.

Trotz der intensiven Umbauarbeiten 1970 und 1971 an der legendären Nordschleife wurde nur rund zehn Jahre später ein neuer Nürburgring gebaut.

Eine moderne, sichere, zukunftsorientierte Anlage mußte entstehen, damit der Nürburgring zeitgemäß blieb.

Dieser neue Nürburgring-Grand-Prix-Kurs feierte am 12. Mai 1984 Eröffnung.

Die 4,5 km lange Strecke, umsäumt von Sitz- und Stehtribünen für 120000 Zuschauer, hat ihre Bewährungsproben in den letzten 13 Jahren längst bestanden.

Bei den Welt- und Europameisterschaftsläufen von 1984 – 1996 erntete „der neue Ring" das große Lob praktisch aller Weltklassefahrer auf zwei und vier Rädern, und auch die zuständigen Motorsport-Sicherheitsgremien spendeten nur Lob und Anerkennung für eine der aktuellsten Motorsportanlagen der Welt.

Für 1987, das Jahr des 60. Nürburgring-Geburtstages, erwartete den Motorsportfreund ein mit Höhepunkten gespicktes Programm. Vom traditionellen ADAC-Eifelrennen, mit dem vor 60 Jahren der Nürburgring eröffnet wurde, über die Jubiläums-Festwoche vom 12. bis 21. Juni 1987, den Großen Preis der Tourenwagen, den Internationalen Truck-Grand-Prix, das ADAC-1000-km-Rennen bis hin zum Internationalen ADAC-Bilstein-Super-Sprint-Rennen spannte sich der Bogen hochkarätiger Motorsportveranstaltungen. Dazu kam – vor allem für die jüngere Generation – ein Super-Rockfestival und ein groß angelegtes Motorradtreffen.

Ferner gab es eine Fülle von Veranstaltungen, die unter die Rubrik „Breitensport" fallen. Hierzu gehören sowohl Rennveranstaltungen mit (meist) seriennahen Fahrzeugen als auch Zuverlässigkeitsfahrten, Rallyes, Fahrerlehrgänge u.ä..

Die Rennstrecke selbst ist zwar unbestritten das Kernstück des Nürburgrings. Um aber auch außerhalb der großen Rennveranstaltungen ein attraktives Angebot für die vielen hunderttausend Besucher im Laufe eines Jahres bieten zu können, stehen weitere Attraktionen bereit.

Zum Freizeitzentrum Nürburgring gehört das im Oktober 1984 eröffnete Rennsportmuseum. In einer einzigartigen Ausstellung wird den Besuchern die Entwicklungsgeschichte des Rennsports anhand seltener Schaustücke gezeigt. Von historischen Grand-Prix-Fahrzeugen der 20er Jahre über „Silberpfeile" und klassische Sportwagen bis hin zu Boliden unserer Tage reicht das Spektrum.

Und auch die Freunde historischer Motorräder kommen auf ihre Kosten. Vor allem die wunderschönen Maschinen der 20er und 30er Jahre sind in solcher Vielfalt nur selten zu sehen.

Zu den Höhepunkten eines Besuchs am Nürburgring zählt es, einmal selbst über die Rennstrecke fahren zu dürfen. An allen veranstaltungsfreien Tagen besteht die Möglichkeit, im eigenen Fahrzeug, ja selbst im Omnibus, auf den Spuren der Großen des Rennsports zu fahren. Für viele tausend Menschen jährlich ein besonderes Erlebnis!

Für alle, die auch einmal ein Fahrzeug im Rennstil bewegen wollen, hat das Freizeitzentrum Nürburgring eine weitere Attraktion: die Kartbahn. Im Innenraum der neuen Rennstrecke gelegen, bietet dieser 1,3 km lange „Ring im Ring" für jedermann die Möglichkeit, mit den vorhandenen Leihkarts schnelle Runden zu drehen. Ein Mordsspaß, ganz sicher nicht nur für Kinder und Jugendliche.

Daß zu einem solchen kompletten Angebot, wie es das Freizeitzentrum Nürburgring darstellt, auch ein entsprechender gastronomischer Betrieb gehört, versteht sich von selbst. Unmittelbar an der Rennstrecke liegt das Dorint-Hotel.

Der Ausbau eines umfangreichen Freizeitangebots mit Attraktionen auch außerhalb der Rennen ist bereits realisiert und bestätigt einmal mehr, daß die Nürburgring-Verantwortlichen zeitgemäß handeln.

Die Herausforderung Nürburgring

70 Jahre Nürburgring, das bedeutet unzählige Rennen und spannenden Motorsport von den besten Fahrern der Welt auf ihren besten Fahrzeugen.

Sieben Jahrzehnte lang hat der Nürburgring Rennsportgeschichte geschrieben, hat die verschiedenen Renn-Epochen durchlebt, sah strahlende Sieger, aber auch tragische Unfälle und zerstörte Hoffnungen.

Rennsport-Historie gab es auf der Nord- und Südschleife, ab 1984 stand dann der neue Grand-Prix-Kurs meist im Mittelpunkt. Es waren aber alle Streckenvarianten, die der Eifelpiste weltweites Ansehen verschafften.

Die alte Nürburg, ein „Raubritternest" aus längst vergangenen Zeiten, hat von 1927 bis 1997 viel gesehen, seit sie durch das Dröhnen der Motoren aus ihrem Schlaf geweckt wurde.

70 Jahre Nürburgring...

Da ist zum einen diese typische „Ring"-Atmosphäre, die alle Rennfans und alle Rennfahrer so lieben und die man mit Worten nicht beschreiben kann. Sie ist einfach da. Man spürt sie, wenn man nach den langen Wintermonaten wieder den Weg zum Nürburgring gefunden hat. Seine Streckenführung, die der alten ehrwürdigen Nordschleife, die bar jeglicher Vernunft in die Berglandschaft der Eifel „hineinkomponiert" wurde, sucht ihresgleichen. Kurven, die es eigentlich nicht gibt, hier findet man sie – eine nach der anderen, so willkürlich und unregelmäßig wie es sie eben nur hier gibt. Nirgendwo findet der Fahrer eine Gerade, auf der er sich – für wenige Augenblicke wenigstens – ausruhen könnte.

Doch, es gibt eine, die Döttinger Höhe, aber dafür geht sie bergauf und bergab und erfordert ebenfalls vollste Konzentration. Früher verlangte sie – diese Gerade – an ihrem Ende noch mehr von jedem Fahrer. Damals befand sich dort nämlich eine Linkskurve – mittlerweile entschärft – die es in sich hatte. Man sah sie nicht, denn sie lag unmittelbar hinter einer Kuppe und genau dort spannte sich eine Brücke über die Strecke. Man meinte, man flöge hinter dieser Brücke in den Himmel und hatte dabei alle Hände voll zu tun, um diese Kurve zu erwischen. Die Formel-1-Piloten jener Jahre schossen mit rund 260 Stundenkilometern auf die Brücke zu und fuhren „blind" mit immerhin noch etwa 240 Kilometern in diese Kurve hinein, die sie nur ahnen konnten. Das war eine Stelle der alten, legendären Nordschleife.

Der schottische Grand-Prix-Pilot Jakkie Stewart, der 1965 zum ersten Mal auf diesem einmaligen Kurs startete, schilderte das damals so:

„Nehmen Sie die Fuchsröhre. Man fährt da das erste Mal im vierten Gang runter und man sagt sich, du müßtest hier mit Vollgas fahren. Also sticht man in der nächsten Runde im sechsten Gang mit rund 260 km/h runter, von einer Straßenseite zur anderen fliegend, die Bäume und Hekken rasen so schnell vorbei, daß man nur noch ein einziges Grün sieht, und man denkt, mein Gott, ich bin viel zu schnell; es bleibt keine Zeit mehr, um noch irgend etwas zu tun.

Der Wagen springt wild herum, und jedesmal, wenn er den Boden verläßt, muß man die Lenkung korrigieren, um seine Nase in der Richtung zu behalten. Und dann unten, in der Senke des Hügels, wird man in den Sitz gepreßt und man ist sich im klaren, den Wagen nicht mehr in der Gewalt zu haben. Er scheint hügelaufwärts seine eigene Spur laufen zu wollen, und man fragt sich, was für eine Linie das sein wird. Man kann nicht einmal mehr den Fuß vom Gaspedal nehmen und bremsen – wahrscheinlich bringt man nur ein bißchen davon fertig. Der Wagen fliegt dann bergauf wie auf Schienen, man kann ihn nicht lenken, man fragt sich, wohin er geht und versucht die ganze Zeit über, zwei Gänge herunterzuschalten, ihn genügend abzubremsen, um die erste Linkskurve und dann die Rechtskurve zu bekommen, wieder links und wieder rechts – ich sage Ihnen, es ist verdammt aufregend."

Mike Hawthorn, der Automobil-Weltmeister von 1958, über den Nürburgring:

„Es gibt Leute, die sagen Dir, Silverstone in England sei die sicherste und der Nürburgring die gefährlichste Rennstrecke. Ich garantiere, daß trotzdem acht von zehn Fahrern den Nürburgring vorziehen. Als ich mal in Silverstone um den Kurs fuhr, dachte ich mir plötzlich, daß ich diese Strecke eigentlich gar nicht leiden kann. Sie ist doch recht langweilig."

Hier oben auf dem Nürburgring, hier konnte und kann man immer

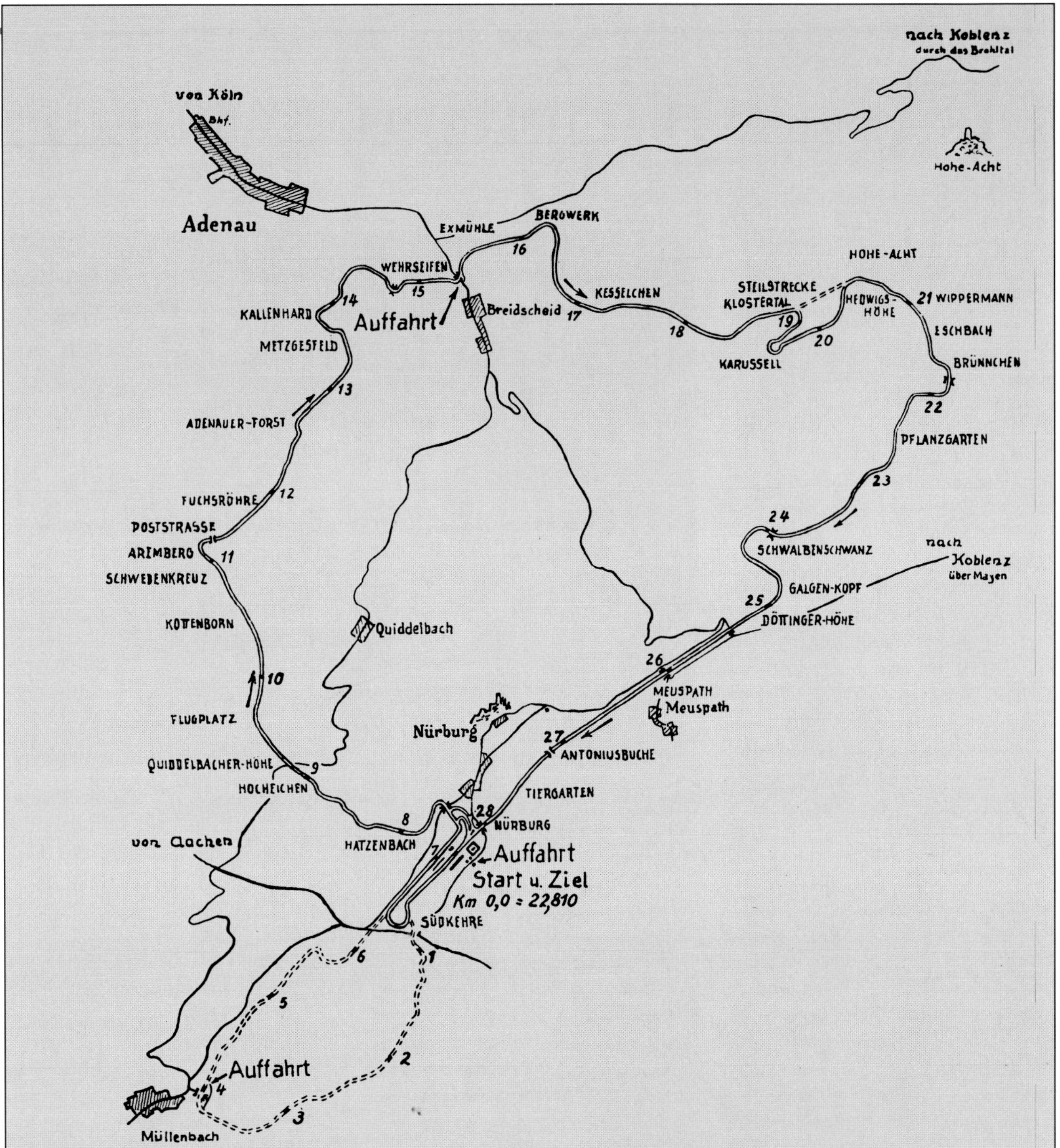

Alter Streckenplan

noch die Kunst des schnellen Autofahrens in Vollendung demonstrieren. Früher gab es einmal 174 Kurven, nach dem Umbau von 1970/1971 nur noch 70. In jedem Fall, will man sie alle optimal nehmen, will man keine entscheidenden Sekunden verlieren, dann ist jederzeit vollste Konzentration und größtes Fahrvermögen erforderlich. Nur, wer schaffte das schon und wer schafft das heute?

Man kann nicht abstreiten, daß der Nürburgring für die Fahrer wohl auch gefährlicher als manche andere Rennstrecke war und ist. Aber Unfälle lassen sich im Metier „Motorsport" leider nie ganz ausschließen. Dennoch, und da haben sich die jeweiligen Nürburgring-Verantwortlichen immer zeitgemäß verhalten, wurde in jeder Epoche all das getan, was für den Fahrer und besonders auch für den Zuschauer an oberster Stelle stand: die Sicherheit.

Und eigentlich ist dieser Nürburgring, ist diese Nordschleife, dem Titel „der Welt schönste, schwierigste und sicherste Rennstrecke" immer gerecht geworden.

Daß der Nürburgring gerade in bezug auf sichere Rennstrecken schon immer eine Vorreiterrolle spielte, wurde mit dem Bau des 1984 eröffneten Grand-Prix-Kurses eindrucksvoll unter Beweis gestellt.

In der Welt des Motorsports jedenfalls werden wir um diese beiden Strecken beneidet.

Nachfolgend blättern wir nun in der langen Geschichte des Nürburgrings und versuchen nochmals, legendäre Rennen, legendäre Fahrer, aber auch kleinere Begebenheiten ins Gedächtnis zurückzurufen, die letztlich mit zur „unendlichen Historie" dieser Strecke beigetragen haben.

Umrechnungstabelle für den Nürburgring (Nordschleife 22.810 km)

Minuten pro Runde		Stunden-kilometer	Minuten pro Runde		Stunden-kilometer	Minuten pro Runde		Stunden-kilometer	Minuten pro Runde		Stunden-kilometer	Minuten pro Runde		Stunden-kilometer
30	=	45,62	25,5	=	53,64	21	=	65,17	16,5	=	82,94	12	=	114,05
29,5	=	46,37	25	=	54,74	20,5	=	66,74	16	=	85,54	11,5	=	119,00
29	=	47,17	24,5	=	55,86	20	=	68,43	15,5	=	88,27	11	=	124,43
28,5	=	48,02	24	=	57,03	19,5	=	70,16	15	=	91,24	10,5	=	130,24
28	=	48,86	23,5	=	58,23	19	=	72,01	14,5	=	94,36	10	=	136,86
27,5	=	49,75	23	=	59,49	18,5	=	73,97	14	=	97,74	9,5	=	144,06
27	=	50,68	22,5	=	60,81	18	=	76,03	13,5	=	101,37	9	=	152,05
26,5	=	51,64	22	=	62,20	17,5	=	78,20	13	=	105,27	8,5	=	161,00
26	=	52,62	21,5	=	63,64	17	=	80,50	12,5	=	109,49	8	=	171,08

Preis Mk. 0.50

EXTRA-BLÄTTER

Aufnahme: Photothek, Berlin S. W. 61, Belle-Alliancestr. 82.

INHALT:

Eröffnungs-Feier · Eröffnungs-Rennen
des A. D. A. C.

Zeit-Tabellen aller Fahrer im Eifel-Rennen 1927

Großer Preis von Europa für Motorräder 1927

Ausführliche Beschreibung der Fahrer und Maschinen.

Tinnjo-Offsetdruck, Bonn-Köln

2

Der „Nürburg-Ring"

Juni 1927

PROGRAMM

für die Eröffnungsfeier des Nürburg-Ring, der Ersten Deutschen Gebirgs-Renn- und Prüfungsstraße im Kreise Adenau sowie für die Eröffnungs-Rennen des Allgemeinen Deutschen Automobil-Club (ADAC.) München und des Gau IV Rheinland des ADAC. (Eifel-Rennen 1927)

Freitag, den 17. Juni 1927

20,30 Uhr: Festabend für geladene Gäste, gegeben von der Stadt Koblenz im Kasino zu Koblenz

KOBLENZ:

ADENAU:

ab 12 Uhr: Ankunft der ersten Plakettenfahrer vor dem Landratsamt in Adenau. (Zielkontrolle.)
18 Uhr: Fahrerbesprechung der Motorradfahrer im Tribünenrestaurant des Start- und Zielplatzes.
20 Uhr: Platzmusik auf dem Marktplatz von Adenau.
21 Uhr: Zusammenkunft der Plakettenfahrer im Hotel Eifeler-Hof in Adenau.

Samstag, den 18. Juni 1927

10 Uhr: Ankunft der Ehrengäste von Koblenz auf dem Start- und Zielplatz.
10 Uhr 15: Feierliche Eröffnung des Nürburg-Ring mit anschließender
11 Uhr 30: Besichtigungsfahrt für die Ehrengäste über die Renn- und Prüfungsstraße.
12 Uhr 30: Freiübungen von 1000 Turnern und Sportlern des Ausschusses für Leibesübungen (Köln).
13 Uhr 30: Frühstück im Tribünenrestaurant.
14 Uhr 30: Beginn der Motorradrennen über ca. 150 km (Eifelrennen).
17 Uhr 30: Fahrerbesprechung der Renn- und Sportwagen im Tribünenrestaurant.
19 Uhr: Festessen für die von der Verwaltung des Nürburg-Ring geladenen Ehrengäste im Hotel Eifeler-Hof, Adenau.
20 Uhr: Platzmusik in allen größeren Unterkunftsorten der Nürburg-Ring-Fahrer insbesondere Adenau, Ahrweiler, Altenahr, Bonn, Koblenz, Mayen, Neuenahr.
20 Uhr 30: Illumination von Adenau, Bergfeuer und Feuerwerk.

Sonntag, den 19. Juni 1927

8 Uhr: Festgottesdienst in den Kirchen zu Adenau.
10 Uhr: Start der Sport- und Rennwagen zum Eifelrennen 1927 über 450 km.
17 Uhr: Bekanntgabe der offiziellen Resultate des Eifelrennens am Start- und Zielplatz.
17 Uhr 30: Freigabe des Nürburg-Ring für allgemeine Besichtigungsfahrten.
19 Uhr: Festessen für die vom ADAC. geladenen Ehrengäste im Kurhaus zu Neuenahr.
21 Uhr: Preisverteilung und Festb… Räumen der …

1927 bis 1936

18. Juni 1927: Die Eröffnungsveranstaltung

Das erste Rennwochenende am Nürburgring ist in Szene gesetzt. Feierlich, wie man sich denken kann. Der preußische Wohlfahrtsminister Hirtsiefer war erschienen und überbrachte die Glückwünsche der preußischen Staatsregierung. Der damalige Reichsverkehrsminister Dr. Koch sprach als letzter von fünf Rednern und erklärte, der kleine Kreis Adenau könne mit berechtigtem Stolz auf dieses außerordentliche Bauwerk blicken, welches trotz aller vorhandenen Schwierigkeiten mit Unterstützung der Reichsregierung und Preußens zum glücklichen Ende geführt worden sei. Daß diese Auftaktveranstaltung am Nürburgring mit Motorrädern begann, zeigt, welch ungewöhnlich großes Interesse man damals dem Motorradsport entgegenbrachte. Es kamen gerade in den kleineren Klassen immer sehr starke Felder zusammen, und die Firmen DKW und BMW unterhielten schon damals gute Werksrennställe. Auf internationaler Ebene sich mit den tonangebenden Briten zu messen, war sehr schwierig, wurde aber ständig versucht. Motorradrennen waren zumindest genau so populär wie Autorennen und lockten viele Zuschauer an die Rennstrecken.

Der Mann, der nach einer Stunde und vierzig Minuten (Durchschnitt 84,2 km/h) als Sieger im ersten Lauf des Eröffnungsrennens durchs Ziel fuhr, war ein damals noch nicht sehr bekannter Privatfahrer aus Düsseldorf mit einer englischen Velocette. Er hieß Toni Ulmen, war nach dem Krieg einer der erfolgreichsten Wagenfahrer auf einem 2-Liter-Veritas, wurde Deutscher Meister und einige Jahre später Sportpräsident des DMV, des Deutschen Motorsport-Verbandes.

Christian Werner (Mercedes) siegte beim Eröffnungsrennen in der Rennwagenklasse .

Auf den sechsten Platz in der 350er-Klasse kam – immer noch mit einem Durchschnitt von 80,8 km/h – Adolf Brudes aus Breslau auf einer AJS. Auch er war später ein sehr erfolgreicher Wagenfahrer. In den 50er Jahren gehörte er zur Werksmannschaft bei Borgward.

Die 250er-Klasse gewann ein junger NSU-Fahrer namens Walter Glöckler. In den 30er Jahren gehörte er auf Hanomag zu den besten deutschen Sportwagenfahrern. Nach dem Krieg schuf er in seiner Werkstatt in Frankfurt die ersten Porsche-Spyder mit 1100- und 1500- ccm-Stoßstangenmotoren, mit denen er 1950 und 1951 Deutscher Sportwagenmeister wurde. In der Klasse bis 175 ccm – eine damals noch sehr beliebte Klasse, die in späteren Jahren dann nicht mehr ausgeschrieben wurde – hatte DKW drei Werksmaschinen eingesetzt: Eine davon fuhr der Nachwuchsfahrer Arthur Geiss aus Pforzheim, der in den folgenden zehn Jahren einer der erfolgreichsten deutschen Motorradfahrer wurde und sich mit den Besten der Welt messen konnte. Bei diesem Eröffnungsrennen erzielte er in seiner Klasse zwar die schnellste Runde, mußte aber einmal zum Kerzenwechsel an die Boxen und verlor fast zwei Minuten. Auf diese Weise fiel der Sieg an einen anderen Werksfahrer namens Sprung, der damals auch Deutscher Meister wurde.

Das Rennen Nummer zwei, das kurz nach vier Uhr nachmittags gestartet wurde, brachte eine Mischung, wie man sie später nicht mehr sah: Die Solomotorräder bis 500, bis 750 und über 750 ccm fuhren zusammen mit den Seitenwagenmaschinen bis 600 und bis 1000 ccm.

Die 500er-Soloklasse war dabei mit 17 Maschinen sehr stark besetzt. Es gab von Anfang an keinen Zweifel, wer hier gewinnen würde: das As des BMW-Stalles, Toni Bauhofer aus München. Nach der ersten Runde hatte er vor dem Zweiten, dem Berliner Koeppen, bereits einen Vorsprung von mehr als einer Minute. Nach den sechs Runden, die die großen Maschinen zu fahren hatten, gewann er mit mehr als vier Minuten Vorsprung vor dem Kölner Zündorf auf DKW.

Bei den 750er-Solomaschinen fuhr der spätere Weltrekordmann Ernst Henne auf seiner BMW die schnellste Runde, mußte aber schon nach der zweiten Runde mit Motorschaden aufgeben. Eine Tornax mit Jap-Motor gewann, und bei den ganz großen „Brocken" kam eine 1000-ccm-Zweizylinder-Harley-Davidson – damals eine sehr beliebte Maschine bei Rennen – auf den ersten Platz, gefahren von Paul Rüttchen aus Erkelenz, während eine New Imperial mit 1000-ccm-Jap-Motor die schnellste Runde schaffte.

Die Klasse der Seitenwagenmaschinen bis 600 ccm gewann Kürten aus Düsseldorf, der eine Andrees fuhr. In der 1000er-Klasse, in der fünf Maschinen gestartet waren, kam nach sechs Runden nur noch eine an, eine ziemlich langsam fahrende Harley-Davidson.

Am Sonntag, den 19. Juni, wurden dann die Wagenrennen gestartet. Alle Kategorien und alle Klassen fuhren in einem gemeinsamen Rennen. Die Sportwagen hatten zwölf Runden à 28,3 Kilometer zurückzulegen, die Rennwagen unter 1100 ccm ebenfalls zwölf, die Rennwagen der größeren Klassen 14 Runden.

Jede Klasse mußte ihre volle Distanz fahren. Das sah dann wie folgt aus: Rudolf Caracciola ging mit dem siegreichen Mercedes-Kompressor Typ S nach etwas mehr als dreieinhalb Stunden mit einem Schnitt von 96,5 km/h durchs Ziel, während der Sieger der kleinsten Rennwagenklasse (bis 750 ccm), der Hannoveraner Buthenuth auf Hanomag, mit einem Gesamtdurchschnitt von 60,6 km/h noch nach fünfeinhalb Stunden auf der Strecke war. Auch er mußte ja seine zwölf Runden absolvieren, und (da seine beiden Mitstreiter in dieser Klasse, die ebenfalls einen Hanomag fuhren, bereits in der dritten und in der fünften Runde ausgefallen waren), so zog zum Schluß der kleine Hanomag ganz allein um die Bahn. Auch die schnellste Runde der kleinen Klasse fuhr Buthenuth in 25:21,1 Minuten, was immerhin einem Durchschnitt von 68,1 km/h entsprach.

Außer den beiden Werkswagen von Daimler-Benz waren zum Eröffnungsrennen der Wagen nur Privatfahrer auf dem „Ring". Privatfahrer, die sich aber zum Teil ganz hervorragend schlugen. Mit weitem Abstand hinter Caracciola (im Ziel waren es 17 Minuten, was aber täuscht, weil ein unvorhergesehener Boxenstopp von mehr als sieben Minuten dazukam) wurde in der großen Sportwagenklasse Rosenberger aus Pforzheim auf einem privaten Mercedes Typ S Zweiter: Er erreichte 88,8 km/h im Durchschnitt und eine schnellste Runde in 17:26 Minuten – das war gar nicht so weit von der Caracciola-Zeit entfernt und besser als Werners schnellste Runde.

In der Klasse 2000 bis 5000 ccm standen vier Sportwagen am Start: ein Steyr, ein Bugatti, ein Stoewer und ein Austro-Daimler. In dieser Kategorie gewann Graf Eckard von Kalnein auf einem 2,3-Liter-Bugatti, der einen Durchschnitt von 85,6 km/h erreichte. Sechs Minuten hinter ihm kam als Zweiter ein Mann durchs Ziel, dessen Austro-Daimler nicht ganz so schnell fuhr wie der Bugatti, obwohl der österreichische Wagen mit einem 2,9-Liter-Motor ausgerüstet war (aber ohne Kompressor), ein Mann, der in den folgenden Jahren viel berühmter wurde als Graf Kalnein: Hans Stuck.

Die schnellste Runde in der Sportwagenklasse bis 3 Liter ging aber weder an Hans Stuck auf Austro-Daimler noch auf das Konto von Kalnein auf Bugatti: Diese fuhr nämlich Gräfin Bea von Einsiedel auf einem Steyr in 18:23 Minuten. Drei Boxenstopps – statt einem zum üblichen Nachtanken – warfen sie aber so weit zurück, daß sie drei Minuten hinter Stuck nur auf Platz drei kam.

Die 1500er-Klasse wurde dagegen von Andreae auf einem Bugatti gewonnen, die 1100er-Klasse von einem Pluto mit Gockenbach knapp vor einem Opel, während der Mann, der auf einem Amilcar die schnellste Runde fuhr, mit einem aussetzenden Motor zu kämpfen hatte, mehrfach an den Boxen war und deshalb mit weitem Abstand (er ging mehr als eine halbe Stunde nach dem Sieger durchs Ziel) nur Dritter wurde: Das war Hans-Joachim von Morgen, in den Jahren 1930 bis 1932 Deutschlands schnellster und erfolgreichster Privatfahrer auf Bugatti.

Großer Preis von Deutschland, 15. Juli 1928: Große Strapazen kennzeichneten dieses Rennen, das später als „Hitzeschlacht“ in die Renngeschichte des Nürburgrings einging. Christian Werner und Rudolf Caracciola (Foto) wechselten sich auf einem 6-Zylinder-Mercedes-Benz-Kompressor (7 Liter Hubraum, ca. 200 PS) ab und siegten nach 4:54,24 Stunden mit einer Durchschnittsgeschwindigkeit von 103,9 km/h vor einem weiteren Mercedes mit Otto Merz am Steuer, der die 509-km-Distanz allein bewältigte. Ein Nürburgring-Chronist schrieb damals: „Unvorstellbar die Zähigkeit von Merz, der ohne Ablösung die 18 Runden drehte, sich die Schmerzen nicht anmerken ließ und beim mehrfachen Reifenwechsel tatkräftig mitwirkte.“

Bei den Rennwagen, bei denen in den fünf ausgeschriebenen Klassen nur 16 Fahrer an den Start gingen und bei denen Christian Werner mit seinem 2-Liter-Mercedes-Kompressor praktisch ohne Konkurrenz siegte, war der zweitschnellste Fahrer zugleich der Sieger der großen Klasse: August Momberger mit einem Bugatti, der 22 Minuten nach Werner ins Ziel gelangte und eine Durchschnittsgeschwindigkeit von 85,4 km/h erzielte.

Obwohl das Eröffnungsrennen nur ein nationales Ereignis war und nur zwei Werksfahrer von Daimler-Benz antraten, ruft diese Veranstaltung doch die Erinnerung an unsere Spitzenklasse von einst wach und weckt Interesse an einer Zeit, die man als die Pionierzeit des Motorsports bezeichnen muß.

Insgesamt kamen rund 85 000 Motorsport-Fans zur Nürburgring-Eröffnung. Der Eintritt kostete zwischen zwei Reichsmark für einen Streckenplatz und 200 Reichsmark für einen Logenplatz.

Am 17. Juli 1927 wurde eine weitere Großveranstaltung auf dem „Ring“ ausgetragen: Der Große Preis von Deutschland für Sportwagen stand auf dem Terminkalender.

Inzwischen waren sich alle Fachleute einig, daß der Nürburgring die geeignetste Strecke für die Austragung des Großen Preises von Deutschland war. Da aber auch 1927 Deutschlands Chancen auf dem Feld der Sportwagen größer waren als bei den Rennwagen (vor allem, nachdem man wußte, daß Daimler-Benz aus dem 6-Liter-Kompressorwagen einen Typ S mit sehr viel stärkerer Maschine entwikkelte), schrieb man auch diesen Grand Prix nur für Sportwagen aus, und zwar auf der Gesamtstrecke des Nürburgrings (Nord- plus Südschleife), die 28,3 Kilometer lang war. Übrigens liefen in den ersten Jahren des „Rings“ alle großen Rennen über die Gesamtstrecke.

Auf der großen 28,3 Kilometer langen Schleife waren 18 Runden zu fahren, was einer Gesamtlänge von 509,4 Kilometern entsprach, und bei den damaligen Durchschnitten bedeutete das eine Fahrzeit von fünf bis sechs Stunden. Im Mittelpunkt stand, nachdem Caracciolas Wagen ausgefallen war, der Zweikampf zwischen den beiden Mercedes-Assen Christian Werner, der mit 107,07 km/h die schnellste Runde fuhr, und Otto Merz, der nach rund fünf Stunden mit einem Vorsprung von zwei Minuten und einem Gesamtschnitt von genau 102 km/h gewann.

Noch mehr Respekt als vor Christian Werner und Otto Merz mußte man aber bei diesem Großen Preis des Jahres 1927 vor einer Frau haben: Nach fünf Stunden und vierzig Minuten durchfuhr Elisabeth Junek aus Prag mit ihrem 2,3-Liter-Bugatti-Kompressor als Siegerin der zweiten Gruppe das Ziel: Sie hatte alle Männer geschlagen und einen Durchschnitt – einschließlich zweier Boxenstopps – von 89,9 km/h erreicht.

Das zweite Jahr in der Geschichte des Nürburgrings machte deutlich, daß Krisen nicht auszuschließen waren: weniger Starter, weniger Zuschauer und auch weniger Einnahmen. Im April und im Mai 1928 führte der ADAC eine Gebrauchs- und Wirtschaftlichkeitsprüfung durch, an der sich zwölf deutsche Hersteller beteiligten. Zum ersten Mal wurde die Steilstrecke benutzt. Hanomag und Brennabor schafften die 27-Prozent-Steigung im Vorwärtsgang nicht, dafür klappte es aber rückwärts.

Beim Eifelrennen am 28. Mai fehlten ausländische Teilnehmer. Die Veranstaltung fand an nur einem Tag statt. Ihre Premiere erlebte die 7,7 km lange Südschleife. Dabei starteten die Motorräder aller Klassen zusammen, ebenso die 20 Fahrzeuge der verschiedenen Sportwagenkategorien. Zum Abschluß kam es zu einem gemeinsamen Fünf-Runden-Rennen „Um den Preis des schnellsten Fahrzeuges des Eifelrennens“. Der Zieleinlauf: Rüttchen auf Harley-Davidson vor Soenius (BMW) und Seibel auf seinem Bugatti.

Junek und von Halle tödlich verunglückt

Das erste ausländische Werksteam, das gegen die sieggewohnten Mercedes-Wagen auf dem Nürburgring startete, war 1928 Bugatti. Beim Großen Preis der Sportwagen am 15. Juli wurde klar, daß die Wagen aus dem französischen Molsheim nahezu konkurrenzfähig waren. Untertürkheim hatte hart an den großen 7,1-Liter-Sechszylinder-Fahrzeugen gearbeitet. Außerdem waren mit Caracciola, Werner, Walb, Merz, Momberger, Kimpel und Rosenberger die besten Fahrer jener Zeit verpflichtet worden. Die Piloten von Ettore Bugatti hießen Graf

Otto Merz, geboren am 12. Juni 1889 in Stuttgart-Bad Cannstatt. Merz trat 1906 bei der Daimler-Motoren-Gesellschaft in Untertürkheim als Monteur und Fahrer ein. Er war u.a. Rennmechaniker von Willy Poege und Theodor Dreher. Seine Rennfahrer-Laufbahn begann nach dem Ersten Weltkrieg. Merz gewann auf Mercedes-Benz den 2. Großen Preis von Deutschland am 17. Juli 1927 auf dem Nürburgring vor Christian Werner und Willy Walb (beide auf Mercedes-Benz). Am 18. Mai 1933 verunglückte Merz beim Training zum Avus-Rennen in Berlin tödlich.

unten: Der 1. April 1929 war ein weiterer Meilenstein in der bis dahin noch jungen Geschichte des Nürburgrings: Ingenieur Kurt C. Volkhart demonstrierte den Start eines Raketenwagens.

Christian Werner, geboren am 19. Mai 1892 in Stuttgart. Am 15. Dezember 1911 bekam Werner als Monteur eine Anstellung bei der Daimler-Motoren-Gesellschaft in Untertürkheim. Kurz darauf übernahm er bei der Einfahrabteilung eine Stelle als Fahrmeister. Nach 1918 widmete er sich zunehmend dem Rennsport und fuhr mit Mercedes-Rennfahrzeugen eine Reihe von bedeutenden Siegen heraus. Werner starb am 17. Juni 1932 in Cannstatt.

links: Der Große Preis von Deutschland für Sportwagen am 14. Juli 1929 war als „Großer Preis der Nationen" ausgeschrieben. Die sieggewohnten Mercedes-Benz wurden vor mehr als 120 000 Zuschauern geschlagen: Mit Louis Chiron auf Bugatti gewann zum ersten Mal ein ausländischer Fahrer auf einem ausländischen Fabrikat dieses Rennen, obwohl Mercedes-Benz für diesen Großen Preis alle verfügbaren Spitzenfahrer (Caracciola, Kimpel, Simon, Momberger, Graf Arco, Rosenberger und Rosenstein) gemeldet hatte.
In der ersten Startreihe standen (v.l.n.r.) Caracciola mit Beifahrer Kühnle (Mercedes, Startnummer 2), Kimpel mit Beifahrer Salzer (Mercedes, Startnummer 4) und Klimberg mit Beifahrer Tarnowsky (Renault, Startnummer 6). Zwischen dem Mercedes von Kimpel und dem Renault von Klimberg ist ein weiterer Mercedes (Startnummer 12) zu erkennen, den Rosenstein im Rennen mit Beifahrer Heinrich fuhr.

rechts: Vor dem Training zum Großen Preis von Deutschland am 19. Juli 1931 führten Mechaniker Wartungsarbeiten am Mercedes-Benz SSKL von Rudolf Caracciola durch. Caracciola gewann das verregnete Rennen vor Chiron (Bugatti 51). Dritter wurde Achille Varzi (ebenfalls Bugatti), Vierter wurde Tazio Nuvolari (Alfa Romeo).

unten: Der Gesamtsieger des „Großen Preises der Nationen" 1929, Louis Chiron, erhielt 38 000 Reichsmark, den Goldpokal des AvD und den „Goldenen Nürburg-Ring".

Brilli-Peri, Graf Caneli, Minoia und Chiron. Zu den besten Bugatti-Privat-Fahrern zählte das Ehepaar Junek aus Prag.

Der Renntag endete tragisch: Caracciola, Brilli-Peri und Simmons gewannen ihre Kategorien, aber der sympathische Vinzenz Junek verunglückte in der siebten Runde bei Kilometer 10,2 an der Mühle bei Breidscheid tödlich. Zuvor war bereits der in Wertungsklasse III gestartete Frankfurter Privatfahrer Ernst von Halle mit seinem Amilcar im Streckenabschnitt Kesselchen gestürzt und erlag einen Tag später seinen schweren Verletzungen.

Höchster Siegespreis

38 000 Reichsmark für den ersten Platz, so war der Große Preis der Nationen, am 14. Juli 1929 ausgetragen, dotiert. Für die Wagen war eine Distanz von 18 Runden (eine Runde 28,3 Kilometer) vorgesehen. Auch für den Zweiten war übrigens das Preisgeld noch sehr hoch; er erhielt 20 000 Reichsmark. Und unter den Ehrenpreisen gab es einen, der gänzlich neu war: für den besten Wagen mit Zweitaktmotor.

Und als dann schließlich die Sportwagen zum „Großen Preis" antraten, erschien Bugatti mit einer schier unschlagbaren Streitmacht. Was in Fachkreisen längst bekannt war, wurde nunmehr offenbar: Die kleinen Wagen von Bugatti hatten selbst auf dem Nürburgring gegenüber den wesentlich leistungsstärkeren Mercedes Vorteile. So kam dann Louis Chiron, damals Frankreichs Fahrer Nr. 1, zu einem von seinen Landsleuten vielumjubelten Sieg mit dem neuen Rekord von 106,9 km/h. Der 14. Juli 1929, französischer National-Feiertag, wurde also in doppeltem Sinne zu einem Erfolg der Franzosen, noch verstärkt durch die Klassensiege der Bugatti-Fahrer Philippe und Bouriat.

Sechs Tage und sechs Nächte

Vom 7. bis 12. April 1930 standen Motorrad-Fahrer im Mittelpunkt des „Ring"-Geschehens. Eine Veranstal-

1. Campari, Italien, auf „Alfa Romeo" · 2. Chiron, Frankreich, auf „Bugatti" · 3. Caracciola, Deutschland, auf „Alfa Romeo". 4. Borzacchini, Italien, auf „Alfa Romeo" · 5. Nuvolari, Italien, auf „Alfa Romeo" · 6. Bouriat, Frankreich, auf „Bugatti. 7. Madame A. Itier, Frankreich, auf „Bugatti". Unten: Kampf um die Spitzenführung.

Oben rechts: Nürburg-Ring-Idyll. 1. Stuck von Villiez auf „Mercedes Benz SSK" · 2. Frazer-Nash-Wage[n] Neustadt, auf „Bugatti" · 4. Marcel Leboux, Alger, auf „Bugatti" · 5. E. Dourel · 6. Nuvolari, Italien, auf 7. Hans Lewy, Dresden, auf „Bugatti" · Unteres Bild: Momente aus dem letztjährigen AVD-Rennen.

GEWONNEN!

Caracciola in der Flut der Glückwünsche! Ganz links Dr. Porsche, rechts Konsul Fritsch vom A. v. D. Caracciola gewann am 19. Juli den „Großen Preis von Deutschland" auf dem Nürburg-Ring und am 2. August das Avus-Rennen. Beide Rennen auf Mercedes-Benz und „Continental-Record" ohne jeden Reifendefekt gegen internationale Elite.

tung feierte Premiere, die unter dem Namen „Internationale ADAC-144-Stundenfahrt für Krafträder" im Terminkalender verzeichnet war. Die gesamte deutsche Motorrad-Industrie sandte ihre Werksteams zum Nürburgring, insgesamt 13 Fabrikate mit 129 Fahrern. In 144stündiger ununterbrochener Tag- und Nachtfahrt wurden u.a. die Reisegeschwindigkeit, die Bergsteigefähigkeit und die Zuverlässigkeit geprüft. 10800 Liter Rennbrennstoff waren erforderlich, um eine Strecke zurückzulegen, die dem fünffachen Erdumfang entsprach.

20. Juli, Eifelrennen. Sowohl bei den Fahrern als auch bei den Wagen waren fast nur „Privatiers" am Start. Drei Namen sorgten für Furore: Hans-Joachim von Morgen (Bugatti) mit seinem Tagesbestzeit-Sieg (109,5 km/h) und H.P. Müller auf UT. Die schnellste Runde bei den Solomaschinen fuhr Tom Bullus (NSU).

1930 war der Große Preis von Deutschland aus wirtschaftlichen Gründen ausgefallen, 1931 lebte der Grand Prix wieder auf. Von diesem Jahr an führte man das Rennen nur noch auf der Nordschleife durch. Er-

„Regenmeister" Rudolf Caracciola mit Beifahrer Wilhelm Sebastian auf Mercedes SSKL während des Großen Preises von Deutschland 1931.
Zeichnung: Walter Gotschke

Rudolf Caracciola wechselte 1932 zu Alfa Romeo. Auf einem P3 (Reihen-8-Zylinder, Doppelkompressor, 2654 ccm, 215 PS bei 5600 U/min) gewann er den 6. Großen Preis von Deutschland am 17. Juli 1932 nach 570,3 Kilometern (25 Runden) vor seinen Markengefährten Nuvolari und Borzacchini. Caracciola bewältigte die Mammutdistanz in 4:47,22 Stunden mit einer Durchschnittsgeschwindigkeit von 119,2 km/h. Das Foto zeigt Caracciola in seinem Alfa unmittelbar hinter der Brücke am Streckenabschnitt Wehrseifen.

Tazio Nuvolari (Alfa Romeo), Großer Preis von Deutschland 1932.

stens, um kürzere Rundenzeiten zu haben und den Zuschauern ein häufigeres Vorbeifahren zu bieten, zweitens, weil die Organisation bei 22,8 Kilometern weniger Helfer und Funktionäre brauchte als bei 28,3 Kilometern.

Zum dritten Mal kam es jetzt zum Zweikampf Caracciola gegen Chiron, zum Kampf zwischen Mercedes und Bugatti. Daimler-Benz hatte in diesem Jahr mit dem SSK in einer neuen Ausführung, die man SSKL (L für leicht) nannte, schon einen großen Sieg errungen. Rudolf Caracciola hatte nämlich das Gesamtklassement der Mille Miglia gewonnen, mit Sebastian als Beifahrer. Jetzt, auf dem Nürburgring, erschien der SSKL ohne Kotflügel als Rennwagen. Er hatte immer noch den

15. Juli 1934: Großer Preis von Deutschland. Startvorbereitungen bei Battilana (Alfa Romeo, Nr. 22), Zehender (Maserati, Nr. 20), Caracciola (Mercedes, Nr. 6), Maag (Alfa Romeo, Nr. 12), Stuck (Auto Union, Nr. 1), Hartmann (Bugatti, Nr. 11), Fagioli (Mercedes, Nr. 9), Momberger (Auto Union, Nr. 2) und Burggaller (Auto Union, Nr. 3).

riesigen, niedertourigen Sechszylinder-Reihenmotor von 7,1 Litern Hubraum, der inzwischen etwa 235 PS entwickelte. Aber auch in der leichten Ausführung wog das Fahrzeug noch mehr als 1600 Kilo. Caracciola gewann nach 4:38 Stunden mit einer Durchschnittsgeschwindigkeit von 108,24 km/h. Sein Vorsprung auf den alten Rivalen Chiron betrug 1:18 Minuten.

1932: Morgens Todessturz

Das Jahr 1932 brachte für den deutschen Motorsport einen großen Verlust: Beim Training zum Eifelrennen war Hans-Joachim von Morgen tödlich verunglückt. Dieser Unfall, der in der zweiten Rechtskurve der Hatzenbach passierte, ist nie restlos geklärt worden, denn von Morgen fuhr bei Start und Ziel nicht zu einer schnellen Runde los, sondern sagte, er habe neue Reifen für das Rennen montiert und wolle diese nur eine Runde lang langsam einfahren. Von Morgen wäre zweifellos einer der Favoriten von Mercedes und Auto Union auf einen der begehrten Fahrerplätze in den Werksmannschaften ab der Saison 1934 gewesen. Bei diesem Eifelrennen 1932 standen sich in der Rennwagen-Klasse nur Privatfahrer auf Mercedes-Benz, Alfa Romeo und Bugatti gegenüber. Caracciola gewann vor Dreyfus (Bugatti).

Beim 6. Großen Preis von Deutschland am 17. Juli 1932 war Bugatti mit den 2,3-Liter-Wagen des Typs 51 gegen die Alfa Romeo P3 ohne Chance. Der Grand Prix endete mit einem dreifachen Alfa-Sieg. Caracciola gewann nach 25 Runden vor Nuvolari und Borzacchini. Dieser Große Preis von Deutschland brachte auch den letzten Bugatti-Werkseinsatz und bedeutete praktisch das Ende der Bugatti-Ära.

Die ersten sieben Jahre des Nürburgrings (1927 bis 1933) waren im Ganzen gesehen „magere Jahre". Auch die Rennstrecke hatte seit 1929 unter den Folgen der Weltwirtschaftskrise und der hohen Arbeitslosigkeit zu leiden. Aus diesem Grunde fiel 1930 der Große Preis für Wagen aus, 1932 auch der für Motorräder. Die Verantwortlichen des Nürburgrings und die veranstaltenden Klubs blickten deshalb voller Hoffnung auf das Jahr 1934, in dem mit Mercedes-Benz und

Die siegreiche Auto-Union-Mannschaft nach dem Großen Preis von Deutschland 1934. Stuck gewann auf diesem Fabrikat das Rennen mit mehr als zwei Minuten Vorsprung vor Fagioli (Mercedes).

der Auto Union zwei deutsche Firmen mit neuen Rennwagen in den Grand-Prix-Sport eingreifen wollten. Mercedes hatte sich wegen der schwierigen wirtschaftlichen Lage bereits Ende 1931 vom Sport zurückgezogen.

1934: Beginn der deutschen Epoche

Das Jahr 1934 brachte eine Wende im internationalen Automobilrennsport: Für die Grand-Prix-Rennen trat eine neue Formel in Kraft, die sogenannte 750-kg-Formel. Den Konstrukteuren wurde mit dieser Formel viel Freiheit beim Bau der Rennwagen zugestanden. Die einzige Vorgabe war das Maximal-Gewicht von 750 kg. Der Automobil-Weltverband wollte damit erreichen, daß die Autos langsamer und PS-schwächer wurden. Doch wie so oft hatten „die Väter des Reglements" den Einfallsreichtum der Konstrukteure unterschätzt: Die 750-kg-Formel brachte die PS-stärksten Autos (Leistung 1937 bei Mercedes-Benz ca. 646 PS) in der Grand-Prix-Geschichte. Erst in der Formel-1-Turbo-Ära in den 80er Jahren sind diese Werte aus den 30er Jahren überboten worden. Das Jahr 1934 war auch für den Nürburgring ein Meilenstein in seiner Geschichte, denn mit Mercedes und Auto Union stiegen zwei deutsche Firmen in den Rennsport ein, die das Renngeschehen bis zum Ausbruch des Zweiten Weltkrieges 1939 dominieren sollten. Sie sorgten auch dafür, daß die Zuschauer in nie gekanntem Maße in die Eifel strömten, wenn dort der Große Preis von Deutschland oder das Eifelrennen (in jenen Jahren auch für Grand-Prix-Rennwagen ausgeschrieben) ausgetragen wurden.

Das Eifelrennen 1934 gewann Daimler-Benz mit Manfred von Brauchitsch. Der Mercedes-Pilot erzielte für die 15 Runden mit 122,5 km/h neuen Rekord, zugleich war sein Erfolg der erste Sieg in der 750-kg-Formel für Deutschland. Noch schneller war einige Wochen später beim Großen Preis von Deutschland, der wie 1932 über die Mammutdistanz von 570 km (25 Runden) führte, Hans Stuck auf Auto Union. Stuck, der schließlich vor Fagioli (Mercedes) und Chiron (Alfa Romeo) gewann, „schraubte" den Schnitt auf 122,9 km/h.

Inzwischen sorgten die immer populärer werdenden Rennfahrer wie Ca-

28. Juli 1935, Großer Preis von Deutschland. Der Tag des Tazio Nuvolari. Der Italiener gewann auf seinem leistungsmäßig stark unterlegenen Alfa Romeo 8C 3200 das wohl denkwürdigste Vorkriegsrennen auf dem Nürburgring. Hinter Nuvolari kam Hans Stuck (Auto Union) auf den zweiten Platz. Dritter wurde Rudolf Caracciola (Mercedes) vor Bernd Rosemeyer (Auto Union).

racciola, von Brauchitsch, Stuck oder später Rosemeyer und Lang für weiter steigende Zuschauerzahlen. Von 1934 bis 1939 siegten auf dem Nürburgring mit einer Ausnahme nur Wagen der Auto Union oder von Mercedes-Benz. Die Ausnahme war der Große Preis von Deutschland 1935, als Tazio Nuvolari auf einem leistungsmäßig weit unterlegenen Alfa Romeo gewinnen konnte. Dieses Rennen zählt zu den Höhepunkten in der Automobilsport-Historie und natürlich auch in der Nürburgring-Geschichte. Nuvolari überholte damals den bis dahin führenden Manfred von Brauchitsch (Mercedes-Benz) erst in der letzten Runde, als dessen Wagen einen Reifenschaden erlitt.

Weitere Höhepunkte dieser Jahre: 1935 konnte der „alte“ Ringmeister Caracciola beim Eifelrennen erst kurz vor dem Ziel den Neuling Bernd Rosemeyer auf seinem Auto Union überholen. 1936 unterbot eben dieser Bernd Rosemeyer zum ersten Mal die magische Zehn-Minuten-Grenze für eine Runde (9:56,6 Minuten gleich 137,6 km/h Durchschnitt). Beim Eifelrennen 1936 fuhr Rosemeyer bei starkem Nebel und Regen die Konkurrenz in Grund und Boden.

Mercedes hatte zum 8. Großen Preis von Deutschland am 28. Juli 1935 fünf Fahrzeuge vom Typ W25 gemeldet. Einer dieser Werkswagen (Startnummer 6) wurde von Luigi Fagioli gefahren. Nach 22 Runden (501,8 km) und einer Zeit von 4:15,58 Stunden belegte er Rang sechs.

Hans Geier gehörte zum Mercedes-Aufgebot beim Großen Preis von Deutschland 1935. Er kam in einem der W25-Werkswagen mit einer Runde Rückstand hinter Sieger Nuvolari auf den siebten Rang. Das Foto zeigt Geiers Mercedes beim Boxenstopp mit Reifenwechsel.

Bernd Rosemeyer (Auto Union) beim Boxenstopp im Großen Preis von Deutschland 1936. Der Auto-Union-Fahrer gewann dieses Rennen vor seinem Markengefährten Hans Stuck, Antonio Brivio (Alfa Romeo) und Rudolf Hasse (Auto Union).

Großer Preis von Deutschland 1936: Die Auto-Union-Wagen während einer Trainingspause an den Boxen.

Mit dem 1,5-Liter auf dem Nürburgring

Willi Seibel (aus Diez an der Lahn) war einer der bekanntesten Privatfahrer vor dem Zweiten Weltkrieg. Mitte der zwanziger Jahre erwarb er seinen ersten Typ-22-Bugatti und bestritt mit ihm Rennen und andere Wettbewerbe in Deutschland. Später ersetzte Seibel diesen Wagen durch den damals sehr populären 1,5-Liter-GP-Bugatti-4-Zylinder-Kompressortyp 37A, der ihm beim GP von Deutschland 1928 am Nürburgring ausbrannte. Mit einem weiteren 37A, den er dann bis Mitte der dreißiger Jahre steuerte, errang er zahlreiche Siege in Berg- und Rundstreckenrennen.

Willi Seibel hatte auch nach dem Zweiten Weltkrieg sein großes Interesse am Motorsport und am Automobil nicht verloren: In den Nachkriegsjahren fungierte er mehrfach als Rennleiter, und seinem geliebten Bugatti blieb er ebenfalls treu.

Seibel beschreibt im nachfolgenden Bericht die Zeit der großen Rennjahre von 1927 bis 1939 am Nürburgring.

19. Juni 1927, Eröffnungsrennen auf dem „Ring". Als sogenannter Herrenfahrer, heute sagt man Privatfahrer, mußte man dabei sein. Der hellrote – später „Blauer Engel" getaufte – Bugatti Typ Brescia mit seinen vier Ventilen wurde fertig gemacht. Er überstand leidlich gut die drei oder vier Trainingsrunden, wobei man unterwegs auch mal ausstieg, sich seine Konkurrenten in der Kurve oder aber die herrliche Eifellandschaft betrachtete. Der Wagen mußte ja schließlich ein Rennen über 18 Runden des ganzen „Rings", das sind mehr als 500 Kilometer, durchhalten.

Boxendienst war für uns ein noch etwas nebelhafter Begriff, vorsorglicher Reifenwechsel ebenfalls. Deshalb wurde ein Reserverad in Breidscheid, ein weiteres am Karussell deponiert und zur Sicherheit noch eine Reservekanne mit Benzin an Bord genommen. Diese Vorsorge war gut. Als in der 16. Runde nach einmaligem Tanken der Wagen stehen blieb, hatte ich eigentlich genug von einem Rennen auf dem Nürburgring und wollte nicht mehr. Begeisterte Freunde riefen mir aber zu: „Mensch, Seibel, weiter! Du liegst mit vorne, also Kanister in den Tank rein und weiter." Nach einem spannenden Spitzenkampf mit Andree wurde ich schließlich 2. Sieger und glaubte nun auch, den „Ring" gut genug zu kennen.

28. Mai 1928, Eifelrennen. Ich stand mit einem neuen 1,5-Liter-Bugatti mit Kompressor am Start. Später im Rennen wurde dieses Auto dann von dem bekannten Rundfunkreporter Dr. Ernst „Weißer Teufel" genannt. Erstmals war in den 100-Liter-Tank Elcosina-Alkohol-Betriebsstoff eingefüllt worden. Erstes planmäßiges Training, Durchschnittsgeschwindigkeiten um die 96 herum, das mußte eigentlich hinhauen. Am Renntag mittags gegen 12 Uhr hatte die liebe Sonne die Kurve in Müllenbach in Seife verwandelt – und da hat's auch mich hingehauen. Nach zweimaligem eleganten Dreher landete der Bugatti unten im Wiesengrund und überraschte die nicht zum Empfang bereite Müllenbacher Feuerwehr. Der Motor lief noch; unter dem Schlagbaum hindurch erreichte ich wieder die Rennstrecke, um sogar noch Erster zu werden. Im darauffolgenden Entscheidungslauf aller Klassensieger fahre ich die schnellste Zeit des Tages für Wagen und freue mich über den „Goldenen Nürburg-Ring". Am nächsten Morgen erhalte ich im Rennfahrerlager Unterricht von Frau Caracciola, gute Ratschläge über vernünftiges Fahren und Fabrikverträge. Das letztere bedeutete eine äußerst wichtige Aufstockung des Rennetats, da man mit Blumentöpfen allein keine Rennwagen und deren Unterhalt finanzieren kann.

15. Juli 1928, Großer Preis von Deutschland. Verheißungsvoller, guter Anfang. Das Rennen geht über 570 Kilometer. Acht Runden sind gefahren. Ich liege vorne in der Spitzengruppe. Ich weiß, daß ich noch etwas drin habe und es packt mich. Ich gehe ans Überholen. Neunte Runde – Döttinger Höhe. Nach dem Schuß über die lange Gerade will ich vorbei. Der vor mir liegende Wagen wird etwas nach links herausgetragen. Es ist nicht genug Platz, die Geschwindigkeit zu groß. Da kracht es. Um nicht zu kollidieren, muß ich in den Graben, drehe mich wie ein wild gewordener Kreisel, fliege rechts in den mit Bautrümmern und Betonstücken gepflasterten Graben und fange den Bugatti, lichterloh brennend, in der anschließenden Mulde ab. Im letzten Moment gelingt es meinem Beifahrer Michel und mir, aus dem Fuß- und Pedalgestänge herauszukommen. Von den Zuschauern werde ich mit Decken und Mänteln abgelöscht. Es hatte wenig Zweck, denn das Alkoholgemisch brannte unter den Kleidern weiter. Schwer verletzt erfolgte die Einlieferung ins Adenauer Krankenhaus.

Vinzenz Junek und Ernst von Halle haben in diesem Rennen dem Sport das höchste Opfer gebracht, für mich war es der heißeste Tag in meiner Rennfahrer-Laufbahn, mit anschließendem halbjährigen Krankenlager.

4. Großer Preis von Deutschland am 14. Juli 1929. Ein neuer Bugatti mit schwarzem Kater und größeren Bremstrommeln. 1930 beim Eifelrennen langt es zum dritten Platz.

1931, ein wunderschönes Eifelrennen, wo alle Wagen ohne Unterteilung am Start stehen. Der 1,5-Liter, damals vielleicht als Kleinst-Rennwagen angesehen, „mogelt" sich in die Spitzengruppe und wird viertschnellstes aller Fahrzeuge hinter Caracciola, von Morgen und von Brauchitsch.

1932 beim Eifelrennen und beim Großen Preis gibt es einen dritten und einen fünften Platz. 1933 und 1934 bin ich ebenfalls noch unter den Siegern, das sind doch Erfolge und Nürburgring-Erinnerungen. Wenn auch die 1,5-Liter-Klasse immer etwas im Schatten der großen Formel-Wagen stand, so war sie jedoch international die bestbesetzte Klasse und die Auseinandersetzungen waren sehr hart, der Sieg um so wertvoller!

Uns deutschen Fahrern wurde es in dieser Klasse langsam sehr schwer gemacht. Es erschienen die schnellen Maseratis und E.R.A.'s, der schnelle Alfa von Täuber aus der Schweiz und der Franzose Veyron mit seinem 2-Nockenwellen-1,5-Liter-Bugatti. Der Wunsch von uns Privatfahrern war es, einen schnellen deutschen 1,5-Liter-Rennwagen melden zu können.

Im Jahre 1939 brachte dann Mercedes-Benz einen 1,5-Liter-Rennwagen an den Start. Leider war dieser Wagen nicht käuflich und konnte somit auch nicht von den Privatfahrern eingesetzt werden. Zwei dieser legendären 1,5-Liter-Silberpfeile hatten nach dem Zweiten Weltkrieg einen vorübergehend geruhsamen Aufenthalt in einer Garage in der Schweiz. Ein ähnliches Schicksal teilten die beiden Cisitalias, eine Konstruktion von Dr. Porsche. Die Fahrzeuge durften den Fabrikhof in Italien nicht verlassen.

Der Traum der Privatfahrer ging nicht mehr in Erfüllung.

Privatfahrer Wilhelm Seibel auf Bugatti Typ 37 A mit seinem Beifahrer Karl Michel beim Eifelrennen am 20. Juli 1930. Die Sportpresse schrieb damals: „Bei den Sport- und Rennwagen gab es mit Ausnahme des Bugatti-Fahrers von Morgen, der mit 109,5 km/h Tagesbestzeit fuhr und für diese hervorragende Leistung den Goldenen Nürburg-Ring erhielt, keine Höhepunkte, wenn man von dem spektakulären Brand des Bugatti von Knepper absieht."

Wilhelm Seibel, „Bugatti-Privatier" in den Jahren vor dem Zweiten Weltkrieg, fungierte in der Nachkriegszeit auch als Rennleiter.

Der Nürburgring 1927
Geburtsstätte der Berufsstraßen-Radweltmeisterschaft

Franz Weber und Jörg-Thomas Födisch

Der Nürburgring war bisher dreimal Austragungsort der Rad-Weltmeisterschaften. Den größten deutschen Erfolg errang Rudi Altig 1966 mit dem Gewinn des Weltmeistertitels. Platz zwei ging in jenem Jahr an den Franzosen Jacques Anquetil.

Über den Wäldern und Höhen der Eifel trieb der Wind sein Spiel mit regenschwarzen Wolken. Es war der 21. Juli 1927, der Tag der ersten offiziellen Berufsfahrer-Straßenweltmeisterschaft.

Fünf Jahre vorher hatte man in Kopenhagen die Amateur-Straßenweltmeisterschaft „aus der Taufe gehoben".

1927 brachte der Radsport-Weltverband den Mut auf, aus der bisher inoffiziellen Profi-Straßenweltmeisterschaft um den „Grand Prix Wolber" in Frankreich das offiziell von Amateuren und Berufsfahrern bestrittene „Doppelchampionat" zu gestalten.

Als sich die Union Cyclisme Internationale (UCI) und der Bund Deutscher Radfahrer (BDR) entschlossen, die Straßenweltmeisterschaft für Berufsfahrer und Amateure auf dem Nürburgring auszutragen, ging man von folgender Überlegung aus: Der Eifelkurs bietet sich deshalb für eine solche Veranstaltung an, weil er gegenüber den „normalen" Landstraßen mehrere Vorteile hat. Das waren u.a. die abgesperrte Strecke, keine Behinderung durch Bahnschranken und einwandfreie Fahrbahnverhältnisse, also kein Kopfsteinpflaster und kein Rutschasphalt sowie keinerlei Gegenverkehr.

Die Distanz betrug acht Runden auf der Nordschleife. Zugelassen waren je sechs Fahrer aus elf Nationen.

Bei Schlechtwetter-Prognosen, wie sie für jenen Renntag abgegeben waren, erreichte die Zuschauer-Kulisse auf dem „Ring" natürlich nicht die Rekordziffer der vorherigen Motorrad- und Wagenrennen.

In Regenmänteln und Decken gehüllt, standen die Besucher längs des gesamten Kurses mit seinen vielgewundenen Kurven, beschwerlichen Kletterpartien und rasenden Abfahrten im ständigen Wechsel.

Zwischen den spärlichen Wolkenlöchern tauchte hin und wieder die Silhouette der Nürburg auf, während der Sturmwind die beiderseits die Tribünen einrahmenden Continental-Fahnen knattern ließ – sichtbar für jedermann in Treue zum Fahrrad als Wegbereiter für Motorrad und Automobil.

Um 10.15 Uhr morgens erfolgte der Startschuß des Oberpräsidenten der Rheinprovinz für die 55 Radrennfahrer der „ausgewählten" Klasse.

Nur wenige Begleitwagen, ohne die sonstige Geräuschkulisse der Kompressoren, begleitet vom Surren der Speichen, dem Mahlen der Rennräder, der Melodie des Windes und den dünnen Anfeuerungsrufen der Zuschauer, waren zu hören.

An jenem Juli-Donnerstag (!) des Jahres 1927 durfte man noch von den wirklichen Giganten der Landstraße sprechen, welche die Hochpässe der Alpen und Pyrenäen bei den großen Radrundfahrten des Giro und der Tour de France nicht fürchten gelernt hatten.

Die Überraschung des Rennens auf dem Nürburgring waren die Italiener. An diesem Tag wurde die Geburtsstunde der neuen italienischen Ära eingeleitet, die die großen Jahre der Belgier ablöste. Unvergessen, wie ein Georges Ronsse, Sieger der 587 km von Bordeaux-Paris und „Kronfavorit" auf den Titel ebenso „unterging" wie seine Landsleute van Hevel, Vermandel, Haemerlijnk, Sellier und Debaets. Und mit ihnen die Schweizer Suter und Notter und die übrige Elite.

Als der große Regen in den letzten zwei Runden kam, 46 km vor dem Ziel, spielte die italienische Squadra ihre Trümpfe aus. Aber nicht Italiens erstes großes Radsport-Idol, Constante Girardengo, dem man den Beinamen „Championissimo" gegeben hatte, holte den ersten erträumten Radweltmeistertitel, mit dem er seinen Karriere-Höhepunkt erreichen wollte. Italiens neuer Stern, der 25jährige Alfredo Binda, beherrschte das Finale. Vorher hatten die beiden Matadore in den beiden letzten Runden „die Rampe" zur Hedwigshöhe (die Steilstrecke) nochmals „im Sattel und auf den Pedalen stehend" bezwungen, wobei Girardengo allerdings mehr als sieben Minuten auf den späteren Sieger verlor und sich dann mit Platz zwei begnügen mußte. Bindas Sieg stand nach einer Zeit von 6:37,29 Stunden fest. Als erster offizieller Berufsfahrer-Straßenweltmeister erhielt er den „Goldenen Nürburg-Ring".

Der italienische Triumph war durch Piemontesi und Belloni auf den Plätzen drei und vier perfekt. Mit rund zwölf Minuten Rückstand auf Binda erreichte der Belgier Aerts Rang fünf, Sechster wurde der Deutsche Wolke.

Der Verlauf der Veranstaltung aber machte dann doch deutlich, daß sich der Nürburgring für eine solche Prüfung sowohl in physischer als auch in technischer Hinsicht als zu schwer erwies, da bereits frühzeitig ein „Massensterben" von Teilnehmern zu verzeichnen war, u.a. eine Folge der zu großen Anstrengungen und der zahlreichen Materialschäden.

Trotzdem kehrten die Radrennfahrer noch zweimal an den Nürburgring zurück.

Am 27./28. August 1966 wurde das WM-Championat für Frauen auf der Südschleife ausgetragen. Unter 42 Teilnehmerinnen siegte Reynders (Belgien) vor der Niederländerin Hage und Pouronen (UdSSR). Für die 146 männlichen Amateure aus 32 Nationen betrug die Distanz 182,4 km auf der Nordschleife. Unter dem Jubel der zahlreichen niederländischen Schlachtenbummler gewann deren Landsmann Dolman im Endspurt mit drei Radlängen Vorsprung vor West (Großbritannien) und Skibby (Dänemark). Nur 63 Fahrer erreichten das Ziel.

Einen Tag später starteten um 9.30 Uhr die Profis. Gemeldet hatten 74 Teilnehmer aus 13 Nationen. Das Rennen führte über die Distanz von 273,7 km. Zahlreiche Ausreißversuche scheiterten. Viele Fahrer gaben auf. Rund zwölf Kilometer vor dem Ziel konnten sich die Spitzenreiter nicht über die Führungsarbeit einigen. Dem zunächst zurückgefallenen deutschen Fahrer Rudi Altig gelang der Anschluß. Nach dem Karussell bildeten 14 Profis die Spitzengruppe. Altig siegte im Endspurt vor Jacques Anquetil (Frankreich).

Am 27. August 1978 war der Nürburgring zum dritten Mal Austragungsort der Radweltmeisterschaften. Das Rennen der Amateure entschied der Schweizer Glaus vor dem Polen Sujka für sich. Bei den Profis siegte der Niederländer Knetemann vor Moser (Italien) und dem Dänen Marcussen.

Kuriositäten, Anekdoten und Episoden rund um den „Ring“

Andere Zeiten – andere Sitten. In den Anfangsjahren des Nürburgrings war vieles anders. Sowohl für die Fahrer, als auch für die Zuschauer und für die Funktionäre. Neben außergewöhnlichen Begebenheiten und Ereignissen von damals waren aber auch die „rennspezifischen“ Bestimmungen und Verordnungen interessant, die heute auf Unverständnis und ungläubiges Kopfschütteln stoßen würden. Allenfalls hätte man dafür vielleicht noch ein Schmunzeln übrig.

Unser Blick in die „Ring“-Geschichtsbücher aus den Gründerjahren:

Noch kurz vor der Fertigstellung des Rennkurses behauptete der amtliche Vermessungsingenieur, daß die Nordschleife 22,5 Kilometer und die Südschleife 8 Kilometer lang sein würden. Nach Beendigung der Bauarbeiten und unmittelbar vor den Eröffnungsrennen am 18. und 19. Juni 1927 wurde neu vermessen. Das Ergebnis lautete dann aber (wie vorausberechnet): Nordschleife 22,8 Kilometer und Südschleife 7,7 Kilometer.

Nürburgring-Besucher wurden vor der Streckeneröffnung in einer Polizei-Verordnung darüber aufgeklärt, daß der „Ring“ eine private Renn- und Prüfungsstrecke für Kraftfahrzeuge sei. Der Kurs bestünde aus der Fahrbahn und den beiderseitigen Böschungen und Gräben.

In der ersten Nürburgring-Fahrordnung von 1927 konnte man nachlesen, daß das Schneiden von Linkskurven nicht gestattet war.
(Anmerkung: Wenn man schon eine abgesperrte, einbahnige Rennstrecke befuhr, warum durfte man dann keine der Kurven schneiden? Fürchtete die Nürburgring-Verwaltung etwa, daß die Besucher mit ihren Fahrzeugen mitten in den Kurven auf der linken Seite stehen blieben?)

Weiter hieß es, daß das Betreten der Fahrbahn mit genagelten Schuhen verboten sei.

In der Verordnung war außerdem zu lesen: Zugelassen wurden nur mit Gummi bereifte Fahrzeuge. Nietengleitschutzreifen waren verboten. Das Fahren auf der Felge war unter keinen Umständen gestattet.

Ein anderer Paragraph besagte: Das Ablassen von Öl und Benzin durfte nur an den hierfür bestimmten Stellen durchgeführt werden.

Bei Einbruch der Dunkelheit mußte die polizeilich vorgeschriebene Beleuchtungsanlage eingeschaltet werden.

Ferner war es untersagt, auf der Bahn herumzugehen – Achtung auf sich nähernde Fahrzeuge.

Und schließlich hieß es, daß den Anweisungen des durch Mütze kenntlich gemachten Nürburgring-Personals Folge zu leisten sei.

Auch zahlreiche Ausschreibungs-Bestimmungen würden heutzutage auf Unverständnis stoßen oder aber zumindest für Heiterkeit sorgen:

1. Der Beginn eines jeden Rennens wurde 15 Minuten vorher im Rennfahrerlager durch Trompetensignal bekanntgegeben. Die Fahrer waren gehalten, sich sofort an ihre Fahrzeuge zu begeben und sich geschlossen unter Führung eines Funktionärs am Start- und Zielplatz einzufinden.
2. An den Fahrzeugen durften während der Pausen zwischen den einzelnen Läufen Reparaturen vorgenommen werden. Es war jedoch verboten, Motor, Getriebe und Hinterachse vollkommen auszuwechseln. Mußten wesentliche Bestandteile erneuert werden, so hatte man dies vorher dem Obmann des Rennfahrerlagers mitzuteilen.
3. Die Wagen mußten sämtliche Läufe mit der vorgeschriebenen Mindestbesatzung (über 1100 ccm Hubraum Fahrer plus Beifahrer, unter 1,1 Liter Hubraum Fahrer alleine) beenden. Es war nicht erlaubt, während der Läufe weitere Besatzungsmitglieder für den Wagen aufzunehmen oder abzusetzen.
4. Die Karosserien mußten gestrichen und gepolstert sein. Und bei den Wagen mit mehr als zwei Liter Hubraum hatten auch beim Rennen ständig zwei Personen im Wagen zu sitzen, nämlich Fahrer und Beifahrer.
5. Den Fahrern der großen Sportwagen wurde die Auflage erteilt, auf dem Fußboden festschraubbare und plombierte Bleiplatten von insgesamt 120 Kilogramm Gewicht als Ballast mitzuführen.
6. An zwei bestimmten Tagen wurde der Nürburgring für sonstige Fahrzeuge gesperrt und für Versuchsfahrten der Gemeldeten freigegeben (Anmerkung: Das Wort Training existierte damals noch nicht. Man sprach allgemein von Versuchsfahrten. „Gemeldete“ waren die Teilnehmer für ein Rennen).
7. Etwa vorhandene Rennschwänze durften, gemessen von der Mittelachse der Hinterbrücke (Hinterachse) nur eine für die jeweilige Gruppe entsprechende Länge haben (Anmerkung: Rennschwänze waren lang, spitz zulaufende Heckverkleidungen, um dem Heck einen günstigen Strömungsabfluß zu geben).
8. Jeder Fahrer mußte die vorgeschriebene Renndistanz zurücklegen (Anmerkung: Es wurden also die Fahrer, die eventuell eine Runde zurücklagen, nicht abgewinkt, wenn der Sieger das Ziel passiert hatte). Bewerber, die später als 30 Minuten nach Eintreffen des Erstplazierten ihrer Gruppe das Ziel erreichten, wurden nicht mehr gewertet.
9. Beim Stopp am Ersatzteillager während der Läufe war es nur gestattet, daß der Fahrer beziehungsweise der Mitfahrer Reparaturen ausführen durften. Der am Ersatzteillager befindliche Helfer konnte nur die gewünschten Teile verabreichen, sonst aber keine Hilfe irgendwelcher Art leisten.
10. Der Veranstalter war berechtigt, jeden Lauf zu beenden, wenn die Durchschnittsgeschwindigkeit der kleinsten Kategorie weniger als 45 Stundenkilometer betrug.
11. Nicht der Fahrer mit der schnellsten Trainingszeit stand auf dem besten Startplatz, sondern derjenige, der zuerst seine Nennung für das Rennen abgegeben hatte.
12. Die Sportkommissare waren nach Beendigung des Rennens im Zielrichterhaus anzutreffen.

Hermann Lang auf Mercedes beim Eifelrennen 1939. Zeichnung: Walter Gotschke

Bereits vor der offiziellen Nürburgring-Eröffnung hatte das Kreisverkehrsamt Adenau in zahlreichen Anzeigen darüber informiert, daß moderne Zufahrtsstraßen zur Rennstrecke führen würden. Besucher und Motorsportfreunde wurden auch dahingehend unterrichtet, daß man schon für vier Reichsmark ein Zimmer mit Vollpension bekommen könne. Besonders wurde darauf hingewiesen, daß jeder Ort elektrisches Licht und Fernsprecher habe.

Schon damals war man wohl auch um das leibliche Wohl der Rennfans besorgt, denn in einer Insertion in der Zeitschrift „Der Nürburgring“ hieß es: „Nürburgring-Fahrer; besucht die Ahr und trinkt deutschen Rotwein!“

In den kleinen und großen Rennen jener Jahre gab es dann natürlich auch zahlreiche Kuriositäten:

1927 war der Große Preis von Deutschland für Motorräder auch als Großer Preis von Europa ausgeschrieben.

Das offizielle Training fand zu ungewöhnlichen Zeiten statt: am Mittwoch und am Donnerstag vor dem Rennen morgens von 6 bis 9 Uhr und abends von 17 bis 20 Uhr, dann am Freitag noch einmal morgens von 6 bis 9 Uhr (Anmerkung: Man hatte diese Zeiten gewählt, um tagsüber Privatpersonen gegen Gebühr auf dem „Ring“ fahren zu lassen).

Bei einem Eifelrennen Ende der zwanziger Jahre siegte in der Solo-Klasse der Motorräder bis 250 ccm der Münchner DKW-Fahrer Hans Winkler. Er gewann aber nur deshalb, weil der führende DKW-Pilot Henkelmann von einem Funktionär „unbefugterweise als nicht ordnungsgemäß gestartet“ aus dem Rennen genommen wurde, weil er sich auf das bekannte Trompetensignal nicht sofort gemeldet hatte.

Am 1. Mai 1928 wurde auf der Berliner Avus eine vom ADAC organisierte „Gebrauchs- und Wirtschaftlichkeitsfahrt“ gestartet. Diese Prüfung endete acht Tage später auf dem Nürburgring und war für Tourenwagen aller Klassen ausgeschrieben. Vor, während und nach der Zuverlässigkeitsfahrt gab es zahlreiche Sonderprüfungen. Abends, wenn die Wagen am Ziel einer Etappe angekommen waren, wurden sie im „parc fermée“ abgestellt. Am anderen Morgen hatten die Fahrer eine Minute Zeit, um den Motor in Gang zu bringen und den Parkplatz zu verlassen, was etwa einer Fahrtstrecke von 80 Meter entsprach. Von den ingesamt 32 Fahrzeugen überstanden nur 18 alle fünf Startprüfungen ohne Verlustpunkte wegen Zeitüberschreitung.

Beim Eifelrennen 1928 starteten die Motorräder und die Wagen in ihren einzelnen Klassen je dreimal über zehn Runden. Dabei fuhren alle Motorräder gleichzeitig, also die Seitenwagenmaschinen mit den Solomotorrädern zusammen. Auch alle 20 Fahrzeuge der verschiedenen Sportwagenklassen starteten gegeneinander. Der letzte Lauf nannte sich Entscheidungsrennen. In diesem Finale waren alle Klassensieger bei den Motorrädern und bei den Wagen am Start. In einem Fünf-Runden-Rennen ging es um das „schnellste Fahrzeug des Eifelrennens“.

Im April 1929 demonstrierte Ingenieur Volkhart den Start eines Raketenwagens und eines Raketenmotorrades. Die Nürburgring-Pressestelle hatte schon vor dieser „Vorführungsfahrt“ in einem speziellen Programm aber auch darauf hingewiesen, daß alle Zuschauer im Anschluß an Volkharts Raketenfahrten bei Start und Ziel noch das Ende einer Fuchsjagd miterleben könnten, die den Schlußpunkt des motorsportlichen Turniers des Automobilclubs von Mayen bildete.

In den dreißiger Jahren war es üblich, daß für den Start die Plätze der einzelnen Fahrer nicht nach den erzielten Trainingszeiten, sondern durch Los bestimmt wurden. Die Startflagge fiel damals zusammen mit dem Startschuß.

Beim Eifel-Pokal-Rennen 1947 sorgte der in der 350-ccm-Klasse gestartete Kurt Mansfeld für Spannung: Der aus der damaligen „Ostzone“ angereiste Motorrad-Rennfahrer hatte auf seinem Rücken einen Rucksack mit all seinen Habseligkeiten. Er behielt diesen Rucksack auch während des Rennens auf und setzte sich sogar an die Spitze des Feldes. Erst ein Sturz verhinderte einen ungewöhnlichen Erfolg. Mansfeld belegte aber immerhin noch den fünften Rang.

Kurios war bei diesem ersten Nürburgring-Nachkriegsrennen auch die Eintrittsregelung: Der Veranstalter verkaufte die jeweilige Karte inklusive einem Paar Würstchen mit Kartoffelsalat, einem Brötchen und einer halben Flasche Wein. Die deutsche Polizei hingegen war weniger rennsportfreundlich: Zu jener Zeit herrschte ein allgemeines Sonntagsfahrverbot für Kraftfahrzeuge. Abgesehen davon, daß damals nur wenige in den Genuß kamen, auf offizielle Weise Benzinmarken zu erhalten. Zu diesem Eifel-Pokal-Rennen hätte man also offiziell am Sonnabend fahren können und am Montag zurück, nicht aber sonntags.

Eine weitere Besonderheit in den ersten Nachkriegsrennen: Damit man die Fahrer der einzelnen Klassen deutlicher sehen und voneinander unterscheiden konnte, war die Farbe des Sturzhelmes vorgeschrieben. So mußten die Fahrer der Viertelliter-Klasse zum Beispiel mit rot gestrichenem (oder mit einem roten Überzug versehenen) Sturzhelm starten.

1937 BIS 1946

13. Juni 1937, Eifelrennen. Bernd Rosemeyer (Foto) wiederholte auf Auto Union seinen Vorjahreserfolg. Rudolf Caracciola und Manfred von Brauchitsch (beide Mercedes) belegten die Plätze zwei und drei.

Die Saison 1937 brachte den Abschluß der 750-kg-Formel, das Reglement lief aus. Der 5,6-Liter-Motor des Mercedes-Benz hatte bei 5800 U/min zuletzt 646 PS, das 6,3-Liter-Triebwerk des Auto-Union-Rennwagens leistete 528 PS.

Am 13. Juni dieses Jahres wiederholte Rosemeyer (Auto Union) beim Eifelrennen seinen Vorjahreserfolg. Motorrad-Klassensiege gab es für BMW, NSU und DKW. Gall erreichte auf der Halbliter-BMW einen neuen Rekord mit 117,8 km/h.

Den Großen Preis von Deutschland am 25. Juli gewann Caracciola nach 3:46,00 Stunden (133,2 km/h) mit 46 Sekunden Vorsprung vor von Brauchitsch und Rosemeyer. Der Auto-Union-Fahrer Ernst von Delius, der in der siebten Runde auf der Döttinger Höhe mit Richard Seaman (Mercedes-Benz) kollidierte, erlag einen Tag nach dem Rennen in einer Bonner Klinik seinen schweren Verletzungen.

1938 änderte sich die Grand-Prix-Formel: 3000 ccm Hubraum mit Kompressor oder 4,5 Liter ohne Aufladung sowie ein Minimalgewicht von 850 kg lauteten jetzt die Vorgaben. Die Folge: Die PS-Leistung ging zurück, aber da sich die Straßenlage der Autos verbesserte, fuhren Caracciola, Lang und Co. schneller als je zuvor um den „Ring".

Am 24. Juli, beim 11. Großen Preis von Deutschland (verbunden mit dem Nürburg-Rennen für Krafträder und Sportwagen), dominierten Winkler und Herz in den Motorradklassen. Schnellster Sportwagen-Fahrer war Paul Greifzu, der auf seinem BMW in der 2-Liter-Klasse Bestzeit erzielte. Im Grand Prix siegte Mercedes-Pilot Richard Seaman nach 22 Runden mit einer Zeit von 3:51,46 Stunden und 3:20 Minuten Vorsprung vor seinen Markengefährten Caracciola/Lang (Fahrerwechsel) und Stuck (Auto Union).

Eifelrennen, 21. Mai 1939. Hermann Langs Mercedes-Benz leistete „aufgeladen" mit einem Zweistufen-Kompressor 485 PS und verhalf dem Daimler-Piloten zu sagenhaften Fahrleistungen in fünf Gängen: 111/175/215/252/315 km/h. Lang siegte vor Tazio Nuvolari (Auto Union) und Caracciola (Mercedes). Lang stellte in der siebten Runde mit 9:52,2 Minuten einen neuen Rundenrekord auf, der bis 1956 Bestand haben sollte.

Das Rennen der Solomaschinen in der Halbliter-Klasse entschied Kraus auf einer Kompressor-BMW mit neuem Rekorddurchschnitt von 121,1 km/h für sich. Die 250er-Klasse gewann Heiner Fleischmann auf DKW. Den Lauf in der Viertelliter-Kategorie machten die DKW-Fahrer Kluge, Winkler und Wünsche unter sich aus.

Beim Großen Preis von Deutschland am 23. Juli 1939 führte zur Überraschung aller zum ersten Mal seit 1935 wieder ein nicht-deutscher Renn-

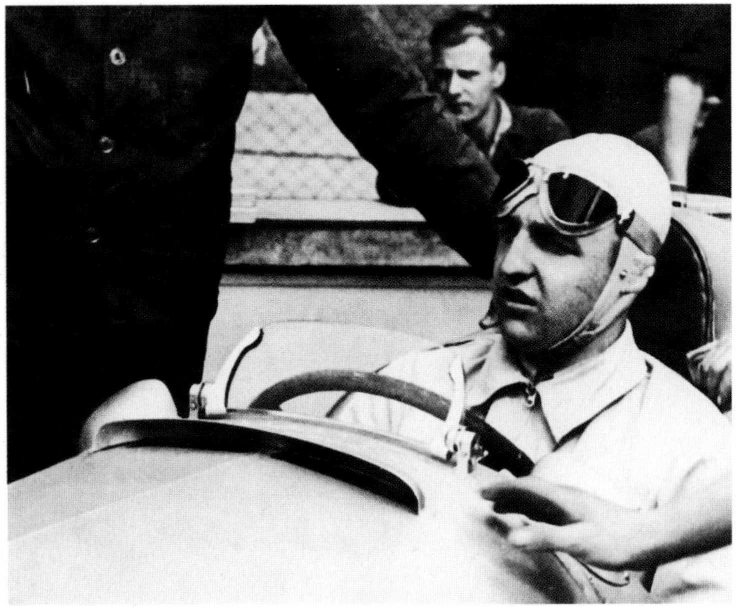

Der Krieg verdrängt den Rennsport
Mit Ausbruch des Zweiten Weltkriegs fanden am Nürburgring keine Rennen mehr statt. Die Testfahrten der Kraftfahrzeug- und Zubehörindustrie wurden eingestellt. 1940 benutzte nur noch Auto Union mit vier Wagen an 41 Tagen die Strecke.

1943 unternahm die Firma Imbert auf dem „Ring" Versuche mit Holzgas-betriebenen Fahrzeugen.

Der Krieg ließ damals nicht nur die Rennmotoren verstummen, der Kurs rund um die Nürburg wurde sogar vom Krieg eingeholt. 1943 mußten die Drahteinzäunungen um den Nürburgring in einer Gesamtlänge von 34 Kilometern abgebaut und an die deutsche Rüstungsindustrie abgegeben werden. Das Sporthotel Tribüne wurde Lazarett, später dann Sitz eines Divisionsstabes. Auch Ausgebombte aus dem Mittelrhein-Gebiet fanden am „Ring" Zuflucht. Die im Start- und Zielbereich liegenden Parkplätze wurden in Acker- und Weideland umgewandelt, im Mercedes-Turm wurden Stallungen eingerichtet und Kühe, Schweine und Hühner untergebracht.

Am 8. März 1945 erreichten US-Sherman-Panzer Müllenbach. Rund zwei Monate lang benutzten die Amerikaner im letzten Kriegsjahr den Nürburgring dann in entgegengesetzter Fahrtrichtung bis zur Ausfahrt Pflanzgarten als Aufmarschstraße. Dabei wurde die Fahrbahn stark beschädigt; die Alliierten demontierten zudem zahlreiche technische Anlagen bei Start und Ziel. Ein Verwaltungsgebäude ging durch Brand verloren. Den Nürburgring-Besuchern bot sich 1945 ein trostloses Bild der einst so glanzvollen deutschen Rennstrecke.

Ende September 1946 ging in der Straßen- und Brückenbauabteilung des Oberpräsidenten von Rheinland-Hessen-Nassau der Befehl der französischen Militärregierung ein, den Nürburgring für ein im Mai 1947 geplantes Rennen wieder instand zu setzen. Hoffnung auf einen Neuanfang auch am „Ring".

Der Große Preis von Deutschland am 25. Juli 1937 wurde in der siebten Runde vom Unfall des Auto-Union-Fahrers Ernst von Delius überschattet, der auf der Döttinger Höhe mit dem Mercedes des Engländers Richard Seaman kollidierte. Von Delius erlag einen Tag später in einer Bonner Klinik seinen schweren Verletzungen.

rechts: Der Auto-Union-Werkswagen vom Typ C/D von Tazio Nuvolari vor dem Start zum Großen Preis von Deutschland am 24. Juli 1938.

wagen das Feld an: Paul Pietsch auf einem Maserati. Am Schluß aber siegte Caracciola (Mercedes) vor H.P. Müller (Auto Union) und Pietsch.

Zweifellos standen die Jahre 1934 bis 1939 unter der absoluten Vorherrschaft der deutschen Wagen und der deutschen Fahrer. Nicht zuletzt deshalb waren auch die Zuschauerzahlen am „Ring" entsprechend hoch: So wurden z.B. bei den Großen Preisen bis zu 40 Sonderzüge eingesetzt, die bis zu 50000 Besucher herantransportierten. Damit war der kleine Bahnhof Adenau natürlich überfordert, so daß extra für den „Ring" mehrere Abstellgleise gebaut wurden. Teilweise standen die Züge bis zum sechs Kilometer entfernten Dümpelfeld in „Wartestellung".

Die höchste Zuschauerzahl, die auf dem Nürburgring vor dem Zweiten Weltkrieg registriert wurde, hatte 1938 der Große Preis von Deutschland mit mehr als 200000 zahlenden Besuchern. Zu keinem Grand-Prix-Rennen in der Zeit von 1934 bis 1939 waren weniger als 100000 Fans gekommen.

Rudolf Caracciola auf Mercedes W 125 gewann den Großen Preis von Deutschland 1937 vor Manfred von Brauchitsch (Mercedes) und Bernd Rosemeyer (Auto Union). Der für 1937 entwickelte W 125 hatte rund 600 PS und war in jenem Jahr das dominierende Fahrzeug.

Rudolf Hasse (Auto Union Typ C/D) beim Großen Preis von Deutschland 1938 im Streckenabschnitt Wehrseifen. Hasse schied in der 15. Runde mit Motorschaden aus.

Hans Stuck (Auto Union C/D) gehörte auch 1938 beim deutschen Grand Prix zur Auto-Union-Werksmannschaft. Hinter den beiden Mercedes-Benz W 154 von Seaman und Caracciola/Lang (Fahrerwechsel) wurde Stuck Dritter. Der Auto-Union-Fahrer, Sieger des Großen Preises von Deutschland 1934, war in den Jahren von 1934 bis 1938 am Nürburgring äußerst erfolgreich: Beim Eifelrennen 1934 wurde Stuck Zweiter, beim Großen Preis 1935 kam er ebenfalls auf den zweiten Platz und beim Großen Preis 1936 belegte er wiederum den zweiten Rang.

Die zwei Kontrahenten im Großen Preis von Deutschland 1937: Rosemeyer auf Auto Union vor Caracciola im Mercedes.
Zeichnung: Walter Gotschke

Richard Seaman, der erfolgreiche junge Mercedes-Fahrer, feierte mit dem Sieg im Großen Preis von Deutschland 1938 seinen wohl größten Erfolg. Der Engländer erlag am 25. Juni 1939 seinen schweren Verletzungen, die er sich bei einem Unfall im Großen Preis von Belgien in Spa-Francorchamps zugezogen hatte.

Mercedes-Benz-Siegerplakat. Zeichnung: Walter Gotschke

Tazio Nuvolari auf Auto Union (Foto) beim Eifelrennen am 21. Mai 1939. Hermann Lang, der das Rennen gewann, fuhr einen 3-Liter-V-12-Zylinder-Mercedes vom Typ W 163 mit Zweistufenkompressor. Dieser Motor leistete 483 PS. Lang stellte in der siebten Runde mit 9:52,2 Minuten einen neuen Rundenrekord auf, der bis 1956 Bestand haben sollte.

Rudolf Caracciola (Mercedes) war der Sieger des Großen Preises von Deutschland 1939. Caracciola gewann damit seinen sechsten deutschen Grand Prix und den fünften Großen Preis für Mercedes.

H.P. Müller fuhr seinen Auto-Union-Wagen beim Großen Preis von Deutschland am 23. Juli 1939 auf den zweiten Platz. Das Foto zeigt Müller im Streckenabschnitt Brünnchen.

Die Panzer und das Rennen mit Kartoffelsalat

Am 8. März 1945 erreichten die ersten amerikanischen Panzer vom Typ Sherman das kleine Dorf Müllenbach in der Eifel.

Der Kommandeur der Einheit hatte Anweisung, von hier aus direkt zur Nürburg und zum Sporthotel „Tribüne" vorzustoßen, weil dies ein markanter Punkt in der Eifellandschaft sei. Da man von hier aus eine gute Übersicht habe, auch ein gutes Schußfeld, sei damit zu rechnen, daß vereinzelte deutsche Abwehrgruppen hier noch ernsthaften Widerstand leisteten.

Der amerikanische Hauptmann, der mit der Panzervorhut nach Müllenbach vorrückte, wußte, daß dieser Nürburgring eine Rennstrecke war, und dachte sich – ganz zu Recht –, daß seine Panzer auf einer so gut ausgebauten Straße schneller und sicherer vorankommen als in dem hügeligen Gelände mit den schmalen Wegen.

Es war nachmittags um drei, als die ersten Panzer bei der Auffahrt Müllenbach auf die Südschleife kamen und sich ihre Ketten unbarmherzig in den Asphalt der Straße krallten. Der Hauptmann hatte befohlen, daß eine Gruppe nach rechts schwenkt und (entgegen der Rennrichtung, würden wir sagen) direkt zum Sporthotel und zum Dorf Nürburg fährt, während die andere Gruppe sich nach links wendet, um auf der Gegengeraden anzukommen.

Zwischen beiden Gruppen bestand eine Funksprechverbindung für den Fall, daß man doch noch auf deutsche Abwehr stoßen würde. Aber man erreichte „Start und Ziel", erreichte Sporthotel und Dorf Nürburg ohne nennenswerte Schwierigkeiten. Der Nürburgring wurde von den deutschen Truppen nicht verteidigt; die nächsten deutschen Stellungen lagen schon mehr als zehn Kilometer weiter voraus.

Wer der Welt schönste Rennstrecke vor dem Krieg kannte, war entsetzt ob des Zustandes, der sich 1945 und 1946 bot. In diesem chaotischen Zustand mußte die damalige Provinz Rheinland-Hessen-Nassau einen Besitz übernehmen, der – dies war allen Beteiligten sofort klar – zunächst nur Kosten verursachen würde. Die Gegend um den „Ring" war nicht vermint; die Amerikaner hatten dies rasch herausgefunden und waren – besonders über die lange Gerade – mit Tempo zum Rhein vorgestoßen. Dadurch war die Fahrbahn stark beschädigt worden. Zu beklagen gab es weitere Kriegsschäden: Das Sporthotel wurde fast völlig ausgeraubt und mehrere technische Anlagen waren bei Start und Ziel demontiert worden. Ein Verwaltungsgebäude war durch Brand fast vollständig verloren gegangen.

Die amerikanischen Soldaten strömten ins Sporthotel und in die beiden Eingangshäuser, in denen sich auch damals schon die Nürburgring-Verwaltung befand. Sie fanden Archivmaterial, das sie völlig durcheinanderbrachten und zum Teil mitnahmen, mit dem sie aber nichts anfangen konnten, denn es war ja nur ein Sportarchiv und kein militärisches. Bettwäsche, Tischtücher und Teller suchten sie vergebens.

Die Eifelbauern in der Umgebung hatten sich nämlich gesagt: Dieser Nürburgring ist ja so etwas wie eine staatliche Einrichtung. Und den Staat gibt es nicht mehr, also kann man sich vom Staat etwas mitnehmen.

Die amerikanischen Soldaten fanden dann noch eine junge und durchaus hübsch zu nennende Sekretärin der Nürburgring-Verwaltung, die sich in einen nahegelegenen Gutshof zurückgezogenen hatte. Der amerikanische Oberstleutnant, der einen Tag, nachdem die Panzervorhut den Nürburgring besetzt hatte, zur Rennstrecke herausgekommen war, hörte von dem Mädchen.

Sofort ließ er zwei Posten an diesem Gutshof aufmarschieren. „Es gibt", sagte er, „nicht sehr weit weg von hier eine Einheit mit schwarzen Soldaten, die gelegentlich hier heraufkommen. Vor denen sind Sie wahrscheinlich nicht sicher. Sie brauchen nur zu rufen, dann wird ein Posten da sein, um Sie zu schützen." So überstand die Sekretärin die ersten Tage der Besatzung, ohne Schaden zu nehmen an Leib und Seele, aber der Nürburgring war von den amerikanischen Panzern gezeichnet worden.

Inzwischen war das Sporthotel des Nürburgrings ein amerikanischer Stützpunkt geworden, von dem aus die weiteren Operationen in der östlichen Eifel geleitet wur-

Ende September 1946 befahl die französische Militärregierung den Deutschen, den Nürburgring für ein geplantes Rennen am 27. Juli 1947 wieder instand zu setzen. Daraufhin begannen rund 300 Arbeiter mit den notwendigen Reparatur- und Aufbauarbeiten. Obwohl „das französische Rennen" nicht ausgetragen wurde, war die Arbeit nicht umsonst, denn schon am 17. August 1947 war der Motorsport-Verband Rheinland-Pfalz mit Sitz in Neuwied Ausrichter des ersten Nachkriegsrennens auf dem Nürburgring, des „Eifel-Pokal-Rennens für Motorräder mit und ohne Seitenwagen".

den. Um diese Zeit war der Krieg schon in seine letzte Phase getreten. Der Vormarsch der amerikanischen und der kanadischen Truppen ging an diesem Frontabschnitt unaufhaltsam voran.

Die Schäden, die die schweren Kettenfahrzeuge besonders auf der Südschleife, auf der Zielgeraden und der Gegengeraden angerichtet hatten, würden wohl, so meinten die Leute, die sich das ansahen, nie wieder ein Rennen zulassen.

Nach den Amerikanern kamen die Franzosen. Rheinland-Pfalz, wie das Land später hieß, gehörte ja zum Bereich der französischen Besatzung.

Den Franzosen verdanken wir, daß der Nürburgring zu einer Zeit wieder befahrbar wurde, als wir weder über die Geldmittel noch über die Maschinen verfügten, die Strecke und die Einrichtungen bei Start und Ziel wieder instand zu setzen.

Die Motorsportbegeisterung der Franzosen war immer sehr groß. In Deutschland, das wissen wir alle, sind die ersten Fahrzeuge gebaut worden, die wir Automobile nennen dürfen, die Wagen von Benz und Daimler. Aber die Franzosen haben die ersten Wettbewerbe und Rennen veranstaltet, längst ehe wir in Deutschland auf solche Ideen kamen: Paris-Rouen 1894, Paris-Bordeaux-Paris 1895. Die Franzosen waren auch die ersten, die nach dem Zweiten Weltkrieg wieder ein Rennen veranstalteten: Schon im Spätherbst 1945 dröhnten im Bois de Boulogne bei Paris zum erstenmal wieder die Rennmotoren.

Der Nürburgring war für die Franzosen immer ein Begriff gewesen, und auf dem Nürburgring hatte es 1929 einen der größten Siege der französischen Autosportgeschichte gegeben: Als Louis Chiron mit seinem Bugatti einmal die berühmten Mercedes SSK mit Rudolf Caracciola schlagen konnte. Louis Chiron, der in Monte Carlo geborene Meisterfahrer, war 1936 dann für kurze Zeit Werksfahrer bei Daimler-Benz gewesen.

Die Sportverbindungen zwischen Frankreich und Deutschland waren eng, und jeder Enthusiast kannte den Nürburgring. So entstand beim französischen Automobilclub schon Ende des Jahres 1946 die Idee: Wir, die Franzosen, denen dieser Teil Deutschlands ja jetzt administrativ zu Füßen liegt, wir veranstalten das erste Nachkriegs-Nürburgringrennen! Und zwar nicht irgendein Rennen, sondern einen

Großen Preis für Rennwagen!

Wie ernst es mit diesem Plan war, geht allein daraus hervor, daß im Frühjahr 1947 die Franzosen mit Baggern und Baumaschinen anrückten, um die Südschleife und die beiden geraden Streckenstücke bei Start und Ziel wieder in ihren ursprünglichen Zustand zu bringen. Auch am Sporthotel wurde gearbeitet und das Zielhaus instand gesetzt.

Um diese Zeit freilich war die innenpolitische Lage in Frankreich noch nicht sehr stabil. Regierungen kamen und gingen, Pläne wurden geschmiedet und wieder ad acta gelegt. So wie man dem alten Professor Porsche zunächst ganz ernsthaft den Vorschlag gemacht hatte, einen französischen „Volkswagen" zu bauen, und ihn dann, weil das plötzlich gegen die Pläne neuer Machthaber lief, verhaftete, so ähnlich wurde auch der Nürburgring zunächst instand gesetzt, wurde in aller Öffentlichkeit von einem Großen Preis auf dem Nürburgring gesprochen – aber plötzlich existierte das alles nicht mehr.

Dieses Rennen ist also nie gefahren worden.

Aber der Nürburgring war wieder brauchbar geworden. Und so konnte der neugegründete Motorsport-Verband Rheinland-Pfalz mit Sitz in Neuwied im Sommer 1947 darangehen, auf dem Ring wieder ein deutsches Rennen auszuschreiben:

Das Eifel-Pokal-Rennen 1947, am Sonntag, den 17. August. Ausgeschrieben für Motorräder mit und ohne Seitenwagen, ausgetragen auf der 7,7 km langen Südschleife. Start morgens um 10 Uhr, Training am Donnerstag nachmittag, am Freitag und am Samstag.

Es war dies vermutlich das einzige Rennen, bei welchem im Eintrittspreis mit inbegriffen waren: ein paar Würstchen mit Kartoffelsalat, ein Brötchen, eine halbe Flasche Wein.

Denn wir lebten um diese Zeit vor der Währungsreform ja von 1200 Kalorien pro Tag und von Lebensmittelkarten und gelegentlich vom schwarzen Markt und von Tauschgeschäften. Die Franzosen, vielleicht hatten sie ein bißchen ein schlechtes Gewissen wegen des Rennens, das nicht stattfand, vielleicht war der französische Gouverneur ein echter Motorsportfreund, hatten die Erlaubnis gegeben, daß man Essen ohne Marken mit Rennen kombinieren darf. Mit Nürburgring.

Die deutsche Polizei war weniger motorsportfreundlich. Um diese Zeit herrschte ein allgemeines Sonntagsfahrverbot für Kraftfahrzeuge, ganz abgesehen davon, daß nur wenige auf offizielle Weise zu Benzinmarken kamen. Zu diesem Eifel-Pokal-Rennen hätte man also allenfalls am Samstag fahren können und am Montag zurück, aber nicht sonntags.

Aber natürlich fuhren viele Motorsportbegeisterte mit ihren Motorrädern am Sonntag ganz früh. Zum Teil kamen sie sogar illegal über die Zonengrenzen. Die „französische Zone" reichte ja nur so weit wie heute das Land Rheinland-Pfalz reicht. Nordrhein-Westfalen war britische Zone, Hessen amerikanische. Da gab es aber Schleichwege durch die Felder...

Dennoch: Es hagelte Polizeistrafen, vor allem wegen Übertretung des Sonntagsfahrverbots. Und wo der Herr mit seinem Motorrad überhaupt das Benzin her habe? Der deutsche Nachkriegs-Motorsport begann in einer Zeit, in der noch echter Pioniergeist herrschte, echte Begeisterung. Um ein Rennen zu sehen, ein einfaches nationales Motorradrennen, nahm man die größten Schwierigkeiten und Strapazen auf sich.

Es ist gut, wenn man sich an diese Zeit des Nürburgrings wieder zurückerinnert.

Das Programm war auf schlechtem Papier gedruckt und nicht geheftet (denn Heftklammern waren aus Metall, und die gab es im August 1947 noch nicht), aber es informierte einen ausreichend.

Rennleiter war ein Bugatti-Fahrer der zwanziger und dreißiger Jahre, Willi Seibel aus Diez an der Lahn, unter den Sportkommissaren fand man den Motorrad-Altmeister Hans Soenius; die Zeitnahme leitete schon damals der Ingenieur Katscher, den wir später bei fast allen Nürburgrennen fanden; Ernst Christ, der Initiator des Hokkenheimringes, leitete die technische Abnahme, und drei Mann betätigten sich bereits bei diesem ersten Nachkriegsrennen am „Ring" als Rundfunksprecher: Dr. Ernst aus Köln, der schon beim Eröffnungsrennen im Jahre 1927 die Rundfunkübertragung führte, Günther Jendrich und Gerd Krämer, die später als Fernsehreporter und Autoren einen weitbekannten Namen hatten: Damals waren sie Anfänger, die sich ihre ersten Sporen verdienten.

Anfänger bestritten auch das erste Rennen, Ausweisfahrer mit Maschinen bis zu 500 ccm – und da hatten nicht weniger als 38 Fahrer gemeldet! Es gab neun Rennen; das letzte, das neunte, war den Lizenzfahrern mit den 500er Maschinen vorbehalten, und dieses Rennen war natürlich die größte Attraktion fürs Publikum, weil man hier Schorsch Meier mit der Kompressor-BMW sehen konnte, wie er gegen Heiner Fleischmann auf NSU und H.P. Müller auf DKW kämpfte.

Damit man die Fahrer der einzelnen Klassen deutlicher sehen und voneinander unterscheiden konnte, war die Farbe des Sturzhelms vorgeschrieben. Bei den 250er Maschinen mußten die Fahrer zum Beispiel mit rot gestrichenem (oder mit rotem Überzug versehenem) Sturzhelm erscheinen.

Das Programm, das eine Mark kostete, eine Reichsmark noch, war auch schon mit zahlreichen Anzeigen versehen. „Auch NSU leidet an Material- und Kohlenmangel, an Einschränkungen dieser und jener Art", konnte man zum Beispiel ganz offen in einer Anzeige des Neckarsulmer Werkes lesen, „wir haben aber sehr viel Zuversicht und die schwäbischen Facharbeiter... . Über kurz oder lang werden neue Konstruktionen auf den Straßen sein, die beweisen, daß wir zwar ein paar Hallen, nicht aber die Fähigkeit verloren haben, hervorragende Fahrräder und Motorräder zu bauen."

Es gab schon „Das Auto", die „erste deutsche Motor-Fach- und Sportzeitschrift nach dem Krieg"; wie man aus der Anzeige entnahm, befand sich die Redaktion noch in Freiburg; und die Aachener Nachrichten „Erste neudeutsche Zeitung, Organ für alle Schaffenden an der Westgrenze, veröffentlicht unter Zulassung Nr. 1 der Militär-Regierung", erschien, wie alle deutschen Zeitungen damals, nur zweimal in der Woche: dienstags und freitags.

Im Programm gab es auch eine Geschwindigkeitstabelle für die Südschleife. Sie ging herunter bis auf 3:40, was 126,8 km/h entsprach. Eine schnellere Zeit, so sagte sich die Rennleitung damals, wird man auch mit einer 500er Maschine wohl niemals fahren...

Aus „Der Nurburgring" von Richard von Frankenberg, mit freundlicher Genehmigung des Verlages „Moderne Verlags GmbH", München 1966.

1947 bis 1956

Start zum Großen Preis von Deutschland für Renn- und Sportwagen am 20. August 1950 in der Sportwagen-Klasse über 1,5 bis 2 Liter Hubraum. In der ersten Startreihe (v.l.) Theo Helfrich (Veritas, Nr. 24), Helmut Niedermeyer (BMW-Reif, Nr. 32), Toni Ulmen (Veritas, Nr. 18) und Günther Bechem (BMW 328, Nr. 36).

Nach dem abgesagten „französischen Rennen" richtete der neugegründete Motorsportverband Rheinland-Pfalz mit Sitz in Neuwied am 17. August 1947 das erste Rennen für Ausweis- und Lizenzfahrer auf dem Nürburgring nach dem Zweiten Weltkrieg aus.

Die Veranstaltung hieß „Eifel-Pokal-Rennen für Motorräder mit und ohne Seitenwagen" und fand auf der Südschleife statt. Trotz des Sonntagsfahrverbotes kamen mehr als 80 000 Zuschauer. Dieser „Eifel-Pokal" war damals wahrscheinlich die einzige Veranstaltung, bei der im Eintrittspreis von fünf Reichsmark eine Verpflegungsration – Würstchen, Kartoffelsalat, Brötchen und Wein – enthalten war.

Somit hatte der Nürburgring seinen 20. Geburtstag allen Unkenrufen zum Trotz doch noch mit einem Rennen feiern können. Zwei Jahre später, 1949, war auch die Nordschleife wieder in einem rennfähigen Zustand. Am 22. Mai erfolgte der Start für das erste Rennen nach dem Zweiten Weltkrieg über die Nordschleife – ausgeschrieben für Automobile und Motorräder. Aber erst 1950 begann sich der Motorsport in der Eifel zu normalisieren, weil jetzt auch wieder internationale Rennen in Deutschland möglich wurden.

Hattrick für Alberto Ascari

So gab es am 20. August 1950 den Großen Preis von Deutschland für Wagen, der zwar nur für die Formel 2 ausgeschrieben war und deshalb auch nicht zur neu eingeführten Weltmeisterschaft für Fahrer zählte. Aber immerhin: Der Anfang war gemacht. Sieger dieses Rennens wurde der Italiener Ascari auf Ferrari vor Simon und Trintignant (beide auf Gordini).

1951, der Große Preis von Deutschland hatte inzwischen WM-Status erhalten, siegte erneut Ascari (Ferrari) vor Fangio (Alfa Romeo) und Gonzalez (Ferrari).

Seinen dritten Sieg am „Ring" feierte Ascari am 3. August 1952 beim 15. Großen Preis von Deutschland. Auf den Plätzen folgten seine beiden Teamkollegen Farina und Fischer. Alberto Ascari war in jenen Jahren der Mann, den es zu schlagen galt. Der Sohn des berühmten Rennfahrers Antonio Ascari wurde 1952 und auch 1953 Fahrer-Weltmeister. Ein technischer Defekt verhinderte beim deutschen Grand Prix am 2. August 1953 den vierten Ascari-Erfolg. Stallgefährte Farina siegte nach 18 Runden vor Fangio (Maserati) und Hawthorn (Ferrari).

1953 etablierte sich neben dem Großen Preis und dem Eifelrennen eine weitere Veranstaltung auf dem „Ring", die bis 1991 ausgefahren wurde – das ADAC-1000-km-Rennen. Dieser Marken-Lauf zählte von Beginn an zur Sportwagen-Weltmeisterschaft und sorgte vor allem in den 60er Jahren für größtes Zuschauerinteresse. Die Premieren-Sieger hießen am 31. August 1953 Ascari/Farina auf Ferrari. 1954 fiel diese Langstreckenprüfung aus, 1955 wurde lediglich ein 500-km-Rennen durchgeführt (Behra siegte auf Maserati) und 1956 gewannen Moss/Behra (Maserati).

Von 1954 bis 1957 bestimmte der Argentinier Juan Manuel Fangio das Renngeschehen der Formel 1 am „Ring". 1954 gewann er auf Mercedes-Benz, 1956 auf Lancia-Ferrari und 1957 auf Maserati. 1955 war der deutsche Grand Prix wegen des Le-Mans-Unglücks ausgefallen.

In der Anfangsphase des Sportwagenlaufes bis 2 Liter beim 50er Grand Prix lag Ulmen in der Südkehre vor Helfrich, Niedermeyer, Riess und Bechem. Riess (Veritas)gewann vor Bechem; in der Klasse bis 1500 ccm siegte Maurice Trintignant auf einem Simca-Gordini.

Vorbereitung der Veritas-Wagen im Fahrerlager für das Training zum Eifel-Pokal-Rennen am 22. Mai 1949.

Boxensignal für den Spitzenreiter Karl Kling (Mercedes) beim Großen Preis von Deutschland und beim Großen Jubiläumspreis vom Nürburgring am 3. August 1952 in der Klasse der Sportwagen über 2 Liter. Hermann Lang (Mercedes) hatte nach der Renndistanz von zehn Runden (228,800 km) einen neuen Rekorddurchschnitt von 129,1 km/h aufgestellt und lag im Ziel zwei Sekunden vor Karl Kling und Fritz Riess (Mercedes). Auch der neue Rundenrekord ging auf das Konto von Lang mit einer Durchschnittsgeschwindigkeit von 131,5 km/h.

NÜRBURGRING
NÜRBURG-RING
20
JAHRE
Jubiläums-Ausgabe
2
BONG
MOTORSPORT-JAHRBUCH
1947/48
HERAUSGEBER: NÜRBURGRING G.M.B.H. (NÜRBURGRING-EIFEL) PREIS 5.-MK

OFFIZIELLES PROGRAMM
MERCEDES
BENZ
VERANSTALTET
VOM AUTOMOBILCLUB
VON DEUTSCHLAND
XV. GROSSER PREIS
VON DEUTSCHLAND
GROSSER JUBILÄUMSPREIS VOM NÜRBURGRING
3. AUGUST 1952 – 9^{30} UHR · PREIS 1.– DM

Alberto Ascari (Ferrari) während einer Trainingspause zum Großen Preis von Deutschland am 3. August 1952.

Der Italiener Ascari gewann auf einem 2-Liter-Ferrari den 15. Großen Preis von Deutschland. Platz zwei belegte sein Markengefährte Nino Farina vor einem weiteren Ferrari-Piloten, dem Schweizer Rudi Fischer.

Das große Duell zwischen Alfa Romeo und Ferrari. Zeichnung: Walter Gotschke

Mercedes-Pilot Hermann Lang fuhr beim 17. Großen Preis von Deutschland und Europa am 1. August 1954 einen der vier Mercedes-Werkswagen vom Typ W 196. Der frühere Europameister fiel in der elften Runde aus. Teamgefährte Fangio siegte vor den Ferrari von Froilàn Gonzalez/Mike Hawthorn (Fahrerwechsel) und Maurice Trintignant. Karl Kling belegte auf einem weiteren W 196 den vierten Platz.

Ferrari-Werksfahrer Nino Farina (Automobil-Weltmeister 1950 auf Alfa Romeo) trug sich 1953 in die Annalen des Nürburgrings ein. Er gewann auf seinem Ferrari am 2. August 1953 den 16. Großen Preis von Deutschland und einen Monat später zusammen mit Alberto Ascari (beide auf Ferrari 375 MM) das erstmalig ausgetragene ADAC-1000-km-Rennen.

Großer Preis von Deutschland, 2. August 1953: Im Sportwagenrennen vor dem Grand Prix machte Hans Herrmann von sich reden. In einem Porsche Typ 550 Spyder siegte er in der Klasse bis 1500 ccm mit neuem Klassenrekord (122,0 km/h Durchschnittsgeschwindigkeit) vor den beiden Borgward-Piloten Bechem und Helfrich.

Start- und Zielbereich nach dem Großen Preis von Deutschland am 1. August 1954. Die Schlacht ist geschlagen. . .

Drei Mercedes-300-SLR mit Kling, Fangio und Moss dominierten zu Beginn des Rennens den Lauf der Rennsportwagen beim Eifelrennen 1955 in der Klasse über 1500 ccm. Mit neuem Klassenrekord (130,4 km/h Durchschnittsgeschwindigkeit) siegte schließlich Fangio vor Moss und einem Ferrari mit Gregory.

Richard von Frankenberg (Startnummer 31) und sein Porsche beim 18. Internationalen ADAC-Eifelrennen am 29. Mai 1955 in der Klasse der Serien- und Rennsportwagen bis 1500 ccm. Rennfahrer und Motorjournalist von Frankenberg mußte sich den EMW-Piloten Barth und Thiel sowie seinem Markengefährten Seidel geschlagen geben.

Juan Manuel Fangio (Lancia-Ferrari D 50) in einer Trainingspause zum Großen Preis von Deutschland am 5. August 1956. Der argentinische Ferrari-Pilot siegte in diesem Rennen vor den beiden Maserati-Fahrern Moss und Behra.

Zum Großen Preis von Deutschland und Europa 1954
Zeichnung: Walter Gotschke

Fangio auf Mercedes, Sieger im Großen Preis von Deutschland 1954
Zeichnung: Walter Gotschke

Die Lancia-Ferrari-D 50-Armada im Training zum Großen Preis von Deutschland 1956. Enzo Ferrari hatte für diesen Grand Prix fünf Wagen gemeldet, die von Fangio, Collins, Musso, Castellotti und de Portago gesteuert wurden.

Fangio (Lancia-Ferrari D 50), Sieger des Großen Preises von Deutschland 1956
Zeichnung: Walter Gotschke

Impressionen auf dem Nürburgring
Zeichnung: Walter Gotschke

Der Start zum Großen Preis von Deutschland 1956 ist erfolgt. Links außen im Bild Fangio (Lancia-Ferrari D 50), neben ihm Collins (Lancia-Ferrari D 50), Musso (Lancia-Ferrari D 50), Castellotti (Lancia-Ferrari D 50) und Moss (Maserati).

Grand Prix von Deutschland 1956: Peter Collins (Lancia-Ferrari D 50) im Adenauer Forst. Der englische Ferrari-Pilot schied in der neunten Runde mit einem Bruch an der Tankaufhängung aus.

Jeder lobt, was Nürburgring-erprobt

Der Nürburgring als Prüfstätte der Industrie

Ernst Rosemann, bekannter Motor- und Rennsportjournalist, schrieb 1967 in der Juni-Ausgabe der Zeitschrift „Der Nürburgring“ einen vielbeachteten Artikel über den „Ring“ als Versuchs- und Teststrecke.
Auch wenn die Autoindustrie heute, im Zeitalter der Computer-Technologie, vor neuen Aufgaben und Herausforderungen steht, ist die Nürburgring-Nordschleife noch immer ein wichtiger Fixpunkt im Erprobungsplan vieler Firmen. Die Überlegungen, die in den zwanziger Jahren auch zum Bau des Nürburgrings führten, haben bis heute nichts von ihrer Aktualität verloren. Die „Teststrecke in der Eifel“ ist nach wie vor hochaktuell.

Drei BMW-V8-3,2-Liter bei Wintertests im Jahre 1959. Die Testwagen haben trotz riesiger Schneemengen die Einfahrt ins Karussell gefunden. In seiner Konzeption war der Nürburgring von Anfang an auch als Test- und Versuchsstrecke für die Autoindustrie vorgesehen. Tagelang, wochenlang, zu jeder Jahreszeit und bei allen Witterungsbedingungen fuhren die Versuchswagen ihre Runden.

1927, als der Nürburgring seiner vielseitigen Bestimmung übergeben wurde, zählte man in Deutschland 723 935 Kraftfahrzeuge, darunter 261 142 Personenkraftwagen. Im Bereich der Bundesrepublik Deutschland einschließlich West-Berlin betrug der Bestand an Kfz am 1. Januar 1966 rund 12,5 Millionen Einheiten, darunter ca. 9 Millionen Personenwagen. Am 1. Januar 1967 dürften – um eine runde Summe zu nennen – in der Bundesrepublik 10 Millionen Pkw zugelassen gewesen sein. In vierzig Jahren hatte sich also der Bestand vervierzigfacht.

Diese wenigen Zahlen mögen verdeutlichen, mit welcher Voraussetzung die Männer seinerzeit schon ans Werk gingen, die den Nürburgring planten und erbauten, die auch die Aufgabe erkannten, dem „Ring“ nicht nur den Charakter einer idealen Rennstrecke, vielmehr auch den eines Technikums zu verleihen, einer großangelegten und praxisnahen Forschungs- und Versuchsstätte für die Automobiltechnik und den Straßenverkehr.

Beide Aufgaben, Rennsport und Industrieprüfungen, standen stets in Wechselwirkung zueinander, und selbst heute noch sollte man ihre Bedeutung für die Fortentwicklung nicht unterschätzen. Es wäre töricht zu glauben, daß sich Prüfungs- und Versuchsmethoden während der letzten Jahre so erheblich geändert und verfeinert hätten, daß sie einen großen Teil der Straßenversuche ersetzen könnten, daß es möglich sei, viele Prüfungen elektronisch gesteuerten Simulatoren zu überlassen. Letztlich aber fehlt dann immer noch der echte Straßenversuch, den man vollständig nicht (oder noch nicht) simulieren kann, und auf den Forschung und Entwicklung nach wie vor angewiesen sind.

Diese Tatsache läßt sich schon dadurch beweisen, daß überall auf den Straßen sogenannte „Erlkönige“ zu beobachten sind, getarnte Neukonstruktionen der Kraftfahrzeug-Industrie, die diese Versuchswagen sicher nicht über hunderttausende von Kilometern öffentlicher Straßen schicken würde, wenn die eigenen Versuchs- und Prüfanlagen ausreichten, die Produktionsreife herbeizuführen. Was sicherlich nur wenigen bekannt sein dürfte: Die ersten „Erlkönige“ vor dem Zweiten Weltkrieg auf dem Nürburgring waren die getarnten Volkswagen und die Fahrzeuge mit Reifen aus synthetischem Gummi.

Man weiß, daß erst Anfang der fünfziger Jahre einige Automobilfabriken – die größten nur – begannen, eigene Versuchsstrecken und Prüffelder zu errichten, um im praktischen Dauerversuch Leistungs-, Kon-

struktions- und Materialforschung zu betreiben und möglichst einwandfreie Vergleichsdaten zu erarbeiten. Solche Versuchs-, Prüf- und Forschungsfelder kosten jeweils viele Millionen Mark. Erst der sich seit Anfang der fünfziger Jahre entwikkelnde Absatzmarkt konnte überhaupt die wirtschaftlichen Voraussetzungen dafür schaffen, so kostspielige Anlagen zu errichten, und auch bis zum heutigen Tage blieb es nur wenigen Großserien-Automobilfabriken vorbehalten, eigene Anlagen zu bauen – dennoch können sie auf Landstraßenversuche nicht verzichten. Heute wie ehedem geistern noch „Erlkönige“ auf dem Nürburgring herum, tags und nachts, sommers wie winters; Voraussetzungen, wie sie dort gegeben sind, lassen sich auf Hausstrecken nicht schaffen.

Ideale Voraussetzungen

Damals, um 1925, hatte die dem Ersten Weltkrieg folgende zweite Motorisierungsperiode bereits – aber auch gerade erst – begonnen. Die Fließband-Fertigung deutscher Autos wurde ein Jahr zuvor von Opel eingeführt. Natürlich besaßen einige Automobil- und Motorradfabriken bereits Versuchsabteilungen: Daimler, Benz, Horch, Wanderer, um nur einige zu nennen; in den kleineren Unternehmen, deren es viele gab, wurde aber noch immer nach gründlicher deutscher Handwerker-Art gearbeitet und empirisch, nicht aber forschungsmäßig, nicht in Versuchsreihen, entwickelt.

Als man daher die Planung einer in sich abgeschlossenen Rennstrecke in Angriff nahm, bedachten die Nürburgring-Erbauer von vornherein die Schaffung eines echten Versuchs- und Forschungsfeldes für Testfahrten der Kraftfahrzeug- und Zubehörindustrie.

Die ideale Lage des Kurses läßt sich wie folgt umreißen:

- Die Strecke liegt völlig außerhalb der Verkehrszirkulation und kann durch sie nie gestört werden.
- Die Gebirgs-Formation der Eifel gestattet es, alle Arten der Straßenführung, wie sie in Europa vorkommen, nachzuahmen, von langen Schnellstrecken über kurvenreiche Steigungen und Gefälle bis hin zur künstlich angelegten Steilstrecke mit einer Steigung von 27 Prozent, wie sie in dieser Länge selbst nicht in den Alpen vorzufinden ist.
- Die klimatischen Voraussetzungen: Hitze, Trockenheit, Nebel, Regen, Schnee und Eis. So sehr wir manchmal auf dem Nürburgring gefroren haben, so sehr der schnelle Wechsel der klimatischen Bedingungen uns (und den Kraftfahrzeugen) schwer zusetzte – das Vorhandensein gerade dieser wetterbedingten Unterschiede für die technische Entwicklung ist unbezahlbar geworden.

Rennsport und Technik

Es ist während der letzten Jahre oft genug gesagt und geschrieben worden, der Rennsport habe kaum noch Einflüsse auf die technische Entwicklung der Fahrzeuge. Wie jede Verallgemeinerung nicht stimmt, so ist auch diese nicht der Erfahrung letzter Schluß. Die Sportwagen-Langstrecken-Konkurrenzen, wie z.B. das ADAC-1000-km-Rennen, bewiesen doch immer wieder, daß das Auto noch verbesserungsbedürftig ist und im harten Wettbewerb vollkommener wird. Erinnern wir uns doch der Scheibenbremse, die vor einigen Jahren aus den Rennerfahrungen geboren wurde! Dieser Wettbewerbe bedarf es. Am Lenkrad all dieser Fahrzeuge müssen technisch versierte Piloten sitzen, die allein in ihrem Stil Individualisten und in der Lage sind, jedes Fahrzeug in aller Härte zu prüfen, Fehler aufzudecken, Verbesserungen anzustreben, um die Sicherheit zu fördern. Das ist nur im sportlichen Wettbewerb und zugleich im Markenwettbewerb – im Kampf der Konstrukteure untereinander – möglich, und Spitzenleistungen können selten nur aus internen Versuchen, bei noch so gutem Willen und noch so großem Können oder aus der Erfahrung hervorgebracht werden. Natürlich bedarf das Durchschnitts-Auto kaum noch rennsportlicher „Befruchtung“. Doch selbst in diesem Bereich zeigt sich immer wieder, daß manchmal kaum beachtete Kleinigkeiten – wie z.B. der Verschluß einer Motorhaube oder des Gepäckraumdeckels – erst in der rennsportlichen Erprobung ihre letzte Vollendung erfahren. Selbst der Rennwagensport – dessen bedeutendstes Ereignis der Große Preis von Deutschland des AvD auf dem Nürburgring war – führte noch immer zu neuen Erkenntnissen, sei es im Fahrgestellbau, sei es in der Leistungssteigerung der Motoren, in der Abstimmung der Leistungsgewichte oder auch in Sicherheitsmaßnahmen gegen Unfallfolgen. Man beachte nur einmal allein die Möglichkeiten, in immer kleiner und leichter werdende Fahrgestelle verhältnismäßig kleine Hochleistungsmotore einzubauen und die Kraft dieser Maschinen mittels kleiner aber sehr breiter Reifen auf die Fahrbahn zu bringen und dabei die Fahrstabilität der Wagen trotz Höchstgeschwindigkeiten nicht nur zu erhalten, sondern ständig zu erhöhen. Der Rennsport ist selbst heute – wenn auch nicht mehr in so hohem Maße wie vor Jahrzehnten – „Schrittmacher der Verkehrsmotorisierung“. Zu diesem Thema sagte uns einmal Juan Manuel Fangio, der „Meister des Nürburgrings“: „Der Rennindustrie werden auch weiterhin wertvolle Hinweise gegeben, besonders auf dem Gebiet der Bremsen und Reifen. So sind z.B. die Scheibenbremsen bei Jaguar durch die Teilnahme an Rennen entwickelt worden. Wenn heute die Fahrzeuge leichter gebaut werden und sie trotzdem eine gute Straßenlage haben, dann resultiert diese Erkenntnis nur aus den Rennen.“

Prüf- und Versuchsfeld für Einzelteile

Es ist nicht unbekannt, daß die Kraftfahrzeugindustrie bei weitem nicht alle Teile, die zusammen ein Auto ausmachen, selbst fertigt. Sie bezieht sie von ihren Zulieferanten. Die Teile- und Zubehör-Industrie umfaßt viele Groß- und noch mehr mittelständische Unternehmen. Freilich arbeiten sie alle eng zusammen und entwickeln gemeinsam. Die Industrie stellt Qualitätsnormen auf, die von den Zulieferern eingehalten werden müssen. Der Wettbewerb zwingt dazu, nach Möglichkeit diese Normen noch zu überschreiten. Das geht für die Zubehör-Industrie nicht ohne Versuche, ohne Hochbelastungsprüfungen. Manche Aggregate, Teile und Zubehör lassen sich in eigenen Entwicklungsabteilungen zur Reife bringen, andere aber benötigen doch den praktischen Straßenversuch. Abgesehen von einigen wenigen Firmen hat diese Industrie keine Straßenversuchsfelder, kann sich solche auch nicht leisten. Sie ist dennoch auf praktische Verkehrstests und ihre Erkenntnisse angewiesen.

In früheren Zeiten war das einfach: Man rüstete die in Frage kommenden Wagentypen mit Meßinstrumenten aus und schickte sie in den öffentlichen Straßenverkehr. Das geschieht selbstverständlich auch heute noch. Aber die ungeheure Verkehrsdichte, sei es auf Autobahnen, sei es in Städten, sei es auf Land- oder Gebirgsstraßen, läßt keine exakten Messungen mehr zu und ist außerdem im Dauer-Vergleichsverfahren viel zu zeitraubend.

Der Nürburgring ist für solche Fälle eine ideale Prüfstrecke. Der Verkehr dort ist nie so dicht, daß er stören könnte. Bei Prüfungen, die außergewöhnliche Geschwindigkeiten verlangen oder anderweitige Anforderungen stellen, kann der „Ring" für Stunden oder für Tage gesperrt bleiben. Wenn bei einer solchen Versuchsfahrt von einem Wagen 20 000 Kilometer zurückgelegt werden, so bedeutet das, daß er rund 12 400 Kurven durchfahren und einen Höhenunterschied von 428 000 Metern bewältigen muß.

Voraussetzungen für diese Tests sind die Einrichtungen des „Rings": die Möglichkeit der Unterbringung der Versuchsmannschaften im nahegelegenen Hotel, die große Anzahl von Garagen und Arbeitsplätzen im Fahrerlager, Räume, in denen man versuchsnahe Laboratorien unterbringen kann, und schließlich die renntechnischen Einrichtungen mit einem über die ganze Strecke verlaufenden Telefonnetz. Dazu stehen die Boxen der Ersatzteillager, die sich nachts strahlend hell beleuchten lassen und selbstverständlich Tankanlagen der Markenkraftstoffe oder provisorische Tankanlagen für Spezialprüfungen den notwendigen Versuchsaufenthalten zur Verfügung. Den Beobachtern dienen gegen Wind und Wetter geschützte Räumlichkeiten mit Schreibtischen und Signalanlagen im Start- und Zielhaus als optimales Arbeitsumfeld. Bei den Tests selbst kann man die verschiedenen Schleifen wählen, die alle über den Start- und Zielbereich, das Zentrum des „Rings", führen, ohne die Gefahr eines Gegenverkehrs.

So gibt es während des ganzen Jahres kaum eine Woche, in der keine Werksversuche irgendeiner Firma stattfinden. Manchmal sind auch zwei oder drei Teams gleichzeitig bei der Arbeit – und in den Räumen des Zielhauses werden lange Vergleichslisten aufgestellt, Tabellen geschrieben und analysiert, und die Rechenschieber der Ingenieure kommen kaum zur Ruhe, wie auch die endlosen Diskussionen nicht über technische Probleme: Also versuchen wir es noch einmal!

Hat die Industrie und haben die Verbände von der Teststrecke Gebrauch gemacht?

Diese Frage ist mit einem uneingeschränkten Ja zu beantworten.

Es gibt kaum ein Werk der Automobil- und Motorradbranche, der Reifenindustrie, kaum einen Kraftstoffkonzern und kaum ein Unternehmen der Zubehörindustrie, das nicht in kürzeren oder längeren Versuchen, im Sommer und Winter, bei Tag und Nacht, mit einem oder mehreren Fahrzeugen hier die letzten und entscheidenden Versuche durchführte. In diesem Rahmen müssen auch die großen Gebrauchs- und Wirtschaftlichkeitsprüfungen des ADAC, AvD und der Industrie erwähnt werden:

1. Die ADAC-Gebrauchs- und Wirtschaftlichkeitsfahrt 1928, bei der Verbrauchs-, Brems- und Leistungsprüfungen vorgenommen wurden.
2. Die Westdeutsche Zuverlässigkeitsfahrt des AvD im Jahre 1929 für Touren- und Sportwagen mit Sonderprüfungen des Anzugs-, Beschleunigungs- und Bremsvermögens.
3. Die ADAC-Langstreckenfahrt 1929, unter erstmaliger Einbeziehung der 27prozentigen Steilstrecke. Diese Veranstaltung demonstrierte, daß die Stärke des Motors, der Preis und die Vielseitigkeit der Ausrüstung, je nach Verwendungszweck im praktischen Betrieb, eine ausschlaggebende Rolle bei der Wirtschaftlichkeitsrechnung spielte.
4. Die Internationale ADAC-144-Stundenfahrt für Motorräder im Frühjahr 1930, an der die deutsche Motorrad-Industrie geschlossen mit serienmäßigen Krädern teilnahm. Ununterbrochen überprüfte man an sechs Tagen und in sechs Nächten die Reisegeschwindigkeit, das Bergsteigvermögen, die Fahrzeugbeleuchtung, den allgemeinen Zustand und die Wirtschaftlichkeit.
5. Die Standard-Dreißig-Tage-Fahrt im Oktober/November 1931, die die Deutsch-Amerikanische Petroleum-Gesellschaft in einer Non-Stop-Fahrt durchführte. 20 Wagen wurden auf Betriebsstoff-, Öl- und Reifenverbrauch sowie Reparaturkosten geprüft.
6. Die Versuchsfahrt im September 1935 mit heimischen Treibstoffen. 47 Lastwagen hatten die Aufgabe, verschiedene Arten der heimischen Treibstoffe (Kohle, Koks, Holz, Gas) auf ihre Verwendungsmöglichkeit zu untersuchen.

Dies belegt, daß Neukonstruktionen der Renn- und Sportwagen sowie der Motorräder hier einer letzten Tauglichkeitsprüfung unterzogen wurden.

So modern wie alt!

Gewiß haben die Erbauer des Nürburgrings nicht geahnt, daß ihre so großartige und wahrlich großzügige Anlage auch Jahre später noch – eben wegen der Verkehrsdichte auf öffentlichen Straßen – zusätzliche Aufgaben bekommen könnte. Sie haben aber in Idealismus und Nüchternheit zugleich erkannt, daß eine solche Prüfstrecke nicht nur dem Rennsport, sondern vielen Zwecken zu dienen hat.

Der Nürburgring wurde von 1925 bis 1927 gebaut – er ist jedoch jung, modern und erfolgreich bis zum heutigen Tage geblieben.

Der gute, alte Hubkolbenmotor, der seine Spitzenstellung noch lange behalten wird, bringt höhere Serienleistungen, als sie damals Rennfahrzeuge aufweisen konnten. Auch der Kreiskolbenmotor, der Wankel-Motor, wäre ohne Nürburgring-Versuche nicht so schnell zur Serienreife (NSU RO 80) entwickelt worden.

Wir wissen nicht, welche Entwicklungen heute, morgen, in naher oder weiterer Zukunft aktuell werden, sie reichen aber sicher bis zum durch Atomkraft angetriebenen Fahrzeug, an das zur Zeit noch kaum gedacht wird.

In seinem Aufgabenbereich ist also der Nürburgring ganz modern. Man wird sich andererseits auch vorstellen können, daß er noch moderner wird, so modern, wie ihn die Generation seiner Gründer nicht mehr erleben kann.

Der Nürburgring ist noch für weitere Jahrzehnte ein Technikum, und der von Hans Bretz, dem damaligen Pressechef des Nürburgrings geprägte Begriff – „Jeder lobt, was Nürburgring-erprobt" – dürfte auch künftig seine Gültigkeit behalten.

Die „guten alten Zeiten“, die moderne Formel 1 und der Nürburgring

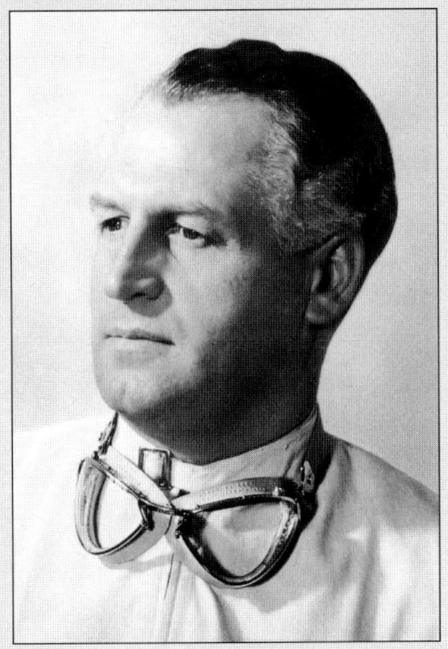

Karl Kling bestritt 1954 und 1955 insgesamt zwölf Formel-1-Rennen auf dem Mercedes W 196. Den nicht zur Weltmeisterschaft zählenden Großen Preis von Berlin auf der Avus im September 1954 gewann er vor seinen Teamkollegen Juan Manuel Fangio und Hans Herrmann. In den übrigen elf Grands Prix plazierte sich Kling sechsmal. In der Fahrer-Weltmeisterschaft belegte er 1954 mit zwölf Punkten den fünften Platz, 1955 kam er auf fünf Punkte und den elften Rang im Fahrer-Championat.

Karl Kling, am 16. September 1910 im hessischen Gießen geboren, war der Sohn eines Lehrers. In der Schule galt er lange Zeit als „hoffnungsloser Fall“ – allzu früh hatte der Junge sein Herz an den Motorsport verloren.

Kling ist – neben Moss und Herrmann – die letzte noch lebende große Fahrerpersönlichkeit aus der glorreichen Silberpfeil-Ära nach dem Zweiten Weltkrieg. Er gehörte der Mercedes-Benz-Rennmannschaft unter Führung von Alfred Neubauer an. 1955, nach dem Rückzug des Untertürkheimer Werks vom aktiven Rennsport, wurde Kling Nachfolger des legendären Rennleiters.

Nach der Ausbildung zum Kfz-Meister und seinem Ingenieurstudium kam Karl Kling im Jahr 1936 als Kundendienstingenieur zu Daimler-Benz. Vor dem Zweiten Weltkrieg fuhr der Gießener für das Werk bei Tourenwagen-Veranstaltungen und machte sich nach 1945 als dreimaliger Deutscher Sportwagenmeister auf Veritas-Sport- und Rennwagen einen Namen. 1950 setzte sich Kling im „6-Stunden-Rennen“ am Nürburgring erstmals wieder für Daimler-Benz ans Steuer und gewann. Im folgenden Jahr gehörte er bereits der offiziellen Rennmannschaft an. Zu seinen Teamgefährten zählten Altmeister Hermann Lang und später auch der Argentinier Juan Manuel Fangio. Mit einem zweiten Platz bei den Peron-Cup-Rennen in Argentinien auf einem Vorkriegs-W-163-Mercedes-Grand-Prix-Wagen empfahl sich der „Newcomer“ eindrucksvoll für weitere Einsätze.

Klings große Zeit kam 1952. Am Steuer des neuen Mercedes-Benz 300 SL erzielte er bei bedeutenden internationalen Rund- und Langstreckenrennen große Erfolge. Der Rennfahrer gewann beispielsweise nach rundenlangem Kampf mit dem Rennsportidol Rudolf Caracciola den Großen Preis von Bern und wurde zusammen mit Beifahrer Hans Klenk Erster bei der berüchtigten „Carrera Panamericana Mexico“. Zuvor war er Zweiter der bekannten „Mille Miglia“ in Italien und Zweiter beim Jubiläumspreis für Sportwagen auf dem Nürburgring geworden.

Als Daimler-Benz 1954 mit dem neuen W 196 wieder in den Grand-Prix-Sport zurückkehrte, war Karl Kling erneut mit von der Partie, zunächst zusammen mit Juan Manuel Fangio, Hermann Lang und Hans Herrmann. Weitere Spitzenfahrer wie Stirling Moss stießen später hinzu. Bei der Renn-Premiere der neuen Silberpfeile, beim Großen Preis von Frankreich am 4. Juli 1954 in Reims, belegte der damals 44jährige hinter Fangio den zweiten Platz. Weitere gute Plazierungen folgten auf mehreren Grand-Prix-Strecken. Herausragend waren dabei Klings Siege bei den Großen Preisen von Berlin auf der Avus 1954 und in Schweden 1955.

Seine Rennsportkarriere klang aus mit zwei weiteren spektakulären Erfolgen bei Langstreckenrennen: 1959 triumphierte Kling bei der Rallye Algier – Kapstadt auf einem Mercedes-Benz 190 Diesel, 1961 fuhr der Deutsche als Erster am Steuer eines Mercedes-Benz 220 SE bei der Marathon-Rallye Algier – Lagos – Algier über die Ziellinie.

Jörg-Thomas Födisch besuchte den heute 87jährigen legendären Motorsportler in seinem Haus in Gaienhofen am Bodensee. Er sprach mit Karl Kling über die „guten alten Zeiten“, die moderne Formel 1 und den Nürburgring.

Födisch: In diesem Jahr feiert der Nürburgring seinen 70. Geburtstag. Sie haben seine Eröffnung und die Eröffnungsrennen hautnah miterlebt. Können Sie sich noch an den 18. und 19. Juni 1927 erinnern?

Kling: Ich fuhr in jenem Jahr mit meinem Bruder auf einer 250er Zündapp von Gießen aus hoch in die Eifel. Ich war aufgeregt, obwohl ich bereits zuvor als 14jähriger mit dem Fahrrad im Taunus war und dort das 24-Stunden-Rennen erlebt hatte. Gewonnen hat damals August Momberger, später Technischer Direktor bei Auto Union und Ford, auf einer NSU-Kompressor-Maschine. Das 24-Stunden-Rennen im Taunus war übrigens zu jener Zeit in Deutschland das größte Rennsportereignis überhaupt. Aber diesmal ging es ja um die Eröffnung des „Rings“! Eine ganze Nation hat diesem Ereignis entgegengefiebert. Denn in der Weimarer Republik gab es kaum Rennstrekken. Da waren ja nur die Berliner Avus, die Solitude bei Stuttgart und einige Bergrennstrecken. Aber zurück ins Jahr 1927. Mein Bruder und ich waren bereits vor dem Rennsport-Wochenende in der Nähe von Adenau angekommen. Hotels gab es zu dieser Zeit noch nicht, also baten wir einen Eifelbauern in Meuspath um Hilfe. Wir durften auf seinem Heuboden übernachten und bekamen am anderen Morgen eine schöne Kanne Milch und frisches Brot. Anschließend machten wir uns auf den Weg zur Rennstrecke. Im Start- und Zielbereich war das Fahrerlager. Ich habe noch heute diesen Ford vor Augen, der dort stand. Der Wagen hatte keine Karosserie, nur zwei Sitze, freistehende Räder und hinten einen runden Tank.

Födisch: Wissen Sie noch, wer die einzelnen Rennen gewann?

Kling: Das weiß ich nicht mehr so genau. Damals, da fuhren verschiedene Marken, die heute überhaupt keiner mehr kennt. Fafnir war dabei, ein Rennwagen, den auch Rudolf Caracciola steuerte. Caracciola war einer der herausragenden Fahrer seiner Zeit. Später, Ende der dreißiger Jahre, haben ihm allerdings jüngere Fahrer das Leben schwer gemacht. Fahrer wie Bernd Rosemeyer auf Auto Union, die naßforsch und draufgängerisch waren und wesentlich mehr riskierten.

Födisch: Sie selber haben vor dem Zweiten Weltkrieg auf dem Nürburgring keine Rennen, sondern nur Testfahrten bestritten. Erst nach 1945 gingen Sie auch in der Eifel an den Start. Wie beurteilen sie diese in aller Welt so berühmte Piste?

Kling: Der Nürburgring war international gesehen eine der interessantesten Rennstrecken überhaupt. So etwas gab es – und ich kenne weltweit viele Motorsportanlagen – damals in anderen Ländern nicht. Auch mit den heutigen Strecken ist der alte Nürburgring – lassen wir diesen Begriff ruhig einmal so stehen – überhaupt nicht zu vergleichen. Die Streckenführung, das ganze Eifelgelände drumherum, ja die ständig wechselnden Witterungsverhältnisse waren einfach phantastisch und für jeden Fahrer geradezu eine Herausforderung. Mit dem Eifelkurs wäre höchstens noch die Stuttgarter Solitude zu vergleichen, wenn auch nur minimal.

Födisch: Rennsportfreunde, vor allem die älteren unter ihnen, bedauern sehr, daß es den alten „Ring" heute nicht mehr gibt. . .

Kling: Nicht nur sie. Schon die älteren Fahrer wie Juan Manuel Fangio oder Hermann Lang haben der Nordschleife mehr als eine Träne nachgeweint. Denn der Nürburgring forderte in erster Linie den Menschen und dann erst das Material, das Fahrzeug. Darum ging es ja auch den Piloten, die hier ihr ganzes Können unter Beweis stellen konnten und wollten. Wissen Sie, die ganze Diskussion um den Nürburgring in seiner alten Form hat überhaupt nichts mit Nostalgie zu tun. Der Ring früher und heute: Da gibt es keine direkte Vergleichsmöglichkeit. Man kann natürlich – wie es gerne so viele tun – sagen, früher war alles ganz anders. Ich denke aber, das ist Unsinn! Man muß in der Gegenwart leben. Ich bin ein Gegenwartsmensch und Realist. Leider.

Födisch: Zu einem ganz anderen Thema. Sie haben sich nach dem Krieg sehr stark bei Veritas, einer kleinen Renn- und Sportwagenfirma, engagiert.

Kling: Richtig! Ich hatte damals ja selbst drei eigene Fahrzeuge dieser Marke. Die führenden Köpfe von Veritas waren BMW-

4. Juli 1954: Im Großen Preis von Frankreich in Reims gab Mercedes-Benz mit drei Wagen des Typs W 196 sein Comeback in der Formel 1. Juan Manuel Fangio siegte vor Karl Kling (Foto); Hans Herrmann fuhr die schnellste Runde, schied aber wegen Motorschadens in der 17. Runde aus.
Dieser Tag wurde für Deutschland zu einem sporthistorischen Ereignis, denn neben dem gelungenen Mercedes-Debüt schlug die deutsche Fußball-Nationalmannschaft Ungarn im Weltmeisterschaftsfinale im Berner Wankdorf-Stadion mit 3:2 Toren.

Leute, allen voran der Godesberger Ernst Loof, ein bekannter Vorkriegs-Motorradfahrer. Loof arbeitete schon sehr früh für BMW im Bereich Versuch und Entwicklung. Eine seiner Hauptaufgaben war dabei die Betreuung der sportlichen Variante, deren Leistungsvermögen er durch geschickten Umbau steigern konnte. Gegründet wurde Veritas von Ernst Loof und Lorenz Dietrich. Die Firma war zunächst in Meßkirch/Südbaden angesiedelt, zog dann aber nach Muggensturm, einem kleinen Ort in der Nähe von Rastatt. Später wechselte das Team in die Eifel zum Nürburgring. Dort entwickelte Ernst Loof die Veritas-Modelle zielstrebig weiter.

Födisch: Woran lag es eigentlich, daß Veritas später so plötzlich vom Markt verschwand?

Kling: Es waren die Finanzen. Die Firma ging praktisch pleite. Schuld daran war nicht Loof. Das Debakel hatte die Geschäftsführung zu verantworten; sie wirtschaftete Veritas zugrunde. Dabei hatte das kleine Unternehmen zunächst gute Zukunftsperspektiven gehabt. Die Veritas-Fahrzeuge standen nach dem Zweiten Weltkrieg an der Spitze der Rennsportwagen. Außer dem BMW 328, der schon vor dem Krieg der dankbarste Sportwagen war, gab es ja sonst nichts. Mein Engagement bei Veritas wurde übrigens von Daimler-Benz unterstützt.

Födisch: Lassen Sie uns ein wenig über ihre großen und denkwürdigen Rennen sprechen. Im September 1954 nahm mich mein Vater mit zum Großen Preis von Berlin auf die Avus. Ich kann mich noch gut an die drei Mercedes-Wagen und an den französischen Gordini-Fahrer Jean Behra erinnern, der in der Anfangsphase versuchte, das unglaublich hohe Tempo der Silberpfeile mitzugehen. Zu Ihrer Mannschaft gehörten noch Fangio und Hans Herrmann. Sie gewannen auf dem vollstromlinienförmig verkleideten Mercedes W 196 und wurden so der erste deutsche Formel-1-Sieger nach dem Krieg. Vor dem Rennen auf der Avus hatten Sie auf dem Nürburgring diese Mercedes-Version bereits getestet. Im Großen Preis von Deutschland und Europa am 1. August 1954 fuhren Sie dann allerdings die Variante mit den freistehenden Rädern.

Kling: Wir stellten 1954 bei Testfahrten fest, daß beide Fahrzeuge etwa gleich schnell waren, wobei der Wagen mit den freistehenden Rädern aber auf einem Kurs wie dem Nürburgring in den Kurven genauer zu fahren war. Mit dem Stromlinien-Wagen haben wir auf der Geraden die verlorene Zeit wieder wettgemacht. Das Fahrzeug war auf gerader Strecke etwa 20 Stundenkilometer schneller als die Version mit den freistehenden Rädern. So sind wir bei Versuchsfahrten auf der Autobahn in der Nähe von Echterdingen in jenem Jahr mit einer extrem langen Übersetzung beim Stromlinien-Modell auf etwa 318 Stundenkilometer gekommen. Der Wagen hat mir keine Probleme bereitet. Ich war von den Veritas her ja die Vollverkleidung gewöhnt. Mit dem vollverkleideten W 196 war ich genauso schnell wie Fangio in seinem „offenen" Wagen.

„Ich wollte dem führenden Teamgefährten Fangio doch nicht den Sieg entreißen. Der Grund, warum ich aber plötzlich richtig aufdrehte, Runde um Runde schneller wurde und in die Spitze zu Fangio auffuhr, ist vielen heute noch unbekannt: Mein Benzintank war defekt." Karl Kling neben seinem Mercedes W 196 beim ungeplanten Boxenstopp im Großen Preis von Deutschland und Europa am 1. August 1954.

Födisch: Am 4. Juli 1954 gingen Sie im französischen Reims beim Großen Preis mit einem vollstromlinienverkleideten Mercedes W 196 an den Start. Sie hatten kurz vor Ende den Grand-Prix-Sieg schon fast in der Tasche. Aber es sollte ganz anders kommen.

Kling: In Reims zu fahren, war keine große Kunst. Gut, es gab da ein paar Ecken. Aber ansonsten war für mich der Kurs eher langweilig. In Reims hatte ich mich innerlich auf 60 Runden eingestellt, es waren jedoch 61. Rennleiter Charles Faroux stand nach der 59. Runde mit der karierten Start- und Zielflagge am Pistenrand. Die Flagge hielt er noch nach unten. Ich war sicher, die nächste Runde ist Schluß. Zu diesem Zeitpunkt lag ich schon relativ weit vor Fangio. Ohne Übertreibung: Die 400 bis 500 Meter Vorsprung, die ich hatte, hätte Fangio niemals einholen können. Ich hätte den Großen Preis haushoch gewinnen müssen! Nun, in der 60. Runde denke ich, gleich ist Schluß und gehe vom Gas. Kurz darauf huscht Fangio an mir vorbei. Ich versuchte noch, ihn einzuholen. Nicht, daß ich schneller gewesen wäre als der Argentinier – da bin ich ehrlich. Aber mein Teamgefährte kannte den Wagen noch nicht so gut wie ich. Er fuhr den Mercedes W 196 in Reims zum erstenmal. Ich aber kannte das Auto wie meine rechte Hosentasche. Um eine Runde habe ich mich damals verhauen. 61 Runden mußten gefahren werden, genau 501 Kilometer. Es reichte an diesem rabenschwarzen Tag nur noch zum zweiten Platz.

Födisch: Sie hatten bereits zwei Jahre zuvor eine äußerst erfolgreiche Rennsaison.

Kling: Es begann 1952 mit der Mille Miglia in Italien, dann kam die Carrera Panamericana in Mexiko, zur damaligen Zeit wohl eines der schwersten Straßenrennen der Welt. Bei der Mille Miglia führte ich zunächst bis Siena mit 26 Minuten Vorsprung vor Giovanni Bracco. Beim Reifenwechsel haben wir plötzlich die Hinterräder nicht runtergekriegt und wertvolle Zeit verloren. Bracco zog vorbei. Allerdings konnte ich an ihn bis auf zwei Minuten wieder herankommen. Aber der zunächst so sicher geglaubte Sieg war futsch. Ich gewann später noch in Bern und wurde Zweiter am Nürburgring beim Großen Preis für Sportwagen. Dann kam der unvergeßliche Triumph in Südamerika. Ich werde nie die Strapazen dieser Carrera Panamericana Mexico vergessen: Beim Start in Guatemala herrschte subtropisches Klima, Außentemperaturen von 45 Grad, innen kochte der Wagen, dann ging es hinauf in die eisige Bergwelt. Und dazu dieser Lärm. Das Fahrzeug war ja nicht isoliert, der Auspuff lag an der Wagenseite frei und dröhnte uns die Ohren voll. Nur Oropax konnte da noch helfen. . .

Födisch: Der Große Preis von Europa auf dem Nürburgring war ebenfalls ein ganz besonderes rennsporthistorisches Ereignis. Zeitgenossen erinnern sich noch an einen aufgebrachten Rennleiter Neubauer und sprachen von einer Hetzjagd, die Sie auf ihren führenden Kollegen Fangio unternommen haben sollen. Was geschah wirklich am 1. August 1954?

Kling: Mein Fahrzeug traf erst am Samstag, einen Tag vor dem Rennen, ein. Beim Training flog mir in Höhe der Antoniusbuche das rechte Vorderrad weg. Somit konnte ich keine offizielle Trainingszeit vorweisen und mußte vom letzten Platz aus ins Rennen starten. Natürlich versuchte ich, mich weiter nach vorne zu kämpfen. Der Grund, warum ich aber plötzlich richtig aufdrehte, Runde um Runde schneller wurde und in die Spitze zu Fangio auffuhr, ist vielen heute noch unbekannt. Mein Benzintank war defekt. Verzweifelt deutete ich jedesmal im Start- und Zielbereich mit der Hand auf die Seite, wo das Leck war. Ich mußte einfach schneller fahren, um noch einen Tankstopp einlegen zu können. Ich wollte dem führenden Teamgefährten Fangio aber doch nicht den Sieg entreißen. Übrigens: Es war nicht Neubauer, der versuchte, mich einzubremsen. Da waren Vorstandsmitglieder von Daimler-Benz an der Strecke, die mir drohten, weil ich Fangio angeblich ohne erkennbaren Grund so hart attackierte. Aber mir blieb doch gar keine andere Wahl. Später brach mir dann an der Hinterachse auch noch die Längsabstützung ab. Im Start- und Zielbereich habe ich den Schaden notdürftig mit Draht behoben, eine Kanne Sprit nachgegossen und noch als Vierter die Ziellinie erreicht.

Födisch: Sie haben 1949 auf dem Nürburgring einen Rundenrekord aufgestellt, der viele Jahre Bestand haben sollte. Dafür wurden Sie mit einem wertvollen Ring geehrt. Bedeutet Ihnen diese Auszeichnung heute noch etwas?

Kling: Ich habe mich damals über das Schmuckstück sehr gefreut. Er war die Anerkennung meiner fahrerischen Leistung. Aber sehen Sie, ich trage gar keine Ringe. Überhaupt bin ich kein Sammler von alten Erinnerungsstücken. Ich habe nicht mal mehr meinen damaligen Helm, ich habe überhaupt nichts mehr. Ich hänge nicht

„Ich bin kein Sammler. Sie sehen bei mir keine Pokale, nichts. Nur auf dem Kamin, da sind ein paar wertvolle Stücke auf einem kleinen Samtkissen."

unbedingt an so etwas. Sie sehen bei mir keine Pokale, nichts. Nur auf dem Kamin dort, da sind ein paar wertvolle Stücke auf einem kleinen Samtkissen.

Födisch: Immer noch sind Interviews mit Ihnen begehrt. . .

Kling: Ach, ich habe so viele Interviews gegeben und gebe sie noch immer. Ich bin ja der letzte der Mohikaner, die alten Fahrer sind ja alle nicht mehr da.

Födisch: Erfüllt Sie dies mit Wehmut oder gar Trauer?

Kling: Ich will es mal so sagen: Wir waren rauhe Gesellen. Wir mußten schon zu unserer aktiven Zeit immer damit rechnen, daß einer der Kameraden den Rennsport mit seinem Leben bezahlen würde. Und die Älteren wie Lang oder Fangio sind nach schwerer Krankheit gestorben, das ist der Lauf der Dinge. Hermann Lang war eineinhalb Jahre älter als ich, Fangio ein halbes Jahr jünger. Zu beiden hatte ich ein sehr gutes Verhältnis. Wir waren ehrliche, gute Sportsfreunde.

Födisch: Ich möchte zum Schluß mit Ihnen noch einmal über den Umbau der alten Nordschleife 1970 und den späteren Neubau in der Eifel sprechen. Kann man sagen, daß die Nordschleife für Formel-1-Fahrzeuge einfach nicht mehr befahrbar war?

Kling: Nein, so kann ich das nicht akzeptieren. Es waren die fehlenden Sicherheitsvorkehrungen, die zum Aus der Nordschleife führten. Fahren hätte man hier durchaus noch können, auch wenn viele Experten der Meinung waren, spätestens bei Breidscheid wären die Boliden kaputtgegangen. Man hätte einfach die Fahrzeuge dementsprechend konstruieren und bauen müssen, dann wäre ihnen auch auf dem alten „Ring" nichts passiert. Außerdem: Wer hat denn zu unserer aktiven Zeit nach Sicherheit gefragt? Wir Fahrer haben daran doch überhaupt nicht denken dürfen, sonst wären wir unseren Job losgewesen.

Födisch: Sehen Sie sich heute noch Motorsportveranstaltungen an?

Kling: Jede. Und am liebsten daheim vor dem Fernseher. Da habe ich einfach den besseren Überblick als direkt an der Rennstrecke. Da rasen die Fahrzeuge so schnell an einem vorbei. Ich hänge heute immer noch sehr am Rennsport. Schade, daß sich Mercedes 1955 aus der Formel 1 verabschiedet hat, ich hätte gern noch ein paar gute Jahre als Fahrer gehabt. Diese schöne Zeit ist leider vorbei. Und der Nürburgring, das war meine Hausstrecke. Es waren soviele Kilometer, die ich dort zurückgelegt habe...

1957 BIS 1966

Am 26. Mai 1957, dem Termin des ADAC-1000-km-Rennens, konnten sich weder die sieggewohnten Ferrari-Teams noch die zahlreichen Maserati-Fahrer der beiden italienischen Werksrennställe durchsetzen. Aston Martin siegte mit Brooks/Cunningham-Reid in neuer Rekordzeit von 7:33,38 Stunden (132,7 km/h). Die Ferrari mit Collins/Gendebien und Hawthorn/Trintignant folgten auf den Plätzen. An vierter Stelle des Gesamtklassements plazierte sich der 1,5-Liter-Porsche RS mit Maglioli/Barth. Den fünften Rang belegten Fangio/Moss (Maserati).

Beim Großen Preis von Deutschland am 4. August 1957 zeigte der damals fast 47 Jahre alte Fangio seinen vielen jüngeren Konkurrenten, daß er – und niemand anderer – der größte Fahrer seiner Zeit war, als er den Rundenrekord auf der Jagd nach den beiden führenden Ferrari von Collins und Hawthorn um mehr als 25 Sekunden auf damals für nicht möglich gehaltene 9:17,4 Minuten (149,3 km/h) drückte und den WM-Lauf noch gewann.

Rennen auf dem Nürburgring waren ab 1958 vor allem für die Briten Jahre, die man nicht vergißt. So gewann Stirling Moss auf Aston Martin das ADAC-1000-km-Rennen für Sportwagen am 1. Juni 1958 zusammen mit dem Australier Jack Brabham. Beim Großen Preis am 3. August 1958 hatten die Briten einen weiteren Grund zur Freude: Der Sieg von Tony Brooks mit seinem britischen Vanwall auf Europas schwierigster Strecke war ein historisches Ereignis. Allerdings mischten sich auch Tränen in die Siegesfreude, denn Ferrari-Pilot Peter Collins verunglückte im Streckenabschnitt „Pflanzgarten“ tödlich.

ADAC-1000-km-Rennen am 26. Mai 1957. So sah man den Start vom Dunlop-Turm aus. Für die Zuschauer im Start- und Zielbereich war der bei diesem Langstreckenrennen praktizierte Le-Mans-Start von besonderem Interesse: Die Rennwagen waren vor den Boxen schräg zur Fahrtrichtung aufgestellt. Die Fahrer standen auf der gegenüberliegenden Seite, direkt vor den Besuchern. Nach dem Startzeichen mußten die Piloten zu ihren Wagen spurten, sich ins Cockpit zwängen, den Motor anlassen und das Rennen dann in Richtung Südkehre aufnehmen. Die 57er Langstreckenprüfung auf dem „Ring“ gewannen Brooks/Cunningham-Reid auf Aston Martin vor den Ferrari mit Collins/Gendebien und Hawthorn/Trintignant.

Es gab immer Fahrer, die gerade auf dem Nürburgring herausragende Leistungen boten, auf dem 22,8 km langen Kurs, der höchste Ansprüche an das Können der Fahrer stellte. Diese Piloten hatten wirklich den Titel „Ringmeister“ verdient. In den Jahren, die dieser Teil der Nürburgring-Historie umfaßt, war Stirling Moss unstrittig der „Meister des Nürburgrings“. Er gewann auch 1959 das 1000-km-Rennen zusammen mit Jack Fairman (wieder auf Aston Martin) und nochmals 1960 (auf Maserati) mit dem Amerikaner Dan Gurney. Drei Jahre hintereinander und jedesmal mit einem anderen Co-Piloten. Er setzte sich selbst die Krone auf, als er 1961 den Großen Preis von Deutschland auf seinem Rob-Walker-Lotus siegreich beendete und dabei das gesamte Ferrari-Team mit Graf Trips, Phil Hill, Richie Ginther und Willy Mairesse, das über weitaus stärkere Wagen verfügte, hinter sich ließ. Wolfgang von Trips erklärte nach diesem Rennen, das er als Zweiter hinter Moss beendet hatte: „In einigen Runden bin ich in der Lage, fünfzehn Kurven am Limit zu fahren, aber Moss fährt sie alle am Limit, und das in jeder Runde“.

Stirling Moss galt zu jener Zeit als der beste Fahrer weltweit, obwohl er nie Formel-1-Weltmeister wurde.

Mike Hawthorn während einer Trainingspause zum Großen Preis von Deutschland am 4. August 1957. Der englische Ferrari-Fahrer mußte sich in einem der dramatischsten Grands Prix der Renngeschichte dem späteren Weltmeister des Jahres 1957 und siegreichen Maserati-Piloten, Juan Manuel Fangio, geschlagen geben.

Peter Collins (Ferrari) belegte im legendären deutschen Grand Prix 1957 den dritten Platz. Das Foto zeigt den englischen Ferrari-Fahrer im Karussell.

Mit dem Werks-Maserati 250 F gewann Juan Manuel Fangio den Großen Preis von Deutschland 1957. Das Foto zeigt den Fangio-Maserati (Startnummer 1) während einer Trainingspause an den Boxen.

Großer Preis von Deutschland 1957. Start zum „Jahrhundert-Grand-Prix" auf der schwierigsten und schönsten Rennstrecke der Welt. In der ersten Reihe (v.l.n.r.) Fangio (Maserati), Hawthorn (Ferrari), Behra (Maserati) und Collins (Ferrari).

ADAC-1000-km-Rennen am 1. Juni 1958. Zusammen mit seinem belgischen Teamgefährten Olivier Gendebien kam Wolfgang Graf Berghe von Trips (Foto) in einem Ferrari Testa Rossa auf den dritten Platz hinter Moss/Brabham (Aston Martin) und Hawthorn/Collins (Ferrari).

3. August 1958, Großer Preis von Deutschland. Stirling Moss (im Wagen) bildete zusammen mit Tony Brooks (neben Moss stehend) und Stuart Lewis-Evans das Vanwall-Team für den deutschen Weltmeisterschaftslauf. Der Grand Prix wurde zu einem der größten Erfolge für Vanwall und seinen Fahrer Brooks, denn zum ersten Mal gewann ein britischer Fahrer auf einem britischen Fabrikat den Großen Preis von Deutschland.

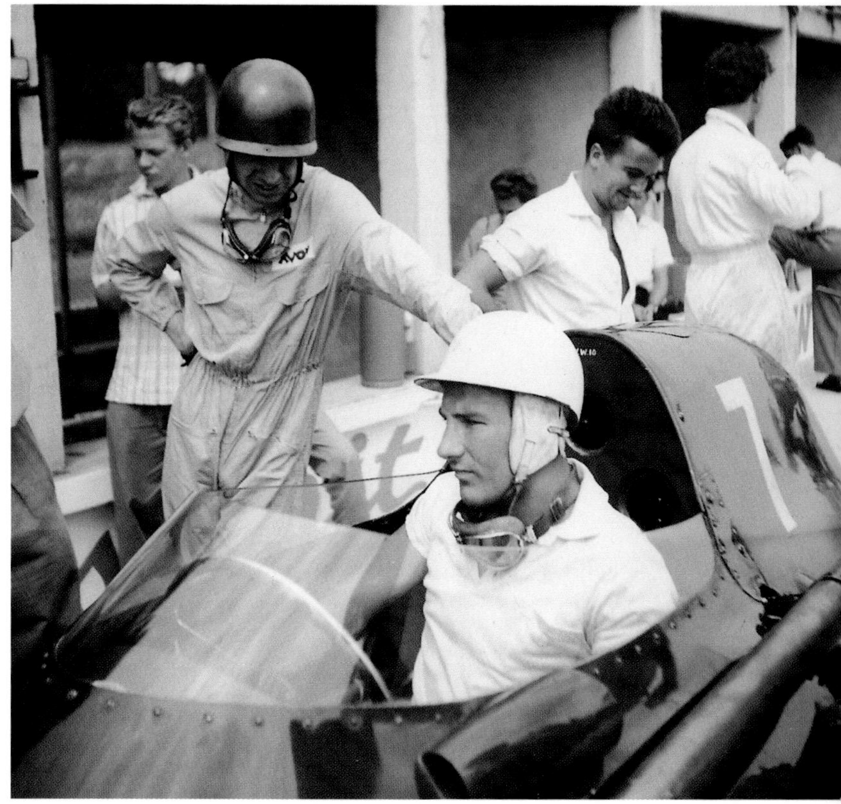

Auch Kleinwagen sorgten für Aufsehen am „Ring". Beim 21. Internationalen ADAC-Eifelrennen am 5. Oktober 1958 starteten in der Klasse der Serien-Tourenwagen bis 750 ccm u.a. Fahrzeuge wie NSU Prinz und BMW 600.

Virtuos fuhr Tony Brooks seinen Vanwall im deutschen Grand Prix 1958 zum Sieg. Anfangs an fünfter Stelle liegend, errang er dann einen Erfolg, der in mancher Hinsicht dem von Fangio ein Jahr zuvor ähnlich war.

Das ADAC-1000-km-Rennen am 7. Juni 1959 verzeichnete mit 67 Startern Rekordbeteiligung. Stirling Moss/Jack Fairman (Aston Martin) siegten nach 7:33,18 Stunden (132,8 km/h Durchschnittsgeschwindigkeit). Platz zwei und drei ging an die Ferrari-Fahrer Phil Hill/Olivier Gendebien und Tony Brooks/Jean Behra. Stirling Moss stellte an diesem Tag in 9:32 Minuten einen neuen Rundenrekord auf.

Der frühere Motorrad-Champion, Grand-Prix-Pilot und spätere Formel-1-Weltmeister John Surtees testete 1960 auf dem Nürburgring auch Porsche-Rennwagen. Das Foto zeigt den britischen Spitzenpiloten (im Wagen) zusammen mit Joakim Bonnier, Renningenieur Wilhelm Hild, Hans Herrmann und Edgar Barth (v.l.n.r.).

Wolfgang von Trips (Foto), der zusammen mit Phil Hill auf Ferrari das ADAC-1000-km-Rennen am 22. Mai 1960 bestritt, mußte in Führung liegend wegen Motorschadens aufgeben. Moss/Gurney siegten auf einem Maserati „Birdcage“ vor Bonnier/Gendebien (Porsche).

Am 1. August 1960 war der Große Preis von Deutschland nur für Formel-2-Rennwagen ausgeschrieben worden. Das Rennen führte über 32 Runden auf der 7,7 km langen Südschleife des Nürburgrings. Bei Dauerregen sahen rund 25 000 Zuschauer den Doppelsieg von Porsche mit Joakim Bonnier (Startnummer 6) vor Graf Trips (Startnummer 9). Platz drei ging an Jack Brabham (Cooper).

ADAC-1000-km-Rennen, 28. Mai 1961. Trotz eines neuen Rundenrekordes (147,7 km/h Durchschnittsgeschwindigkeit) von Phil Hill auf einem Ferrari SP 246 ging der Sieg an die amerikanische Maserati-Mannschaft Masten Gregory/Lucky Casner. Das Foto zeigt einen Boxenstopp des Teams Phil Hill/Graf Trips, die nach dem Ausfall ihres Wagens das Fahrzeug ihrer Teamgefährten Ginther/Gendebien übernahmen und damit noch Rang drei hinter den mexikanischen Brüdern Pedro und Ricardo Rodriguez (Ferrari) erreichten.

1960: Nur Formel-2-Grand-Prix

1959 und auch 1960 verlor der AvD ein wenig den Glauben an den Nürburgring. Der Automobilclub war der Meinung, die Zuschauer hätten das Interesse an der Formel 1 und am Eifelkurs verloren. So wurde der Große Preis von Deutschland 1959 auf der Avus in Berlin ausgetragen, und ein Jahr später schrieb man den Grand Prix nur für Formel-2-Rennwagen auf der Südschleife des „Rings" aus. Das Rennen auf der Avus wurde kein Erfolg, weder sportlich noch finanziell. Zum Formel-2-Rennen am 1. August 1960 kamen bei starkem Regen nur rund 25 000 Zuschauer zur Südschleife. Porsche-Pilot Joakim Bonnier trug sich in die Siegerliste ein, der von Ferrari „ausgeliehene" Graf Trips belegte auf einem weiteren Porsche Rang zwei. Der bekannte britische Motorsport-Journalist Denis Jenkinson schrieb damals: „Was mir vom Grand Prix 1960 in Erinnerung geblieben ist, sind der Regen, der Nebel, die Kälte und die Tatsache, daß der Start verschoben wurde, in der Hoffnung, daß der Regen aufhören würde. In der Pause, als wir alle in der Startaufstellung herumstanden, spielte der Lautsprecher einen damals erfolgreichen Hit aus den USA mit dem Titel ‚The day that the rain came down'. Im Gegensatz zum AvD vertraute der ADAC weiter auf die Popularität des Nürburgrings. Sein 1000-km-Rennen war in diesen Jahren ein großer Erfolg. Man konnte sich glücklich schätzen, wenn man am Renntag abends vor 22 Uhr sein Hotel in Adenau erreichte."

Der Grand Prix von Deutschland 1962 mit den 1,5-Liter-Rennwagen wurde bei schlechtesten Witterungsbedingungen ausgefahren, aber sein Ergebnis wies in die Zukunft. Graham Hill (BRM) gewann vor John Surtees (Lola), Dan Gurney (Porsche) und Jim Clark (Lotus).

Es war klar, daß der Nachfolger von Stirling Moss, der Ostern 1962 in Goodwood verunglückte, schwer verletzt wurde und seine aktive Laufbahn beenden mußte, aus diesem Quartett kommen würde. Wir wissen heute, daß es Jim Clark war, der aus dieser Gruppe zum Champion und wahrscheinlich einem der besten Fahrer aller Zeiten heranwuchs. Aber es gab noch einen anderen Mann, der sich mit Fug und Recht als „Ringmeister" bezeichnen konnte: John Surtees, der die Herausforderungen des Nürburgrings liebte. Surtees siegte für Ferrari 1963 und 1964 in den Großen Preisen von Deutschland und gewann 1963 sowie 1965 das 1000-km-Rennen.

1965 hatte sich Jim Clark ganz klar als Bester der Grand-Prix-Fahrer etabliert und auch den Großen Preis von Deutschland gewonnen, Inzwischen aber folgte ihm ein neuer Star wie ein Schatten, der sich ebenfalls zum „Ringmeister" entwickeln sollte: Jackie Stewart. Ihm bedeutete aber auch am „Ring" die persönliche Sicherheit sehr viel, und obwohl er den Nürburgring beherrschte, tat er das nicht mit der Leidenschaft, wie es Moss oder Surtees getan hatten.

1966 wurde eine neue Grand-Prix-Formel eingeführt. Das Reglement schrieb nun herkömmliche Triebwerke mit drei Liter Hubvolumen als Saug- oder mit 1500 ccm Zylinderinhalt als Kompressor-Motor vor. In diesem Jahr war die Welt am Nürburgring noch in Ordnung. In einem ungemein spannenden ADAC-1000-km-Rennen steuerten Phil Hill und Joakim Bonnier den allseits bestaunten amerikanischen Chaparral bei dessen erstem Auftritt zum Sieg. In den Jahren zuvor sahen die Sportwagenfans Erfolge von

Gregory/Casner (Maserati, 1961), Phil Hill/Gendebien (Ferrari, 1962), Surtees/Mairesse (Ferrari, 1963), Scarfiotti/Vaccarella (Ferrari, 1964) und Surtees/Scarfiotti (Ferrari, 1965).

Und auch beim Großen Preis von Deutschland für Formel-1-Rennwagen am 7. August 1966 sahen die Zuschauer ein aufregendes Rennen, das schließlich Jack Brabham auf seiner Eigenkonstruktion gegen „Ringmeister" John Surtees (Cooper-Maserati) für sich entscheiden konnte. Kaum jemand hätte damals geglaubt, daß vier Jahre später der „Ring" zum ersten Mal von den Formel-1-Piloten boykottiert werden würde.

Auftanken und Fahrerwechsel für den 2-Liter-Porsche von Stirling Moss und Graham Hill. Für das Team aus Zuffenhausen wurde das 1000-km-Rennen 1961 zum Erfolg, denn die Stuttgarter feierten an diesem Tag einen Doppelsieg in der Klasse der Sportwagen bis 2000 ccm durch Linge/Greger/Moss/Graham Hill und Bonnier/Gurney.

Die Saison 1961 wurde von Ferrari bestimmt. Sowohl in der Formel-1-Weltmeisterschaft als auch in den Läufen zum Sportwagen-Championat waren die Piloten von Commendatore Enzo Ferrari kaum zu schlagen. Unsere Aufnahme zeigt den späteren Weltmeister des Jahres 1961, Phil Hill (rechts), zusammen mit Wolfgang von Trips.

6. August 1961, Großer Preis von Deutschland und Europa: Kurz nach dem Start zum deutschen Grand Prix führte Jack Brabham (Cooper, Nr. 1) vor Stirling Moss (Lotus, Nr. 7), Joakim Bonnier (Porsche, Nr. 8), Hans Herrmann (Porsche, Nr. 11), Graham Hill (BRM, Nr. 17), Jim Clark (Lotus, Nr. 14) und Phil Hill (Ferrari, Nr. 4).

Maserati wiederholte seinen Vorjahreserfolg beim 1000-km-Rennen am 28. Mai 1961 durch den Sieg von Gregory und Casner (am Steuer). Nach 7:51,39 Stunden hatten die beiden amerikanischen Piloten über 44 Runden Nordschleife eine Durchschnittsgeschwindigkeit von 127,6 km/h erzielt.

Phil Hill am Steuer des neuen Ferrari Tipo 246 SP beim deutschen Langstrecken-Klassiker am 28. Mai 1961.

Start zum ADAC-500-km-Rennen am 3. September 1961, das der Italiener Mario Abate auf einem Abarth für sich entschied.

Im Training zum Großen Preis von Deutschland und Europa 1961 hatte Phil Hill auf seinem Ferrari Tipo 156 mit 8:55,2 Minuten bereits einen neuen inoffiziellen Rundenrekord aufgestellt und die von Stirling Moss (Vanwall) 1958 erreichte Bestzeit um 14 Sekunden unterboten. Der Grand Prix wurde jedoch zu einem der größten Erfolge von Moss, der mit seinem Rob-Walker-Lotus die leistungsmäßig überlegenen Ferrari-Werkswagen von Graf Trips und Phil Hill schlug.

1962 war das erfolgreichste Jahr für den BRM-Rennstall. Mit Graham Hill am Steuer gewann das britische Fabrikat u.a. den deutschen Grand Prix am 5. August. Hill wurde im selben Jahr auch Fahrerweltmeister. Das Foto zeigt ihn während einer Trainingspause am „Ring".

Training zum Großen Preis von Deutschland 1962. Graham Hill in seinem Reservewagen (T 11) im Karussell.

Ferrari dominierte das ADAC-1000-km-Rennen am 27. Mai 1962. Phil Hill und Olivier Gendebien siegten auf einem Tipo 246 vor ihren Teamgefährten Willy Mairesse und Michael Parkes. Die Aufnahme zeigt den Streckenabschnitt Wehrseifen: Der Ferrari 250 GTO von Gottfried Köchert und Umberto Maglioli führt eine Verfolgergruppe an.

Der deutsche Grand Prix 1962 ging als „Wasserschlacht“ in die Renngeschichte ein, denn wolkenbruchartige Regenfälle hatten am Renntag bereits eine Startverschiebung und eine Erkundungsrunde der Piloten erforderlich gemacht. Die Fotos zeigen den Boxenbereich und den Start, der schließlich mit rund einer Stunde Verspätung erfolgte.

Grand Prix von Deutschland 1962. Der Brite Keith Greene auf seinem Gilby-BRM-V8. Regenschirme waren an diesem Renntag gefragt. . .

19. Mai 1963, ADAC-1000-km-Rennen. Der deutsche Langstrecken-Weltmeisterschaftslauf wurde nach der kurzen Jaguar-Führung von Peter Lindner und dem Ausfall des Porsche mit Phil Hill/Joakim Bonnier „Ferrari-intern" entschieden. John Surtees und Willy Mairesse (Foto) siegten nach 7:31,18 Stunden (133,1 km/h Durchschnittsgeschwindigkeit) vor zwei weiteren Ferrari mit Noblet/Guichet und Abate/Maglioli.

Der frühere Motorrad-Champion John Surtees wurde in der ersten Hälfte der 60er Jahre zum „Ringmeister". In der Saison 1963 fuhr der Brite für Ferrari. Am 4. August gewann er den Großen Preis von Deutschland vor Jim Clark (Lotus) und Richie Ginther (BRM).

1964 sorgten die amerikanischen Cobras für Aufsehen bei den Läufen zur Sportwagen-Weltmeisterschaft. So auch beim 1000-km-Rennen am 31. Mai auf dem Nürburgring. Jo Schlesser (am Steuer) wechselte sich mit Dick Attwood ab. Das französisch-britische Team wurde Sieger in der GT-Kategorie über 3 Liter Hubraum.

Boxenstopp für die siegreiche Ferrari-Mannschaft mit Nino Vaccarella und Ludovico Scarfiotti beim ADAC-1000-km-Rennen am 31. Mai 1964. Die Italiener siegten nach 7:08,27 Stunden mit dem neuen Rekorddurchschnitt von 140,5 km/h vor ihren Teamgefährten Parkes/Guichet. Pon/Koch (Porsche 904) kamen auf den dritten Platz.

John Surtees fuhr auf seinem Ferrari beim Grand Prix von Deutschland 1964 die schnellste Runde mit 8:39,0 Minuten (158,2 km/h Durchschnittsgeschwindigkeit). Er siegte nach 342,1 km (15 Runden) vor Graham Hill (BRM) und Lorenzo Bandini (Ferrari).

oben: Beim Großen Preis von Deutschland am 2. August 1964 gab der japanische Automobil- und Motorradhersteller Honda sein Formel-1-Debüt. Mit dem Amerikaner Ronnie Bucknum am Steuer hatte der 12-Zylinder-Honda allerdings keine Siegchancen, er schied in der elften Runde nach einem Unfall aus.

oben: Ford France hatte für das 65er 1000-km-Rennen ein 4,7-Liter-V8-Coupé gemeldet. Der Wagen wurde von Maurice Trintignant und Guy Ligier gefahren, blieb aber in der 23. Runde mit Schaltproblemen auf der Strecke.

ADAC-1000-km-Rennen, 23. Mai 1965. Toni Fischhaber und Udo Schütz (Porsche) gewannen die GT-Klasse bis 2000 ccm und belegten Rang elf im Gesamtklassement.

Porsche kam zum ADAC-1000-km-Rennen am 5. Juni 1966 mit einem großen Aufgebot. Stärkster Prototyp war der 2,2-Liter-Achtzylinder (Startnummer 5), den Jochen Rindt und Nino Vaccarella fuhren. Der Wagen hatte allerdings in der 37. Runde einen Kupplungsschaden und fiel aus.

Ferrari holte sich beim deutschen Langstrecken-Weltmeisterschaftslauf 1965 seinen vierten Doppelsieg in Folge. Surtees/Scarfiotti gewannen auf ihrem 330 P2 nach 6:53,05 Stunden vor Parkes/Guichet (Ferrari) und Bonnier/Rindt (Porsche). Auch die schnellste Runde des Rennens ging an den Wagen aus Maranello: Surtees erreichte mit 8:50,5 Minuten einen Rundendurchschnitt von 154,6 km/h.

Sieg beim Premiere-Rennen auf dem Nürburgring. Das amerikanisch-schwedische Team, Phil Hill und Joakim Bonnier, gewann auf einem Chaparral 2D-Coupé mit 5,34-Liter-V8-Chevrolet-Motor und automatischem Getriebe das 1000-km-Rennen 1966.

Jim Clark (Lotus) im Großen Preis von Deutschland 1965 Zeichnung: Walter Gotschke

Graham Hill (BRM) am Sprunghügel vor dem Brünnchen beim deutschen Grand Prix 1965. Zeichnung: Walter Gotschke

Nach 1959 und 1960 wurde der Australier Jack Brabham 1966 zum dritten Mal Formel-1-Weltmeister. Brabham gewann auf seiner Eigenkonstruktion den deutschen Grand Prix am 7. August 1966 vor den beiden Cooper-Maserati von John Surtees und Jochen Rindt.

Im Rahmenprogramm zum Großen Preis von Deutschland 1966, der AvD-Nürburgring-Trophäe, verbesserte Hubert Hahne auf BMW 2000 TI den Tourenwagenrekord auf 9:58,9 Minuten (137,2 km/h Durchschnittsgeschwindigkeit). Hahne war der erste Pilot, der in der Klasse der Tourenwagen die „10-Minuten-Schallmauer“ auf dem Nürburgring durchbrach.

„Alte Liebe Nordschleife“ Franz Weber

Keine Eifelfahrt ohne eine Runde über den Nürburgring!“ Hinter diesen Worten verbirgt sich die Erkenntnis, etwas tatsächlich Schönes erlebt zu haben. Es ist ja die Eigenart der Nürburgringlandschaft, daß sie sich in jeder Jahreszeit in einem anderen Gewand vorstellt. Im Frühling ist es das zarte Grün der Wiesen und Wälder, im Sommer der Ginster, im Herbst die Heidelandschaft und das Braun der Blätter, im Winter die Weite der Schneelandschaft. Eine Fahrt über den Nürburgring bietet immer neue Ausblicke, das Landschaftsbild vermittelt immer neue Überraschungen.

In dieser herrlichen Bergwelt mit ihren duftenden Laub- und Nadelwäldern wollen wir gemeinsam eine Fahrt über den Ring machen. An der Auffahrt in Breidscheid sind schnell die erforderlichen Formalitäten erledigt. Nach kurzer Anfahrt haben wir das „Bergwerk“ – hier wurde vor einigen Jahrhunderten Silber gewonnen – erreicht; vorbei an einem langgestreckten Wiesental klettert der Wagen in langsamer Fahrt am „Kesselchen“ und „Klostertal“ vorbei bis zum Fuße der Steilstrecke. Hier müssen wir die Schwierigkeiten der 27prozentigen „Steilstrecke“ meistern – aber nein, diese Runde gilt ja nur der Schönheit der Natur. Also lassen wir das Grau der Betonstrecke liegen und folgen der schwarzen Linienführung zum „Karussell“. Zum ersten Male sehen wir von hier aus die Nürburg mit ihrem trutzigen Turm herüberblicken. Unser Wagen nimmt die letzte Höhe, und wir befinden uns am Fuße der „Hohen Acht“, des höchsten Berges der Eifel. Aufstrebende Buchen- und Tannenwälder laden zur kurzen Rast ein. Auf fast gleichbleibender Höhe geht es nun in Berg- und Talfahrt am „Wippermann“ und „Brünnchen“, am Naturschutzgebiet des Wacholders vorbei. Am „Pflanzgarten“ kommen uns die plastischen Konturen der Nürburg immer näher, die „Hohe Acht“, die „Königin der Eifel“, liegt hinter uns. Nachdem wir am „Schwalbenschwanz“ vorbei das düstere und kurvenreiche Gebiet des „Galgenkopfes“ – die frühere Richtstätte der Grafen von Nürburg – hinter uns gelassen haben, zeigen sich auf der „Döttinger Höhe“ die Mayener Berge. Kurz hinter der „Antoniusbuche“ liegen Dorf und Ruine Nürburg zu unseren Füßen, und der Start- und Zielplatz, das Herz der gesamten Anlage, empfängt uns. Wir verfehlen auch nicht, von hier aus einen kurzen Spaziergang zur Burg zu machen, von der man einen wundervollen Rundblick in die weite Landschaft hat. Ursprünglich im Besitz der Grafen von Are und ihrer Nebenlinie, der Grafen von Are-Nürburg, kam sie schon 1276 zu Kurköln, bei der sie bis zur Franzosenzeit (1794 – 1814) verblieb.

Wir setzen unsere Fahrt in die Südschleife fort, gelangen nach kurzer Fahrt durch Wald und Wiesen zum Ort Müllenbach, um dann in wechselnden Steigungen durch den Hochwald wieder die Gegengerade an Start und Ziel zu erreichen. Aber noch steht uns Schönes bevor. Dunkler Tannenwald begleitet uns durch die „Hatzenbach“, bis uns die „Quiddelbacher Höhe“ aus dem Dunkel herausreißt. Ein wundervolles Panorama liegt vor uns: rechts die Nürburg mit einem im Sonnenschein liegenden Steinbruch, vor uns in einiger Entfernung der aufragende Aremberg – einst der Stammsitz der Grafen, Fürsten und Herzöge von Aremberg – sowie das Dörfchen Quiddelbach. Geschichtliche Erinnerungen werden in uns wachgerufen und begleiten unsere weitere Fahrt. Die „Poststraße“, eine zur Zeit der Römer erbaute Straße, läuft an der Außenseite der Rennstrecke entlang, das „Schwedenkreuz“ ruft in uns die Zeit des Dreißigjährigen Krieges zurück, aber das plötzlich in die „Fuchsröhre“ führende Gefälle und die anschließende Steigung zum „Adenauer Forst“ bringt uns wieder in die Gegenwart zurück. Gegen Ende unserer Fahrt erblikken wir im kurvenreichen „Kallenhard“ und „Wehrseifen“ das zwischen schützende Berge in einer Talfurche eingebettete Adenau, die Stadt am Nürburgring.

Der Nürburgring mit seinen unzähligen Kurven, seinen dauernd wechselnden Steigungen und Gefällen ist umrundet, und wenn man sich dann die Frage stellt, ob sich eine solche Runde gelohnt hat, dann haben hierauf schon viele Besucher – allein 80 000 Fahrzeuge benutzen im Laufe eines Jahres den Ring als Touristenstraße – die Antwort gegeben. Neben seiner Bedeutung als Rennstrecke für den nationalen und internationalen Motorsport hat der Nürburgring die zweite, nicht minder hohe Aufgabe, das Gebiet der Eifel dem Fremdenverkehr immer mehr zu erschließen.

Und das gilt gleichermaßen: Die Schönheit der Eifel mit ihren Bergen und Wäldern erschließt der Ring auch dem Wanderer und den Wandergruppen, die auf wohlgepflegten Waldpfaden die Stille der Wälder erleben und auf Bergeshöhen die Landschaft des Nürburgringes aus der Vogelschau betrachten.

Streckenabschnitt Metzgesfeld: Die Bezeichnung für die im Grundbuch mit „Metzgesfeld“ eingetragene Gegend war lange Zeit ungeklärt. Heimatforscher Veltmann glaubt, der Begriff stamme vom früheren Eigentümer des Feldes, einem Landwirt „Metzges“. Dieser Streckenabschnitt – auf der Nordschleife bei Kilometer sechs, zwischen dem Adenauer Forst und Kallenhard gelegen – bietet vor allem dem Besucher der Rennstrecke interessante Ausblicke: Er kann sowohl den Kurs als auch das Wahrzeichen dieser Eifelregion, die Nürburg, sehen.

Anfang der 60er Jahre beschrieb der frühere Prokurist der Nürburgring GmbH, Franz Weber, eine Runde auf der damals noch 22,8 Kilometer langen Nordschleife.

Die Streckenabschnitte des Nürburgrings

Hatzenbach: Kleiner Bach, der hier neben der Strecke verläuft.

Hocheichen: Während der Bauzeit gab es an dieser Stelle mächtige Eichenwälder, die wegen der Streckenführung abgeholzt werden mußten.

Quiddelbacher Höhe: Bergrücken nahe der Ortschaft Quiddelbach.

Flugplatz: Segelfluggelände neben der Rennstrecke.

Schwedenkreuz: Hans Friedrich Datenberg, damaliger Bürgermeister von Kelberg und Steuereintreiber von Adenau, wurde 1683 an dieser Stelle von schwedischen Soldaten beraubt und erschlagen. Ein 2,90 m hohes Kreuz ist an dieser Stelle noch vorhanden.

Aremberg: Bezeichnung für den in der Nähe liegenden Berg gleichen Namens.

Fuchsröhre: Bauarbeiter nannten diesen Streckenabschnitt so, weil sich 1927 während des Baus der Rennstrecke ein Fuchs für längere Zeit in einer der Kanalisationsröhren verkrochen hatte.

Adenauer Forst: Waldgebiet der Gemeinde Adenau.

Metzgesfeld: Eigentümer der dortigen Felder soll ein Landwirt namens Metzges gewesen sein.

Kallenhard: Dieser Streckenabschnitt war am Berg mit Bäumen bewachsen, genannt Hard. Auf dem Berg wuchs Strauchwerk und Heide.

Wehrseifen: Seifen ist der keltische Begriff für Tal. Früheres im Tal liegendes Gelände der Bürgerwehr.

Exmühle: Wasserlauf einer früheren, außerhalb Adenaus gelegenen Mühle. Ursprünglich wollten die Erbauer der Rennstrecke an diesem Punkt die Start- und Zielanlage errichten. Der Besitzer der Mühle weigerte sich aber, die notwendigen Grundstücke zur Verfügung zu stellen.

Bergwerk: Bis ins 18. Jahrhundert war hier ein Silberbergwerk in Betrieb, das dann aber wegen Unrentabilität geschlossen wurde.

Kesselchen: Die Bezeichnung entstand während der Bauarbeiten, da die Strecke an dieser Stelle durch einen Talkessel führt.

Klostertal: Der Streckenabschnitt zwischen Kesselchen und Karussell. Hier soll ein Einsiedlermönch gelebt haben, der Hilfsbedürftigen zur Seite stand.

Karussell: Ein Steilwand-Kreisel, nach der Charakteristik dieses Streckenabschnittes benannt. 1932 wurde das Karussell in eine betonierte Steilwandkurve umgebaut.

Hedwigshöhe: Hedwig Creutz, Frau des damaligen Landrats Dr. Otto Creutz, soll an diesem Punkt die schöne Aussicht der Eifel genossen haben, während ihr Mann die Bauarbeiten überwachte.

Hohe Acht: Ein Berg in der Nähe der Rennstrecke. Mit 746 Metern ist er der höchste Punkt in der Eifel.

Wippermann: Bei den ersten Rennen auf diesem buckligen Streckenabschnitt wippten mehrfach Fahrzeuge von der Bahn. Der Name wurde von Streckenarbeitern gegeben. Durch einen Umbau entschärfte man dann diesen Abschnitt.

Eschbach: Eine Bachquelle, an der früher viele Eschen standen.

Brünnchen: Ein Quellgebiet. Von hier aus führten um die Jahrhundertwende Bewässerungsleitungen in die Gemeinde Herschbroich.

Pflanzgarten: Hier befanden sich die Gärten und Anbaufelder der Grafen von Nürburg.

Schwalbenschwanz: Die Bauarbeiter erfanden diesen Namen 1926. Aus der Vogelperspektive sieht dieser Abschnitt wie das Ende eines Schwalbenschwanzes aus.

Galgenkopf: Die ehemalige Richtstätte der Grafen von Nürburg. Hier stand der Galgen, an dem die öffentlichen Hinrichtungen vollzogen wurden.

Döttinger Höhe: Streckenabschnitt, der nach dem in der Nähe gelegenen Ort benannt wurde.

Antoniusbuche: Hier stand bis in die 40er Jahre eine riesige Buche. Jahrhunderte altes Wahrzeichen, an deren Fuß sich ein dem heiligen Antonius geweihter Altar befunden haben soll.

Tiergarten: In früherer Zeit der Begräbnisplatz für die im Kampf umgekommenen Tiere.

Hohenrain: Hochgelegene Wiese entlang der 1967 eingebauten Bremskurve.

Der Nürburgring
VON BONN 47 km
VON KÖLN 71 km
Adenau
NACH HOHE ACHT
Bergwerk
Ex-Mühle
C
Breidscheid
Wehrseifen
Kesselchen
Hohe Acht
STEILSTRECKE
Wippermann
Kallenhard
Metzgesfeld
Karussel
Eschbach
Brünnchen
Adenauer Forst
Herschbroich
Pflanzgarten
Fuchsröhre
Nordschleife = 22,835 km
Aremberg
Schwedenkreuz
Schwalbenschwanz
NACH NEUWIED 48 km
AUTOBAHNANSCHLUSS DIERDORF 64 km
NACH KOBLENZ 60 km
AUTOBAHNANSCHLUSS MONTABAUR 81 km
Kottenborn
Quiddelbach
Döttinger-Höhe
Meuspath
Nürburg
Flugplatz
Antoniusbüche
Quiddelbacher-Höhe
Hocheichen
Tiergarten
VON AACHEN 100 km
VON KÖLN 90 km
Hatzenbach
Start und Ziel
A
Südschleife
Müllenbach
B
Welcherath
NACH COCHEM 45 km
NACH TRIER 100 km
Kelberg
ERLÄUTERUNGEN
Nordschleife = 22,835 km
Südschleife = 7,747 km
Start- und Zielschleife = 2,292 km
A Ein- und Ausfahrt in Nürburg
B Ein- und Ausfahrt in Müllenbach
C Ein- und Ausfahrt in Breidscheid
①-㉒ km-Steine

Einer der letzten Ritter

Wolfgang Graf Berghe von Trips

Wolfgang Alexander Graf Berghe von Trips, am 4. Mai 1928 in Köln geboren, war der erste deutsche Rennfahrer, der nach dem Zweiten Weltkrieg einen Großen Preis zur Formel-1-Weltmeisterschaft (Zandvoort/Niederlande, 1961) gewinnen konnte. Unter dem Pseudonym „Axel Linther" fuhr Trips bis zu seinem 26. Lebensjahr Rennen auf Motorrädern, nahm an Zuverlässigkeitsfahrten teil und startete bei zahlreichen Gran-Tourisme-Rennen. 1954 wurde er auf einem Porsche 1600 Deutscher Meister. Danach verpflichtete ihn Mercedes für Sportwagenrennen.

Bereits 1957 gehörte Trips zu den führenden Piloten in der Werksmannschaft des Commendatore Enzo Ferrari. Beim Sportwagen-Grand-Prix in Schweden belegte Trips mit dem Engländer Peter Collins den zweiten Platz. Auch die Mille Miglia 1957 beendete Graf Trips auf Platz zwei. Beim italienischen Gran Premio in Monza 1957 wurde der Deutsche Dritter hinter Stirling Moss und Juan Manuel Fangio. In der Fahrerweltmeisterschaft 1957 belegte er mit vier Punkten Rang 14. Zahllos waren seine weiteren Einsätze in den Jahren bis 1960. Diese Rennen bestritt Trips auf Porsche, Cooper, Stanguellini und Ferrari. Auf der Erfolgsliste des Wolfgang von Trips standen Siege im Großen Preis von Syrakus, auf der Solitude und auch beim Formel-2-Rennen in Monza. Mit diesen guten Plazierungen hatte Graf Trips bewiesen, daß er nun zur Weltklasse gezählt werden mußte. Trotz seiner Siege und Erfolge äußerte er mehrfach: „Es ist nicht der Rausch der Geschwindigkeit, der mich glücklich macht. Ich fahre, weil es mir Spaß bereitet. Nicht der Sieg ist ausschlaggebend, sondern genauso wesentlich ist das Gefühl, ein gutes Rennen gefahren zu sein."

Nach seinem sechsten Platz in der Fahrer-Weltmeisterschaft 1960 galt Trips als einer der Anwärter auf den Weltmeistertitel 1961. Und in jener Saison errang er dann auch die wichtigsten Erfolge seiner Laufbahn und wurde somit seiner Favoritenrolle für die Fahrer-Weltmeisterschaft gerecht. Nach dem vierten Rang beim Grand Prix von Monaco in Monte Carlo siegte er im Großen Preis der Niederlande in Zandvoort. Hinter seinem Stallgefährten Phil Hill belegte er in Spa-Francorchamps beim belgischen Grand Prix den zweiten Platz. Danach folgte der zweite Sieg des Rheinländers in einem Großen Preis: Trips gewann das „Regenrennen" im englischen Aintree. Der deutsche Ferrari-Pilot führte nun auch das Zwischenklassement in der Formel-1-Weltmeisterschaft mit 27 Punkten an.

Rund 250 000 Zuschauer erlebten am 6. August 1961 auf dem Nürburgring den Großen Preis von Deutschland und Europa. Ein Rennen, in dem Graf Trips durch seinen zweiten Platz hinter Stirling Moss (Lotus) und vor seinem amerikanischen Teamgefährten Phil Hill seine Führung in der Weltmeisterschafts-Gesamtwertung noch ausbauen konnte. Niemand ahnte zu diesem Zeitpunkt, daß Wolfgang Graf Berghe von Trips fünf Wochen später beim 32. Großen Preis von Italien in Monza den Kampf um die Weltmeisterschaft mit dem Leben bezahlen mußte.

Was bleibt, ist Statistik: 27 Starts bei Großen Preisen, zwei Grand-Prix-Siege, 56 Weltmeisterschaftspunkte und der Titel des Vizeweltmeisters 1961 – ein Titel, der nichts mehr bedeutet. Posthum wurde Graf Trips zum Sportler des Jahres 1961 in Deutschland gewählt, und in jenen Tagen nach seinem Tod in Monza begann eine Legende, die noch heute Rennsportfans in aller Welt fasziniert.

Mit Wolfgang Graf Berghe von Trips starb am 10. September 1961 der berühmteste deutsche Rennfahrer der Nachkriegszeit, einer „der letzten Ritter" der Neuzeit, einer, der den Motorsport oft mit den Turnieren des Mittelalters verglichen hatte.

Faszination Nürburgring

Wolfgang Graf Berghe von Trips

Man spürt es, wenn man nach langer Fahrt von der Landstraße abbiegt und plötzlich den schwarzen Asphalt des „Rings" unter den Reifen hat: Da ist irgend etwas anders! Die Bestimmung dieser Straße teilt sich mit, man hat plötzlich wieder das Gefühl, richtig zu fahren. Bisher war man unterwegs, man hat dabei an dies und das gedacht, hat auf den Verkehr geachtet. Doch jetzt auf dem Nürburgring denkt man wieder ganz an das Steuer in der Hand, an den Gashebel unterm Fuß, und man spürt, wie die Bremsen anpacken.

Das Erkunden der 174 Kurven vergißt man nicht so leicht! Das Erstaunen, wenn der Wagen ins Karussell kippt, wenn er wie vor einer Mauer plötzlich vor der steilen Ausfahrt „Brünnchen" steht. Man ist überwältigt von der Kühnheit dieser Straße! Die erste Runde auf dem Nürburgring hat etwas mit der ersten Zigarette gemeinsam. Schmeckt sie wirklich gut? Man weiß es nicht genau.

Der wahre Genuß und die Freude bieten sich nicht ganz ungetrübt an. Ein leichtes Gefühl des Unbehagens bleibt doch zurück. Denn man wagt gar nicht zu glauben, daß man das alles einmal wissen und kennen wird: jede Kurve, jede Steigung.

Und daß man geschickt genug fahren wird, um mit leichter Eleganz über die Piste zu gleiten, genau wissend, wie jede Kurve zu fahren ist.

Der Nürburgring fordert jeden zum Fahren heraus! Das bloße Kennenlernen allein ist nicht die Genugtuung, die man erhofft. Fahren will man auf ihm, schnell und sicher fahren.

Nach einigen Runden beginnen einzelne Streckenabschitte Gestalt anzunehmen. Man freut sich über die wachsende Sicherheit, bis zu dem kritischen Moment, in dem man zu wissen meint... und dann doch eine andere Kurve kommt.

Jetzt beweist der „Ring", daß er eine Fahrer-Strecke ist. Bald lernt man, bis an die Grenze seines Könnens und der Leistungsfähigkeit des Wagens zu gehen. Manche Streckenabschnitte wird man bald beherrschen, andere bleiben wie das Rätsel der Sphinx verschlossen. Man findet einfach nicht die richtige Linie, um günstig aus einer Kurve in die andere zu kommen. Es ist eine Auseinandersetzung, ein Kampf mit der Strecke. Sie bietet sich wohl an, aber sie will erobert sein.

Der Nürburgring hat noch ein großes Geheimnis. Wer sein wahres, ureigenstes Gesicht sehen will, muß ihn im Wettstreit befahren, im Kampf Mann gegen Mann. Ich bin hinter dieses Geheimnis gekommen. Der Ring wird mir zum Verbündeten, wenn ich andere Fahrer jage oder ihnen im Gewirr der Kurven entkommen kann. Und während dieser Fahrt werden in mir die großen Fahrer von früher lebendig. Ein Nuvolari scheint lachend neben mir zu sitzen und mich mit seinem unbekümmerten Draufgängertum anzuspornen.

Es gibt Stellen, wo ich meinem Gegner allein überlassen bin. Oben, bei Start und Ziel dagegen, fühle ich Tausende von Augen auf mich gerichtet, es ist berauschend, im Pulk gleichschneller Wagen daherzuschießen, teils aufgereiht, wie auf einer Perlenkette, teils nebeneinander, um jeden Meter kämpfend.

Doch der Nürburgring ist lang. Das Feld der Wagen fällt auseinander. Plötzlich bin ich allein. Das Rennen geht über viele Runden. Hart zehrt der „Ring" an den Kräften. Hohnlachend scheint die alte Nürburg herüberzurufen: Wie? Jetzt kommst Du erst?, wenn ich erschöpft aus dem Gewirr der Kurven am „Galgenkopf" in die Gerade stoße, froh, eine kurze Pause zu haben.

Wolfgang von Trips auf Ferrari Tipo 156 beim Großen Preis von Deutschland und Europa am 6. August 1961.

Doch auch das währt nicht lange: Noch vor Start und Ziel schreckt mich die „Antoniusbuche" wieder hoch, eine schnelle Kurve, die äußerste Konzentration und Fahrkunst erfordert.

Der Renntag ist vorbei. Bevor die Dunkelheit alles einhüllt, die verscheuchten Tiere wieder ihren gewohnten Platz einnehmen und all die Zuschauer schon die Heimreise angetreten haben, lockt uns der Nürburgring noch einmal heraus aus der lärmenden Fröhlichkeit des Tribünenhotels.

Eine letzte Runde muß noch gefahren werden. Alle Anspannung ist gefallen. Wir haben auf einmal unendlich viel Zeit, dort, wo man vorher um Sekunden geizte. Ganz langsam gleiten wir nun zum Abschied noch einmal „Wehrseifen" hinab und über die „Hohe Acht" zu Start und Ziel.

Nach all der Härte des Tages, dem Schleudern und Stoßen des Wagens, dem Widerstand der tausend Kurven und Steigungen, trägt der „Ring" uns unmerklich dahin, und vielleicht sehen wir jetzt zum erstenmal, wie schön es rechts und links dieser Straße eigentlich ist.

Bezaubernder, einmaliger Nürburgring.

Erinnerungen an den Nürburgring

Hans Herrmann startete beim Großen Preis von Deutschland am 3. August 1952 zum ersten Mal auf dem Nürburgring. Im Training zum Rennen der serienmäßigen Sportwagen erzielte er auf seinem Porsche 1500 zur allgemeinen Überraschung die Bestzeit. Im Rennen fiel Herrmann in der dritten Runde wegen Motorschadens aus.

Hans Herrmann, am 23. Februar 1928 in Stuttgart geboren, begann seine Motorsport-Karriere 1952 mit privaten Porsche-Fahrzeugen. Schon 1954 gehörte er dem legendären Mercedes-Benz-Rennteam an, das am 4. Juli in Reims ein eindrucksvolles Debüt gab. Herrmann startete nach dem Rückzug von Mercedes-Benz aus dem Motorsport bis 1970 in zahlreichen Rennen für Porsche, Maserati, Borgward, Cooper-Maserati, BRM, Lola und Abarth. Seinen wohl größten Erfolg erzielte Hans Herrmann im Juni 1970, als er zusammen mit Dick Attwood auf einem Porsche 917 das 24-Stunden-Rennen von Le Mans gewann. Bernhard Völker zeichnete die Nürburgring-Erinnerungen von Hans Herrmann auf.

Meine erste Begegnung mit dem „Ring" verlief nur teilweise erfolgreich. 1951 hatte ich mir einen Porsche 1500 kaufen können und schnupperte im folgenden Jahr zum ersten Mal Wettbewerbsluft bei einigen Rallyes. Da riet mir mein Freund, Berater (und manchmal auch Beifahrer) Erwin Bauer: „Das Rennen für Seriensportwagen vor dem Großen Preis von Deutschland – alle fahren auf den gleichen Porsche – das ist das Richtige für Dich!" Ich ließ mich dann von bekannten Namen (Graf Berckheim, Nathan, Heuberger) nicht beeindrucken und fuhr unter 20 Teilnehmern zur allgemeinen Überraschung als Neuling die schnellste Trainingszeit. Im Rennen lag ich knapp hinter Nathan mit an der Spitze, als in der dritten Runde mein Motor nicht mehr mitmachte. Ich erinnere mich nicht mehr, was da kaputtging, aber noch recht gut an die Worte der Porsche-Monteure, die den Schaden untersuchten: „Dees hätt ma scho lang auswechsle miassa."

Davon hatte ich aber keine Ahnung. Um so mehr wurmte mich, daß nachher der Chefredakteur von „Auto, Motor und Sport" im Rennbericht schrieb (und das war damals die Informationsquelle über Autorennen): „Herrmann, der seinen Motor schon in der dritten Runde schlachtete."

Da lagst Du falsch, lieber H.U. Wieselmann, denn einen Motor zu „schlachten", das war weder damals noch später meine Praxis.

1953 dann die ersten Siege beim Eifelrennen in strömendem Regen ganz knapp vor Richard von Frankenberg und beim Lauf für 1,5-Liter-Rennsportwagen vor dem Großen Preis – jetzt schon im Porsche-Werkswagen.

Im nächsten Jahr wieder eine Stufe höher. Nachdem mich Alfred Neubauer im Herbst zu Probefahrten geholt hatte – natürlich am „Ring" – war ich jetzt Mitglied des Mercedes-Teams. Erster Start der Silberpfeile in Reims mit dem eindrucksvollen Doppelsieg von Fangio und Kling; ich mit der schnellsten Runde, aber ausgefallen.

Dann der Rückschlag in Silverstone: Die Stromlinienwagen waren für diese Strecke ungeeignet. Doch für den „Großen Preis von Europa" am Nürburgring setzte Mercedes gleich vier Wagen ein. Fangio, Kling und Hermann Lang konnten den Wagen mit der neuen Karosserie fahren (freistehende Räder), die in Tag- und Nachtarbeit fertiggestellt wurde. Für mich als Jüngstem blieb nur eine Stromlinienflunder, die gerade hier solche Nachteile hatte. Wie soll man da die Kurven genau anschneiden können? Trotzdem fuhr ich im Training die viertschnellste Zeit und stand so am Start hinter Fangio, Hawthorn (Ferrari), Moss (Maserati) und vor Gonzalez (Ferrari). Das Rennen ließ sich für mich zunächst recht gut an. Ich lag an fünfter Stelle, meist dicht bei Hawthorn – bis nach dem ersten Drittel Benzindämpfe auftraten, die immer stärker wurden: Ich mußte an die Boxen. Ich sah noch, wie dann Uhlenhaut, unser technischer Direktor, der übrigens selbst den Wagen im Renntempo bewegen konnte, nach kurzer Durchsicht beide Arme kreuzte, um anzuzeigen: Schluß, aus, aussteigen. Diagnose: Leck an der Einspritzpumpe. Den weiteren Verlauf des Rennens konnte ich dann nur noch als Zuschauer erleben – wenn man von einem „Einsatz" besonderer Art absah. Da Kling, der vom letzten Startplatz aus ins Rennen gehen mußte, nach einer dramatischen Aufholjagd Fangio näherrückte und ihn schließlich überholen konnte, bestand die Gefahr, daß sich beide Mercedes zu Tode hetzten, obwohl sie weit vor dem übrigen Feld lagen. Neubauer war empört und gab Zeichen zur Mäßigung; ohne Erfolg. Da stellte er Hermann Lang, der nach einem Dreher ausgefallen war, und mich vor die Boxen, um die Rivalen zu warnen: „Paßt auf, daß es euch nicht auch so ergeht, ihr seid die letzten Mercedes im Rennen." Gewirkt hat es nicht allzu viel. Das Duell endete erst, als Kling seine Hinterachsaufhängung beschädigte und auch zum Nachtanken an die Box mußte. Er hatte eigentlich nur Zeit für diesen Stop herausfahren wollen, da auch bei ihm sehr bald schon Benzin austrat.

Zwei Jahre danach eine neue Situation. Der Unfall beim Training in Monaco hatte mich für die ganze Saison 1955 außer Gefecht gesetzt und am Ende dieses Jahres hatte sich Mercedes vom Rennsport zurückgezogen.

Ich fuhr wieder für Porsche und stand am Start des Sportwagenrennens vor dem Großen Preis. Vier Werks-Porsche gegen starke Konkurrenz: Moss und Behra auf Maserati; die AWE aus der Ostzone mit Barth, Thiel, Rosenhammer und Binner; Salvadori und Brabham auf Cooper. Ich wollte unbedingt gewinnen, denn im Porsche-Stall (Graf Trips, Maglioli, von Frankenberg und ich) spürte man – mag der Umgang auch recht kameradschaftlich gewesen sein – doch die Rivalität. Ich lag auch bald an der Spitze, denn Trips war schon nach der ersten Runde ausgefallen. Moss hatte diesmal einen schlechten Start und mußte sich erst durch das Feld nach vorne kämpfen. Doch über diese Aufholjagd informierte mich die Box leider nicht ausreichend. Das war ja auch eine Eigenart dieser langen Rennstrecke: Wenn man den Zielbereich passiert hatte (meist wurden die Tafeln auf der Rückseite der Boxen rausgehalten, da man auf der Gegengeraden dort vorbeikam), konnte man erst nach einer langen weiteren Runde (wir fuhren die 22,8 Kilometer mit den 1,5-Liter-Wagen damals in knapp zehn Minuten) neue Signale erhalten. So ahnte ich nicht, daß Moss rasant aufholte, und als ich ihn im Rückspiegel erkannte, war es schon ziemlich knapp. Doch es reichte noch mit drei Sekunden Vorsprung zum Sieg.

Ein Erlebnis der besonderen Art bescherte mir dann mein Borgward im Jahr 1958. Das Werk, das sich schon seit 1952 mit den 1,5-Liter-Wagen am Rennsport beteiligte, hatte drei Teams zum 1000-km-Rennen gemeldet: Bonnier und ich bildeten die Spitzenmannschaft, die beiden anderen Wagen fuhren Schulze, Jüttner, Cabianca und Mahle. Wir erzielten im Training auch vielversprechende Zeiten, doch dann fiel mein Wagen schon nach der ersten Runde aus. Wir stiegen auf den zweiten um (das war zulässig): Getriebedefekt in der neunten Runde. Wechsel auf den dritten – und auch der mußte schließlich abgestellt werden. Jedesmal nur kleine Defekte, aber am Ende eine große Enttäuschung. Die Fahrzeuge, die bei Bergrennen recht erfolgreich eingesetzt wurden, waren der Dauerbelastung auf dieser Strecke doch nicht gewachsen. Günther Molter schrieb dann so freundlich im Rennbericht, Borgward möge sich nicht entmutigen lassen und mehr Langstreckenrennen beschicken als bisher. Das konnte uns nur wenig trösten.

Von den zahlreichen Rennen, die ich zwischen 1962 und 1965 für Carlo Abarth fuhr, den „König der kleinen Wagen" (auf dem Nürburgring das 500-km- und das 1000-km-Rennen), ist mir vor allem eine Szene in Erinnerung geblieben. Es muß einer meiner ersten Einsätze für ihn gewesen sein. Durch meine gute Streckenkenntnis gelang es mir, eine Trainingszeit zu erzielen, die er nicht für möglich gehalten hatte. Schon als ich an die Boxen zurückkam, merkte ich, daß da Aufregung herrschte. Und Abarth – sonst eher der sich selbst und andere beherrschende Gentle-

Großer Preis von Deutschland, 2. August 1953. Im Sportwagen-Lauf bis 1500 ccm sah Hans Herrmann auf Porsche als Erster die Zielflagge.

So ehrte man damals die Sieger! Der Erfolg am Nürburgring war für Hans Herrmann ein wichtiger Schritt auf dem Weg zum ersten Titel, dem Gewinn der deutschen Meisterschaft 1953 in der Klasse der Sportwagen bis 1,5 Liter.

links: Beim Großen Preis von Deutschland und Europa am 1. August 1954 startete Hans Herrmann als jüngstes Mitglied des Mercedes-Teams auf dem W 196. Trotz der für den Nürburgring ungünstigen Stromlinienkarosserie stand der deutsche Nachwuchspilot auf dem vierten Startplatz. Im Grand Prix mußte Herrmann wegen einer defekten Kraftstoffleitung aufgeben.

unten: Von 1962 bis 1965 fuhr Hans Herrmann für Abarth. Auf den kleinen GT-Wagen und Prototypen errang er zahlreiche Erfolge. Auf dem Foto ist der Start zum ADAC-500-km-Rennen am 1. September 1963 zu sehen. Hans Herrmann und Teddy Pilette siegten nach 4:03,38 Stunden mit dem neuen Klassenrekord von 123,5 km/h.

man – umarmte mich mit Tränen in den Augen: „Wie haben Sie das nur gemacht?" Natürlich war auch das keine Garantie für ununterbrochene Siege – aber die kleinen Kraftpakete zu fahren hat (fast immer) großen Spaß gemacht.

Mit ganz anderen Mitteln versuchte sich dann Porsche gegen Ende der 60er Jahre durchzusetzen. Ferdinand Piëch hatte als Leiter der Versuchsabteilung das Kommando übernommen, und er war ein Mann, der sich nicht mit halben Sachen begnügte (es scheint, daß das heute noch so ist). Immer nur Ehrenplätze für die Vierzylinder-1,5-Liter gegen die großvolumigen Ferrari, Maserati, Jaguar, Ford? Weiterhin lobende Erwähnung, daß sich die Kleinen so tapfer im Feld der Großen behaupten konnten? Ja gewiß, Targa Florio schon mehrfach gewonnen, auch mal Sebring (Bonnier und ich, 1960). Aber jetzt wollte man auf der gleichen Ebene mitspielen, jetzt sollten Siege in den ganz großen Rennen her, am „Ring" und vor allem in Le Mans! Was ist die beste Voraussetzung für einen Erfolg? Nicht kleckern, sondern klotzen. Der Typ 910 wurde entwickelt, bestückt mit Sechs- und Achtzylinder-Motoren, 220 bis 270 PS. Und mit einer Armada von sechs (!) Wagen trat man beim 1000-km-Rennen 1967 an, gegen die Ford-Mirage, Ferrari, Lola und den Chaparral (mit Getriebe-Automatik!). Mein Co-Pilot war Jo Siffert. Wir standen als bester Porsche auf dem dritten Startplatz, ich kam als Erster weg, wir lagen später weit in Führung – und mußten aufgeben. Wieder so ein elender Defekt. Piëch jedoch erreichte sein Ziel: Drei Porsche gingen in Dreierformation durchs Ziel (Sieger Schütz/Buzetta), ein weiterer kam auf Platz vier.

Auch in den folgenden 1000-km-Rennen lag ich am Ende immer weit vorn, 1968 und 1969 zusammen mit Rolf Stommelen, 1970 mit Richard Attwood. Aber es reichte jedesmal nur zum zweiten Platz, und war es noch so knapp. Nach jeweils mehr als sechs Stunden lagen wir dann drei, vier oder fünf Minuten zurück. Um ehrlich zu sein, ich hätte es so gern einmal gewonnen, dieses Rennen auf „meinem Ring".

Vor kurzem hat mich jemand darauf aufmerksam gemacht, daß ich vermutlich der einzige Fahrer bin, der an allen 1000-km-Rennen zwischen 1953 und 1970 teilgenommen hat. Am redlichen Bemühen kann es also nicht gelegen haben... Dafür entschädigte mich dann der Sieg in Le Mans 1970 (nach diesem Erfolg beendete ich meine Rennfahrer-Laufbahn); der langersehnte, hart erarbeitete erste Porsche-Sieg im prestigeträchtigen 24-Stunden-Rennen. Aber das ist wieder eine ganz andere Geschichte...

1967 BIS 1976

Die Entwicklung zum Nürburgring-Boykott 1970 hatte ganz allmählich eingesetzt, ohne daß es zunächst registriert wurde. „Sicherheit" hieß das Wort, das im Sprachgebrauch der Formel-1-Asse einen immer größeren Stellenwert bekam. Ausgelöst durch den Unfall des italienischen Ferrari-Fahrers Lorenzo Bandini beim Monaco-Grand-Prix im Mai 1967 – die Bilder des in seinem brennenden Wagen eingeklemmten Piloten und die hilflosen und halbherzigen Rettungsversuche der hierzu nicht ausgebildeten und ausgerüsteten Streckenposten gingen über das Fernsehen rund um die Welt – trat nunmehr ein Umdenkungsprozeß der Fahrer ein. Wurden vorher die Risiken des Motorsports vom weitaus größten Teil der Fahrer manchmal schon fatalistisch akzeptiert, so wurden jetzt Piloten zu Wortführern, die das anders sahen. Es gab erste Forderungen nach besseren Rettungs-Systemen und nach Veränderung der Rennstrekken, was in den Augen der meisten Fahrer Auslaufzonen, Leitplanken und Sicherheitsstreifen bedeutete. Klar, daß da über kurz oder lang der Nürburgring ins Gerede kommen mußte, denn die 22,8 km lange Nordschleife konnte dies alles nicht bieten.

Am 28. Mai 1967 hieß der Zieleinlauf beim ADAC-1000-km-Rennen Schütz/Buzetta vor Hawkins/Koch, Neerpasch/Elford und Mitter/Bianchi (alle auf Porsche). Seit Bestehen des 1000-km-Rennens war dies der erste deutsche Gesamtsieg. Die Siegerzeit von Schütz/Buzetta (Porsche 910-6-Zylinder, Startnummer 17) betrug 6:54,12 Stunden (145,5 km/h Durchschnittsgeschwindigkeit).

Stewart und Ickx

Dessen ungeachtet kamen die Formel-1-Fahrer bis 1969 immer wieder in die Eifel. 1967 siegte der spätere Formel-1-Weltmeister Denis Hulme auf Brabham vor Brabham und Amon. Ja, sie fuhren sogar 1968 bei einem Wetter, bei dem sie heute nicht einmal mehr aus ihrem Fenster blicken würden. Jackie Stewart gewann den Grand Prix bei dem wohl unwirtlichsten Nürburgring-Wetter aller Zeiten, bei dichtem Nebel und bei Regen. Der Schotte deklassierte den Zweiten, Graham Hill, um mehr als vier Minuten, was auf jeder anderen Grand-Prix-Rennstrecke einen Vorsprung von mehr als einer Runde bedeutet hätte. Ein neuer „Ringmeister" hatte sich etabliert. Er prägte den Begriff von der „Grünen Hölle". Ein Jahr später, 1969, verlor Stewart den Grand Prix am „Ring" gegen einen ausgesprochenen Nürburgring-Liebhaber, gegen den Belgier Jacky Ickx.

Ickx und Stewart sind als die letzten „Ringmeister" des alten Nürburgrings zu bezeichnen: Stewart gewann drei Formel-1-Rennen auf der Nordschleife (1968, 1971 und 1973), Ickx deren zwei (1969 und 1972) sowie zwei ADAC-1000-km-Rennen, nämlich 1973 und 1983.

Großer Preis 1970 fiel aus

Ickx gehörte 1970 zu den drei Fahrern, die gegen einen Boykott des Nürburgrings stimmten. Stewart war, wie die Mehrheit der Formel-1-Fahrer, für einen Boykott, enthielt sich während der entscheidenden Abstimmung aber der Stimme. Dieser Boykott wurde im Juli 1970, nur knapp einen Monat vor dem geplanten Termin des deutschen Grand Prix, beschlossen. Er brachte den Fahrern, die in der „Fahrergewerkschaft" GPDA (Grand Prix Drivers Association) zusammengeschlossen waren, viel Kritik ein, in erster Linie, weil sie den Veranstalter erst so spät vor vollendete Tatsachen stellten. Sie handelten in der Tat irrational, da ihnen allen noch der Schock des tödlichen Unfalls von Piers Courage Ende Juni 1970 in Zandvoort gegenwärtig war. Sie hätten in der öffentlichen Meinung besser dagestanden, wenn sie ihre Forderungen weitaus eher formuliert hätten.

1970 gab es also keinen Formel-1-Grand-Prix auf dem „Ring": Der AvD wich nach Hockenheim aus, veranstaltete aber zum ursprünglich vorgesehenen GP-Termin – parallel zu Hockenheim – ein Formel-2-Rennen auf dem Nürburgring.

Die Folge des Boykotts: Die Nordschleife des „Rings" wurde umgebaut. Entlang der Strecke entstanden Seitenstreifen und es wurden Leitplanken installiert, die Forderungen der Fahrer also erfüllt. In einer beispiellosen Aktion wurden diese Arbeiten bis Mai 1971 durchgeführt.

Die Formel 1 kehrte auf den „Ring" zurück. Die Sieger der Großen Preise von Deutschland hießen Jackie Stewart (Tyrrell, 1971 und 1973), Jacky Ickx (Ferrari, 1972), Clay Regazzoni (Ferrari, 1974), Carlos Reutemann (Brabham, 1975) sowie James Hunt (McLaren, 1976).

Aber über die gesamten Jahre hinweg gab es immer wieder Kritik an der

Hubert Hahne schrieb in den 60er Jahren Rennsportgeschichte. Der aus Moers im Rheinland stammende Tourenwagen- und Formel-Pilot gehörte in jener Zeit zu den führenden Fahrern Deutschlands. Sein Name ist eng mit dem Hause BMW verbunden, und auf diesem Fabrikat errang er auch seine größten Erfolge.

29. Großer Preis von Deutschland, 6. August 1967. Im Training erzielte Jim Clark auf seinem Lotus 49-Ford V8 Bestzeit in 8:04,1 Minuten und sicherte sich damit die Pole Position. Clark schied in der vierten Runde des Rennens wegen eines Reifenschadens und einer defekten Vorderradaufhängung aus.

Nordschleife des Nürburgrings. So hatte die Entwicklung im Rennwagenbau in der seit 1966 gültigen 3-Liter-Formel zu Autos mit immer weniger Bodenfreiheit und immer höherer Leistung geführt. Auch die Entwicklung der Reifen (Gummimischung) sprach gegen den Nürburgring, denn die nur knapp 20 Kilometer haltenden Qualifikationsreifen konnten auf der 22,835 km langen Strecke nicht verwendet werden. Bei einem Reifenschaden im Rennen bestand kaum eine Chance, die rettenden Boxen zu erreichen.

1976: Letzter Formel-1-Grand Prix auf der Nordschleife

1976 war der Formel-1-Troß nur noch ungern zum „Ring" gekommen. Der Unfall von Niki Lauda beendete endgültig die Geschichte des Nürburgrings in seiner alten Form als Grand-Prix-Rennstrecke für die Formel 1. Auf dem Terminplan standen von 1967 bis 1976 neben dem Formel-1-Rennen als wichtigste Veranstaltungen jährlich das ADAC-1000-km-Rennen, das Eifelrennen (das seit 1969 wieder auf der Nordschleife ausgefahren wurde) sowie der Große Preis der Tourenwagen.

Zur Vorgeschichte des seriennahen Motorsports, der Tourenwagen-Rennen: Am 24. September 1950 stand die „ADAC-6-Stunden-Fahrt für Touren- und Sportwagen" auf dem Programm. Der ADAC hatte diesen Wettbewerb zusammen mit der Industrie ins Leben gerufen, um künftig ideale Voraussetzungen für eine erfolgreiche Beteiligung deutscher Fahrer und deutscher Wagen bei internationalen Veranstaltungen schaffen zu können.

Rund zehn Jahre später, am 15. Mai 1960, veranstaltete der Automobil-Club Saar im ADAC das erste 6-Stunden-Rennen für Tourenwagen. Den Gesamtsieg holten sich damals Zedlitz/Golderer auf Mercedes-Benz. Mit diesem Rennen begann eine lange und noch heute erfolgreiche Tourenwagen-Historie am Nürburgring. Die Veranstaltung erlebte Anfang der 70er Jahre ihre Höhepunkte mit den Werkseinsätzen von Ford und BMW. So starteten 1973 zum Beispiel die beiden Weltmeister Jackie Stewart und Emerson Fittipaldi auf einem Capri. Diesen GP der Tourenwagen besuchten rund 70 000 Zuschauer.

Weit mehr als 70 000 Besucher waren in den 60er und 70er Jahren zum 1000-km-Rennen gekommen. Auch deshalb, weil erstmals am 28. Mai 1967 ein deutscher Gesamtsieg gefeiert wurde. Porsches Vierfach-Erfolg sicherten Schütz/Buzetta vor Hawkins/Koch, Neerpasch/Elford und Mitter/Bianchi. Die Sieger bis 1976 hießen dann Siffert/Elford (Porsche, 1968), Siffert/Redman (Porsche, 1969), Ahrens/Elford (Porsche, 1970), Larrousse/Elford (Porsche, 1971), Peterson/Schenken (Ferrari, 1972), Ickx/Redman (Ferrari, 1973), Beltoise/Jarier (Matra, 1974), Merzario/Laffite (Alfa Romeo, 1975) und Quester/Krebs (BMW, 1976).

Seit 1968 wurde der Motorrad-Grand-Prix alle zwei Jahre auf dem Nürburgring ausgetragen. Und zwar im Rahmen des Eifelrennens, bei dem ja auch Autos starteten. 1974 kam es im Training zum Eklat. Die weitaus meisten Fahrer der Solo-Klassen unter Führung von Giacomo Agostini protestierten gegen die Sicherheitsvorkehrungen und verlangten vor allem 5000 zusätzliche Strohballen zur Abdekkung der Leitplanken. Die Veranstalter mußten passen. Daraufhin starteten die Fahrer nicht. Die Folge: Gemeinsame Veranstaltungen für Autos und Motorräder gab es nicht mehr. Der Große Preis von Deutschland für Motorräder wurde 1976 nicht mehr im Rahmen des Eifelrennens ausgefahren, sondern als eigene Veranstaltung.

Das 500-km-Rennen, das seit 1960 auf dem Nürburgring-Kalender stand, wurde 1973 zum letzten Mal veranstaltet. Es hatte sich eigentlich nie rentiert.

links: Denis Hulme, Sieger des Grand Prix von Deutschland 1967. Hulme und sein Brabham-Repco BT 24 hielten die hohen Belastungen von 342 Rennkilometern auf der Nordschleife des Nürburgrings schadlos durch. Der „zweite“ Fahrer im Team von Jack Brabham sicherte sich mit diesem Erfolg wichtige Punkte auf dem Weg zum Gewinn der Fahrer-Weltmeisterschaft 1967.

links: Am 4. August 1968 trug der Große Preis von Deutschland wiederum den Zusatz „Großer Preis von Europa“. Nürburgring-Besucher kennen die Eigenarten des Eifelwetters. Sie erleben Ende April noch Schnee, im Frühling total verregnete Rennwochenenden und Waldbrände nach langer Trockenperiode im Hochsommer. Tagelanger Nebel im August 1968 war plötzlich eine neue „Wettervariante“. Dieser Grand Prix sollte deshalb auch als eines der schwersten Nürburgring-Rennen in Erinnerung bleiben. Der Formel-1-Weltmeisterschaftslauf 1968 übertraf sogar noch die „Wasserschlacht“ von 1962. Jackie Stewart (auf dem Foto in seinem Matra) bei der Zieldurchfahrt. Der Schotte prägte nach dem Sieg bei diesem Rennen auch den Begriff von der „Grünen Hölle“.

oben: Jo Siffert und Vic Elford gewannen das ADAC-1000-km-Rennen am 19. Mai 1968. Auf ihrem Porsche 908 lagen sie nach einer Zeit von 6:34,06 Stunden vor ihren Teamgefährten Hans Herrmann/Rolf Stommelen und dem Ford GT 40 von Jacky Ickx und Paul Hawkins. Das Foto zeigt die Startphase mit den Porsche von Hone/Morris (Nr. 84), von Wendt/Kauhsen (Nr. 80) und Blatzheim/Hamilton (Nr. 115).

rechts: Rolf Stommelen startete beim Großen Preis von Deutschland am 3. August 1969 in der Formel 2. Das Foto zeigt ihn in einem Lotus des Roy-Winkelmann-Racing-Teams.

rechts außen: John Surtees, „Ringmeister“ vergangener Jahre, beim deutschen Grand Prix 1969 von BRM gemeldet, konnte wegen technischer Probleme nicht starten.

Der Belgier Jacky Ickx wurde in den Jahren zwischen 1966 und 1973 zu einem der erfolgreichsten Fahrer am Nürburgring. Ickx, 1969 im Rennstall von Jack Brabham, gewann den deutschen Formel-1-Lauf vor Jackie Stewart (Matra), Bruce McLaren (McLaren) und Graham Hill (Lotus).

Jochen Rindt (Lotus-Ford) während des Trainings zum Grand Prix von Deutschland 1969.

Rindts Teamgefährte im Lotus-Rennstall des Jahres 1969, der zweifache Formel-1-Weltmeister Graham Hill.

Denis Hulme (McLaren-Ford) mußte im Großen Preis von Deutschland 1969 in der elften Runde wegen eines Getriebedefekts das Rennen beenden.

BMW hatte für die Formel-2-Wertung beim Großen Preis von Deutschland 1969 Hubert Hahne und Gerhard Mitter gemeldet. Mitter, einer der besten Sportwagen- und Formel-Piloten Deutschlands, verunglückte im Freitagstraining bei Kilometer 4,9 im Streckenabschnitt Schwedenkreuz wegen eines technischen Defektes tödlich.

Kurt Ahrens, Co-Pilot von Vic Elford auf dem siegreichen Porsche beim ADAC-1000-km-Rennen am 31. Mai 1970.

„Helfer und Funktionäre, bitte den Startplatz räumen. . .“: Noch wenige Augenblicke bis zum Beginn des 300-km-Rennens 1970.

ADAC-1000-km-Rennen, 31. Mai 1970. Der Werks-Ferrari 512 S (Startnummer 55) wurde von John Surtees und Nino Vaccarella gefahren, belegte den dritten Platz, war bestes Gruppe-5-Fahrzeug und Klassensieger.

Vic Elford war in den 60er und 70er Jahren auf Porsche einer der erfolgreichsten Langstrecken-Piloten. Der Brite hatte bereits 1968 zusammen mit Jo Siffert für die Zuffenhausener das 1000-km-Rennen gewonnen, war 1969 bei dieser Langstrecken-Prüfung Dritter geworden (zusammen mit Kurt Ahrens) und trug sich auch 1970 wieder in die Siegerliste des traditionellen ADAC-Langstrecken-Klassikers ein (erneut mit Ahrens). Auch 1971 stand Elford nach 1000 Kilometern ganz oben „auf dem Treppchen": Er siegte zusammen mit Gerard Larrousse, wiederum auf einem Porsche.

rechts: Die Umbauarbeiten an der legendären Nordschleife begannen Anfang Februar 1971. Die Streckenführung der Nordschleife mit ihren nun nur noch 40 Rechts- und 33 Linkskurven blieb grundsätzlich erhalten, denn Begradigungen hätten unweigerlich zu einem weit gefährlicheren Hochgeschwindigkeitskurs geführt. Die Aufnahme zeigt die Umbauarbeiten von Breidscheid in Richtung Streckenabschnitt Karussell.

Baumaßnahme im Bereich des Streckenabschnitts Bergwerk

Der berühmte Streckenabschnitt Brünnchen während des Umbaus

links: Ferrari knüpfte am 28. Mai 1972 an seine Erfolgsserie bei den ADAC-1000-km-Rennen der 60er Jahre an. Ronnie Peterson (im Wagen) und Tim Schenken pilotierten den siegreichen Ferrari 312 PB, ihre Teamgefährten Redman und Merzario belegten den zweiten Platz.

Nach 1969 gewann der Belgier Jacky Ickx am 30. Juli 1972 zum zweiten Mal den Großen Preis von Deutschland. Nach seiner Trainingsbestzeit in 7:07,0 Minuten fuhr Ickx, 1972 in Diensten der Scuderia Ferrari, einen ungefährdeten Sieg heraus und lag nach 14 Runden rund 48 Sekunden vor seinem Schweizer Teamkollegen Clay Regazzoni. Ronnie Peterson (March-Ford) folgte auf Rang drei mit einem Rückstand von 1:06 Minuten auf den Sieger. Das Foto zeigt Ickx während des Trainings in seinem Ferrari 312 B 2.

Kurz vor Beginn des Trainings zum Großen Preis von Deutschland 1972. Das Foto zeigt den Matra-Simca MS 120 D von Chris Amon, den John-Player-Special-Lotus-Ford von Dave Walker, den March-Ford 711 von Carlos Pace und den McLaren-Ford M 19C von Denis Hulme.

Trainingspause, Grand Prix von Deutschland 1972. Jackie Stewart steht rechts neben dem Tyrrell seines Teamgefährten François Cevert. Brian Redman ist links neben seinem McLaren-Ford M 19A zu sehen.

Startvorbereitungen zum Großen Preis von Deutschland 1972.

Ferrari feierte beim Grand Prix 1972 auf dem „Ring" einen grandiosen Doppelsieg. Jacky Ickx gewann nach 14 Runden (319,690 km) in einer Zeit von 1:42,12 Stunden vor Clay Regazzoni (Foto).

ADAC-1000-km-Rennen, 27. Mai 1973. Nach dem Start setzte sich Cevert auf Matra an die Spitze, gefolgt von Ickx (Ferrari), Pescarolo (Matra), Stommelen, Regazzoni (beide Alfa Romeo) und Merzario (Ferrari). Das Verfolgerfeld wurde von einem Porsche Carrera RS mit Follmer/Kauhsen und dem BMW 3,0 CSL von Stuck/Amon angeführt. Das Ferrari-Team Ickx/Redman siegte nach 5:36,53 Stunden (178,9 km/h Durchschnittsgeschwindigkeit) vor ihren Teamgefährten Merzario/Pace.

In den Jahren von 1973 bis 1976 sorgte der österreichische Formel-1-Pilot und spätere Weltmeister Niki Lauda für Schlagzeilen am Nürburgring. Lauda fiel sowohl durch Rundenbestzeiten als auch durch spektakuläre Ausfälle auf. Am 1. August 1976 erlitt der damalige Ferrari-Pilot bei einem Unfall während des Großen Preises von Deutschland im Streckenabschnitt Bergwerk schwerste Verletzungen. Rund sechs Wochen später ging er aber beim Gran Premio von Italien wieder an den Start, belegte den vierten Platz und wurde schließlich Vizeweltmeister 1976. Das Foto zeigt Niki Lauda (links) zusammen mit dem früheren Ford-Rennleiter Mike Kranefuß.

Der Tourenwagensport sorgte Anfang der 70er Jahre für größtes Zuschauerinteresse auf dem Nürburgring. Am 8. Juli 1973 kamen rund 70 000 Fans zum Großen Preis der Tourenwagen. „BMW gegen Ford und den Rest der Welt“, so oder ähnlich lauteten damals die Schlagzeilen der Sportpresse. Die Werke hatten sich personell entscheidend verstärkt: BMW bot u.a. Lauda, Stuck, Amon, Muir, Brambilla, Wollek und Pescarolo auf, Ford hatte Weltklasse-Piloten wie Stewart und Fittipaldi verpflichtet. Das Foto entstand während des Trainings und zeigt Jackie Stewart (2. v. l.), Emerson Fittipaldi (3. v. l.) und Jochen Mass (2. v. r.).

Großer Preis von Deutschland am 5. August 1973. Nach 1968 und 1971 gewann der schottische Tyrrell-Pilot Jackie Stewart zum dritten Mal den deutschen Grand Prix. Er siegte vor seinem Teamgefährten François Cevert und Jacky Ickx (McLaren-Ford).

Großer Preis von Deutschland 1973. Die führenden Tyrrell von Stewart und Cevert.
Zeichnung: Walter Gotschke

Zwei Ford Capri RS im 37. Eifelrennen am 28. April 1974 beim Anbremsen der Südkehre

unten: ADAC-1000-km-Rennen, 19. Mai 1974. Der siegreiche Matra-Simca MS 670 C von Jean-Pierre Beltoise und Jean-Pierre Jarier nach der Zieldurchfahrt. Der französische Erfolg wurde durch den zweiten Platz von Henri Pescarolo und Gerard Larrousse (ebenfalls Matra-Simca MS 670 C) vervollständigt.

Der Schweizer Clay Regazzoni gewann auf Ferrari den Großen Preis von Deutschland 1974.

Am 1. August 1975, dem ersten Trainingstag zum Großen Preis von Deutschland, erreichte Niki Lauda (Ferrari) eine Zeit von 7:00,6 Minuten. Einen Tag später fielen dann die „magischen sieben Minuten": Lauda beendete seine Rekordrunde in 6:58,6 Minuten.

oben: Nach seinem Grand-Prix-Erfolg 1974 auf dem Nürburgring setzte der Schweizer Ferrari-Fahrer Clay Regazzoni im 75er Weltmeisterschaftslauf in der Eifel eine neue Bestmarke: Mit 7:06,4 Minuten (192,790 km/h Durchschnittsgeschwindigkeit) stellte er einen Rundenrekord auf, der „für alle Zeiten" Bestand haben sollte.

links: Brabham-Pilot Carlos Reutemann, Sieger des Grand Prix von Deutschland am 3. August 1975

Großer Preis von Deutschland 1975: Niki Lauda (Ferrari) vor Carlos Reutemann (Brabham) im Karussell. Zeichnung: Walter Gotschke

Großer Preis von Deutschland, 1. August 1976. In der zweiten Runde des deutschen Grand Prix hatte Niki Lauda Slicks auf seinen Ferrari montieren lassen. Nach halber Rundendistanz verlor er im Streckenabschnitt Bergwerk die Kontrolle über seinen Wagen. Das Fahrzeug prallte gegen eine Böschung. Beim Rückstoß auf die Fahrbahn ging der Ferrari in Flammen auf. Der dichtauf folgende Edwards (Hesketh) verfehlte den noch dahinschlitternden Wagen nur knapp. Lunger (Surtees) jedoch fuhr den Ferrari an, Ertl (Hesketh) streifte Lungers Wagen. Merzario, Lunger, Edwards, Ertl und ein Streckenposten rissen den verunglückten Lauda aus den Flammen. . .
Das Foto zeigt Lauda in seinem Ferrari

ADAC-1000-km-Rennen, 30. Mai 1976. Der Schnitzer-BMW 3,5 CSL von Albrecht Krebs und Dieter Quester auf dem Weg zum Sieg. Dieser Wagen gewann auch das 6-Stunden-Rennen auf dem Österreich-Ring, damals in der Besetzung Krebs und Gunnar Nilsson.

Durch den Tunnel in die Röhre

Heinz Prüller, seit mehr als 30 Jahren Grand-Prix-Reporter, erlebte große und kleine „Ring"-Schlachten. Er sah, wie Niki Lauda 1976 mit dem Leben davonkam, und er entdeckte, wie man sich auch ohne gültige Karte bis ins Allerheiligste der Eifel vorschleicht.

Der Nürburgring-Grand-Prix darf nie sterben. Die Abenteuer-Romantik, die riesigen Zeltlager, das viele Bier", schwärmte mir der grobknöchrige englische Formel-1-Teamchef Ken Tyrrell schon zu Jackie Stewarts großen Zeiten vor. „Das Rennen ist eine einzige Party, oder kannst Du dir etwas Besseres fürs erste August-Wochenende vorstellen?"

Nein, ich konnte nicht. Bis zum 1. August 1976. Dem Tag, an dem Niki Lauda am „Ring" verunglückte.

Bis dahin hatte uns alle die „Grüne Hölle der Eifel" magisch angezogen. Eine Reise zum Nürburgring hieß gleichermaßen Ausflug ins Mittelalter und ins Rittertum der Rennerei.

Und wenn man, am „Ring" angekommen, die schicksalsschwangere Stimme des Streckensprechers, Jochen Luck, hörte, dachte man: Jetzt kommt gleich das Prélude von Liszt und dann die Meldung vom deutschen Vorrücken – wie es die Eltern erzählt hatten.

Die meisten Rennfahrer haben einen speziellen Nürburgring-Tick. John Surtees imponierte stets, wie gut dort alles organisiert ist, Jacky Ickx war immer von deutschen Motoren fasziniert, Carlos Reutemann bewunderte mit funkelnden Augen „die schönen Häuser, die vielen Mercedes und die großen BMW". Bei Dan Gurney ging die Liebe über seine Lieblingsstrecke Nürburgring hinaus, er hat Evi Butz, die Porsche-

Fahrerlager und „der Tunnel" des „Rings"...

Presse-Lady, geheiratet. Viele französische Rennfahrer machten ihren einjährigen Militärdienst in Deutschland: François Cevert, der Stewart-Kollege, in Ravensburg. Alain Prost, der mit Porsche-Kraft den ersten Grand Prix 1984 gewann, gehört zur Nach-Nürburgring-Generation, er diente in Bitburg und in Trier. „Aber ich war die ganze Zeit nur Adjutant des Colonel und bin aus der Artillerie-Kaserne kaum rausgekommen. Darum spreche ich auch fast kein Deutsch", sagt Prost, „ich kenne nur Achtung Fahrerlager". Damit sind wir wieder bei Jochen Luck, der sich gerne „the voice of Nürburgring" nennt.

Einlaß am „Ring" zu bekommen war anfangs schwierig, es gab noch keine Grand-Prix-Reportervereinigung, keine Eurovisions-Übertragungen, sondern nur gestaffelte Ausweise – hier gerade noch gültig, dort nicht mehr.

Der Schlagbaum zum Fahrerlager war aber relativ leicht zu überwinden. Dahinter fingen die Probleme an. Was immer wirkte: Wir nahmen den englischen Formel-1-Mechanikern, die wir schon kannten, einfach eine Öl- oder Benzinkanne aus der Hand, eine Felge tat es auch. Rad oder Kanne wurden keuchend an den Aufpassern vorbei durch den Tunnel geschleppt, und schon waren wir in der Drahtröhre hinter den Boxen, dort, wo die Rennautos die Gegengerade hinunterfauchen.

Ich erinnere mich, daß Helmut Zwickl und ich einmal gemeinsam einen Boxenausweis bekommen hatten. Bei der Vergabe hatte man offenbar gerade an die Nationenwertung gedacht – zwei Österreicher, eine Karte.

Wir fanden einen echten Freund am „Ring": den „strammen Max" (Spiegelei mit Schinkenbrot, Nürburgring-Spezialität). Man tafelte im Tribünenrestaurant oder unten, im „Wilden Schwein" von Adenau, gelegentlich schon am Nebentisch der Rennfahrer. Bald danach am gleichen.

Der Nürburgring mit seinem oft rauhen Eifel-Klima war kein Termin, zu dem man Mädchen mitnahm. Es gab kein High-Life wie in Monte Carlo, und die Eifel hat vieles, aber ganz wenig Strand. Dabei hat die „Ring"-Atmosphäre auch Damen fasziniert. Ich erinnere mich, wie ich einmal direkt vom „Ring" aus die Ski-Rennläuferin Annemarie Moser (damals noch Pröll) zu Hause anrief, um mich nach dem Stand ihres Sommertrainings zu erkundigen. Durchs Telefon drang der Trainingslärm des Rahmenprogramms: Tourenwagen auf der Strecke. Die Annemarie, damals total motorsportverrückt, drehte sofort auf 10 000 Touren: „I kimm!" Und weil sie damals gerade einen Rennfahrerkurs hinter sich hatte, war sie, die Freundin auf dem Nebensitz, nach sechs Stunden aus dem Salzburgischen herangebraust.

Die Begrüßungsschlucke am Martini-Zelt dürften ein bißl zu tief ausgefallen sein: Bei der Abfahrt nach Adenau rutschte zuerst der Pröll-Mercedes, dann der Prüller-Alfa aus der Kurve. Noch wochenlang kamen mir, Gebläse eingeschaltet, die Gräser und Strohhalme entgegen: Schöner Gruß vom Nürburgring.

John Surtees war der erste „Ringmeister", den ich live miterlebte, dann kam der „fliegende Schotte" Jim Clark. Für beide galt am Nürburgring mehr als für alle anderen,

Heinz Prüller (rechts im Foto), ORF-Sportchefreporter und Formel-1-Insider, im Gespräch mit Mario Andretti.

auch mehr als sonstwo: Nach dem Rennen, bei der Siegerehrung, sahen sie jünger aus als zuvor. Jacky Ickx war ein anderer Nürburgring-Spezialist. „He has", sagte mir Stewart, „always a special ego-thing about the Nürburgring." „Er weiß, daß er mich dort schlagen kann, und er muß sich das beweisen. Er will, er muß es tun."

Kamen die Autogrammjäger, unterschrieb Ickx gern direkt über dem Autogramm von Stewart, nie darunter. „Muß ein schreckliches Problem sein, wenn man solche Sorgen hat", spottete Stewart.

Das größte Rennen, das ich je am Nürburgring sah, war der Grand Prix von 1968: Milchsuppendicker Nebel, ein Wasservorhang, der nicht hochging, Conti-Turm und Zieltribünen wie in Watte gepackt. Bedingungen, unter denen man nie hätte fahren dürfen. Drei Minuten vor dem Start registrierte ich einen besorgten Zuspruch Ken Tyrrells für Jackie Stewart: „Boy, today you are underpaid – heute bist du unterbezahlt."

Stewart konnte sich nicht, wie sonst immer, an Bäumen und Büschen orientieren, sondern nur an den Wasserbächen, die quer zur Fahrbahn verliefen: 18 in der ersten Runde. „Ich habe sie alle gezählt und jedesmal Gas weggenommen." Jochen Rindt schilderte mir: „Man sieht nichts und weiß nie, ob man ein anderes Auto vor sich hat, du kannst dich nur an den Reifenspuren orientieren. Ist das Muster noch frisch und deutlich erkennbar, bist du sofort alarmiert. Ist die Spur schon verwaschen, hast du noch Zeit."

Stewart gewann damals mit 4:03,2 Minuten Vorsprung vor Graham Hill und Jochen Rindt: Der triumphalste „Ring"-Sieger, seit Bernd Rosemeyer im Eifelrennen 1936 bei ab Halbdistanz einsetzendem Nebel den legendären Tazio Nuvolari, laut Augenzeugenberichten, „wie einen Fahrschüler stehenließ".

Mein Sieger-Interview mit Stewart habe ich heute noch auf Tonband: „Die Zielflagge war für mich eine Erlösung. Mehr Entfesselung und Befreiung als ich je gekannt habe. Ich fuhr noch kein ähnlich furchtbares Rennen", stöhnte Jackie. Er war aber bei der abendlichen Siegerehrung – die gabs damals noch – schon wieder groß in Form und blödelte in seiner Ansprache.

„Wie ein Alpinist, der tags darauf im strahlenden Sonnenschein eine Unwetterkatastrophe in den Bergen rekapituliert", sagte ich zum unvorstellbar vergnügten Jackie. Er schaute plötzlich ernst: „Stimmt, wir kommen vom Unwetter in den Bergen. Und wenn einer von uns zu Weihnachten am Kamin behauptet, er fährt gern in der Eifel, meint er damit die Herausforderung. Wer Dir aber unmittelbar nach dem Rennen sagt, ich mag den Nürburgring, der lügt Dich an."

Eine Nürburgring-Runde ist wie eine Reise, hat schon Jochen Rindt formuliert. Ich bin oft genug neben den Weltklasse-Fahrern gesessen, wenn sie ihre Leihautos durch die „Grüne Hölle" droschen, sich Bremspunkte suchten: brems hier beim dritten Baum, schalt beim Telegrafenmast. Oder: visier vorm Karussell den dritten Baumwipfel an.

Einmal saß ich mit Stewart und Jody Scheckter im Auto, als Jackie, der dreifache „Ring"-Sieger, vom Goldschatz seiner Erfahrungen ein paar unbezahlbare Gramm für Jody abkratzte.

Etwa der Tip: „Stell dein Auto immer leicht untersteuernd ein, weil es schrecklich ist, wenn dich auf den Buckeln Dein Heck überholt." Und mehrmals: „Hier kannst Du Vollgas geben...und hier auch." Bis sich Scheckter die Hände vors Gesicht hielt und aufschrie: „Hör auf, hör auf! Wenns wirklich so ist, muß ich auf der Stelle zurücktreten."

Fotografisches Gedächtnis war preislos teuer. Die „Grüne Hölle": Die Ohren der Piloten „gehen pausenlos auf und zu". Die Autos hängen und zerren an unsichtbaren Seilen.

Ein Österreicher riß am „Ring" eine Schallmauer ein: Niki Lauda, 1975 mit 6:58,6 Minuten, die erste „Ring"-Runde unter sieben Minuten. Niki sah im Rückspiegel, „wie die Ferrari-Mechaniker die Arme hochwarfen. Da wußte ich, geschafft". Also kann er kein Feigling sein. „Ich weiß, daß am 'Ring' alle die Hosen voll haben, auch die Champions von früher. Nur ich bin als einziger so ehrlich, das auch zuzugeben."

Er wäre vor 40 Jahren auch am „Ring" gefahren, bekannte AvD-Sportbaron Huschke von Hanstein ein Jahr später – 1976 – onkelhaft im Fernsehen. „Auch in 6:58?" fragte Lauda zurück und kündigte an: „Wenn alle überleben, können wir nur 'Vergelt's Gott' sagen."

Ich war zu diesem Schicksalsrennen direkt von der Olympiade aus Montreal gekommen und ging bald schlafen – statt mit Niki zu Abend zu essen.

Den häßlichen Applaus, als die Unfallmeldung über Lautsprecher durchkam, hab ich heute noch im Ohr. Alles war so unwirklich, fast gespenstisch: Das Interview, das Niki auf der Tragbahre einem brasilianischen Radio-Reporter gab. Die Anweisung an seinen Ferrari-Rennleiter Daniele Audetto, den Schlüssel fürs Mietauto zu holen.

Das Schlimmste war die nächtliche Autofahrt ins Spital nach Mannheim. Jede Stunde, wenn die Weltnachrichten kamen, wartete ich auf den Satz: „Der österreichische Autorennfahrer Niki Lauda ist heute Nacht..."

Ich kenne viele, die sich in jener Nacht schworen: Sollte Niki etwas passieren, würden sie aus dem Renngeschäft aussteigen. Ich auch.

Aber am flinksten gedacht hat Mike Kranefuß von Ford. Lauda lag noch nicht im Rettungshubschrauber, da griff Mike bereits zum Telefon und buchte fürs erste August-Wochenende 1977 dreißig Zimmer in einem Hotel in Walldorf, nahe Hockenheim, „weil mir klar wurde, ab jetzt fahren sie nie wieder auf dem Nürburgring".

Jetzt fahren sie wieder.

HEINZ PRÜLLERS ARTIKEL „DURCH DEN TUNNEL IN DIE RÖHRE" ERSCHIEN 1984 IN DER SONDER-PUBLIKATION „DER RING" (HERAUSGEGEBEN VON DEN VEREINIGTEN MOTOR-VERLAGEN, STUTTGART). FÜR DIE FREUNDLICHE ABDRUCKGENEHMIGUNG DANKEN DIE HERAUSGEBER DEM AUTOR UND DEN

1977 BIS 1986

Nach dem Auszug der Formel-1-Piloten – sie kehrten nach 1976 bis 1984 nicht mehr an den Nürburgring zurück – war der Kurs in der Eifel aber immer noch eine Rennstrecke mit einem umfangreichen und attraktiven Programm, wie das Jahr 1977 zeigte: Der Jahres-Terminkalender mit Eifelrennen (Formel-2-EM), ADAC-1000-km-Rennen (Marken-WM), Großer Preis der Tourenwagen (Europameisterschaft) und 8-Stunden-Rennen für Motorräder (Langstrecken-EM), um nur die wichtigsten Veranstaltungen zu nennen, konnte sich sehen lassen. Dazu kamen zwei weitere Rennen, die sich mittlerweile einen guten Namen geschaffen hatten: das ADAC-300-km-Rennen (seit 1970 ausgetragen) und der ADAC-Super-Sprint (1974 gegründet). Vor allem das 1976 zum ersten Mal ausgefahrene 8-Stunden-Rennen für Motorräder wurde immer populärer. 1983 war es sogar das Rennen mit den meisten Zuschauern am „Ring".

Aber schon ab 1977 fehlte am Nürburgring der absolute Höhepunkt, der Große Preis von Deutschland für Rennwagen der Formel 1. Der GP war so schnell nicht zu ersetzen, und die Einbußen an Zuschauerzahlen (aufs Jahr gerechnet) waren enorm. Allein das Fehlen der Formel 1, die immer weit über 100 000 zahlende Besucher angelockt hatte, machte sich mit einem Umsatz-Verlust für die Region von mehr als zwei Millionen Mark bemerkbar.

1978 und 1980 gab es wiederum Motorrad-Grand-Prix-Veranstaltungen am „Ring". Aber nach 1980 war die alte Nordschleife als Strecke für die Straßen-WM nicht mehr abgenommen worden. Jetzt mußte also auch auf den Umsatz dieser 100 000 Fans verzichtet werden. Sämtliche Zuschauerzahlen bei den traditionellen Veranstaltungen wie Eifelrennen und ADAC-1000-km-Rennen gingen zurück. Das lag beim 1000-km-Rennen nicht zuletzt an einem verfehlten Reglement für die Marken-WM seit 1972. Aber es hatte auch damit zu tun, daß der alte Nürburgring keinen Grand-Prix-Flair mehr bieten konnte.

Hans-Joachim Stuck (Faltz-BMW) beim 40. Eifelrennen am 1. Mai 1977 am Sprunghügel im Streckenabschnitt Pflanzgarten.

Formel-2-Rennen im Mittelpunkt

Das hieß nicht, daß es in der Eifel keinen guten Motorsport mehr gab – vor allem die Formel-2-Wagen beim Eifelrennen sorgten für spannende Rennen und sie fuhren am Ende so schnell um den „Ring" wie ein paar Jahre zuvor noch die Formel-1-Autos. Von 1977 bis 1983 dominierten in der Formel 2 die Fahrzeuge von March und BMW, die auch, bis auf eine Ausnahme, die Sieger am „Ring" stellten: Mass (March-BMW, 1977), Ribeiro (March-Hart, 1978), Surer (March-BMW, 1979), Teo Fabi (March-BMW, 1980), Boutsen (March-BMW, 1981), Boutsen (Spirit-Honda, 1982) und Gabbiani (March-BMW, 1983).

Schon in den 60er Jahren war die Formel 2 eine der Hauptattraktionen beim Eifelrennen, als Clark, Brabham, Rindt und andere renommierte Formel-1-Piloten nicht nur sporadische Einsätze in dieser Rennwagenklasse absolvierten.

Ein Rennen allerdings hatte von 1977 bis 1983 eine stete Aufwärtsentwicklung zu verzeichnen: Das 8-Stunden-Rennen für Motorräder, das seit 1980 zur neu geschaffenen Langstrecken-Weltmeisterschaft zählte.

1983 wurde die Situation für die Veranstalter noch schwieriger. Wegen des Baus der neuen Nürburgring-Grand-Prix-Strecke stand keine Start- und Zielanlage mehr zur Verfügung, da die alten Boxen und das Start- und Zielhaus aus dem Jahre 1927 abgerissen wurden. Das hatte zur Folge, daß man sich mit einer allerdings gut funktionierenden Hilfslösung begnügen mußte: Um die Nordschleife weiterhin befahren zu können, wurde zwischen der Hohenrainkurve am Beginn der früheren Zielgeraden und dem Eingang zur Hatzenbach ein Verbindungsstück angelegt. Parallel zu dieser Verbindungsstraße ließen die Verantwortlichen eine abgrenzende Mauer, eine Boxengasse sowie einen provisorischen Boxenbereich anlegen.

In diesem Übergangsjahr 1983 erzielten auf der inzwischen verkürzten Nordschleife (Streckenlänge nur noch 20,832 km) Christian Danner auf einem March-BMW-832-F-2 im Eifelrennen in 6:28,03 Minuten und Stefan Bellof (Porsche 956) im ADAC-1000-km-Rennen mit 6:25,91 Minuten Rundenrekorde, die noch heute Bestand haben.

Zurück ins Jahr 1981: Alle warteten sehnsüchtig auf den neuen, modernen und kurzen Nürburgring-Grand-Prix-Kurs. Der erste Spatenstich er-

Motorsportfreunde aus ganz Deutschland demonstrierten 1980 unter dem Motto „Rettet den Nürburgring" für einen Streckenneubau. Später, am 9. Januar 1981, formierte sich unter Führung des damaligen ADAC-Vizepräsidenten, Otto Flimm, eine Initiative „JA zum Nürburgring". Diese Interessengemeinschaft brachte insgesamt rund sechs Millionen D-Mark auf, vier Millionen davon waren vom ADAC bereitgestellt worden. Diese Gelder sollten zum Bau der neuen Rennstrecke verwendet werden.

folgte am 30. November 1981. Ende 1983 konnte die Fahrbahndecke aufgebracht werden. An den Arbeiten für den neuen Nürburgring beteiligten sich zeitweise bis zu 640 Beschäftigte von 58 Baufirmen. Sie hatten für die neue Strecke u.a. 90 000 Tonnen Asphalt aufgetragen und 160 Kilometer Kabel verlegt, Kabelgräben von 23 Kilometern Länge ausgeschachtet und Leitplanken, Fangzäune sowie Geländer von 21 Kilometern Länge montiert. Die gesamten Baukosten beliefen sich auf rund 82 Millionen Mark.

Wie konzipiert, bot der neue Grand-Prix-Kurs ca. 150 000 Zuschauerplätze an. In seinem neuen „Gesicht" war der Nürburgring für das 21. Jahrhundert entstanden, denn die Sicherheit der Aktiven und der Besucher hatten Priorität. Eigene Rettungsstraßen, weiträumige Sturzzonen und eine Streckenüberwachungsanlage mit 16 Farbkameras zählten u.a. zum „Eifel-Sicherheitspaket".

Die technischen Daten des neuen Nürburgringes: Länge 4,542 Kilometer, Ideallinie 4,494 Kilometer, Breite mindestens 10 Meter, 14 Kurven (davon sechs Links- und acht Rechtskurven), elf Geraden, Steigung maximal 8,8 Prozent, Höhenunterschied ca. 56 Meter.

Eröffnung des neuen Grand-Prix-Kurses

Am 12. Mai 1984 wurde die neue Strecke feierlich eröffnet. Schon Ende Mai war der Große Preis von Deutschland für Motorräder vor rund 90 000 Zuschauern ein Sportereignis erster Güte. Mitte Juli wurde das ADAC-1000-km-Rennen gestartet. Auf dem neuen Rennkurs siegten nach 207 Runden Bell/Bellof auf Porsche 956 mit einem Vorsprung von 15,8 Sekunden vor Boutsen/Hobbs (ebenfalls Porsche 956).

Die Eifel-Region hatte inzwischen schon acht Jahre ohne die Königsklasse des Motorsports, die Formel 1, verbringen müssen. Am 7. Oktober 1984 aber kehrte der Formel-1-Zirkus an die Nürburg, an den neuen GP-Kurs, zurück. Den Großen Preis von Europa, den vorletzten Lauf zur Formel-1-Weltmeisterschaft 1984, verfolgten rund 60 000 Zuschauer. Nelson Piquet (Brabham) fuhr zwar Trainingsbestzeit in 1:18,8 Minuten, wurde aber schließlich nur Dritter hinter Alain Prost (McLaren) und Michele Alboreto auf Ferrari. Die schnellsten Rundenzeiten erzielten Prost und Alboreto mit jeweils 1:23,1 Minuten (196,6 km/h).

Die legendäre Nordschleife aber blieb weiterhin – neben der neueröffneten Grand-Prix-Rennstrecke – aktuell. Die 20,8-km-Piste wurde weiter benutzt bei Langstreckenrennen für Tourenwagen, für Rallye-Sonderprüfungen und als Testfeld für die Automobil-, Reifen- und Zubehörindustrie, ferner für Fahrerlehrgänge und den Touristenverkehr.

1985 bildete der Formel-1-Grand-Prix den Saisonhöhepunkt auf dem Nürburgring (das 1000-km-Rennen fand in diesem Jahr in Hockenheim statt). Am 4. August erlebten rund 75 000 Zuschauer den Ferrari-Erfolg von Alboreto vor Prost (McLaren) und Laffite (Ligier). Für die Gesamtdistanz von 304,3 km benötigte der italienische Ferrari-Pilot 1:35,31 Stunden (191,1 km/h). Die schnellste Runde fuhr Niki Lauda (McLaren) in 1:22,8 Minuten (197,4 km/h). Dieser Formel-1-Grand-Prix war bis 1995 der letzte WM-Lauf auf dem Nürburgring, denn der „F-1-Zirkus" hatte sich ab 1986 vertraglich mit Hockenheim geeinigt.

Alternative „Ring"-Angebote

Die „Schau der Raritäten", so könnte das Motto des am 22. Oktober 1984 eröffneten Rennsportmuseums am Nürburgring lauten. Auf rund 200 Quadratmetern Ausstellungsfläche werden einzigartige Fahrzeuge der Rennsport-Historie im ständigen Wechsel gezeigt. Alle Exponate sind fahrbereit. Spezielle Ausstellungen wechseln von Miniaturmodellen und Rennsport bis hin zum Thema Technik und bildende Kunst.

1986 wurden am Nürburgring wieder „Sternstunden" verzeichnet: Mercedes-Benz gewann den Großen Preis der Tourenwagen und siegte im verkürzten 1000-km-Rennen durch Pescarolo/Thackwell (Sauber-Mercedes).

Das 300-km-Rennen vom 28. bis 30. März 1980 war von Regenschauern geprägt, die die Nordschleife noch schwieriger machten, als sie ohnehin schon ist. Hans Soldeck aus Iserlohn (im Foto neben seinem Ford Capri Turbo) belegte einen sensationellen dritten Platz in der Division 2 hinter Harald Ertl (Ford Capri Turbo) und Hans Heyer (Lancia Beta).

Der Große Preis der Tourenwagen am 6. Juli 1980 wurde mit Boliden der Gruppe 2 – stark verbesserten Fahrzeugen – ausgetragen. Dabei setzte die Firma AMG-Motorenbau einen Daimler-Benz 450 SLC mit den Piloten Clemens Schickentanz und Jörg Denzel ein. Dieses 4-Stunden-Rennen entwickelte sich anfangs zu einem Kampf zwischen mehreren BMW 635 CSi und dem Mercedes, der dann letztlich vor dem Audi 80 von Willi Bergmeister und dem BMW 320 des Schweizers Enzo Calderari gewann. Dieser erste Mercedes-Sieg im 7. Lauf zur Tourenwagen-Europameisterschaft 1980 bedeutete für das Haus AMG den Beginn einer großartigen Erfolgsserie im internationalen Motorsport.

Manfred Winkelhock gehörte zu den besten deutschen Rennfahrern der Jahre 1977 bis 1985. Sowohl in Tourenals auch in Rennsportwagen und Formel-Fahrzeugen konnte der gebürtige Waiblinger überzeugen. Neben seinem Formel-1-Engagement für RAM-Hart startete er 1985 auch in Rennen zur Langstrecken-Weltmeisterschaft.

Am 12. August 1985 verstarb Winkelhock an den Folgen seiner schweren Kopfverletzungen, die er sich im 1000-km-Rennen von Mosport/Kanada zugezogen hatte. Sein Kremer-Porsche 962 C war aus ungeklärter Ursache in einer Kurve ausgebrochen und hatte eine Mauer touchiert.

Ende Oktober 1982 begannen am Nürburgring die Abbrucharbeiten im alten Start- und Zielbereich. Einen Monat später wurden das Start- und Zielhaus, die Boxen und der legendäre Dunlop-Turm abgerissen. Ein Stück Rennsportgeschichte verschwand „über Nacht“.

Der neue Nürburgring-Grand-Prix-Kurs wurde in die Landschaft „hineinkomponiert“.

Stefan Bellof, am 20. November 1957 in Gießen geboren, galt als eines der größten Talente im deutschen Motorsport. Über die Stationen Kartsport, Formel-Ford, Formel 3, Formel 2 und Sportwagen fand der Gießener den Weg in die Königsklasse, die Formel 1.
Unvergessen bleibt das ADAC-1000-km-Rennen am 29. Mai 1983, bei dem Bellof (Porsche 956) auf der inzwischen verkürzten Nordschleife mit 6:11,13 Minuten (202,5 km/h) eine neue Bestmarke setzte. 1984 startete er für Tyrrell in der Formel-1-Weltmeisterschaft. Seine erreichten Plazierungen wurden ihm gestrichen, weil Tyrrell wegen untergewichtiger Wagen rückwirkend vom Championat ausgeschlossen worden war.
Bellof hielt sich jedoch in der Langstrecken-Weltmeisterschaft 1984 schadlos: Durch sechs Siege in einem Werks-Porsche 956 wurde er Langstrecken-Weltmeister und gewann außerdem noch den Titel des Internationalen Deutschen Rennsportmeisters auf dem Porsche 956 des Schweizers Walter Brun. Am 1. September 1985 verunglückte Bellof beim 1000-km-Rennen von Spa-Francorchamps/Belgien tödlich.

Das Internationale Eifelrennen am 24. April 1983 stand ganz im Zeichen des 4. Laufes zur Formel-2-Europameisterschaft auf der Nordschleife des „Rings". 21 Fahrzeuge gingen ins Rennen, angeführt vom Trainingsschnellsten, Christian Danner (March-BMW). Stefan Bellof (auf dem Foto hinter seinem Maurer-Formel-2-MM-83 vor Beginn des Trainings) war bereits in der ersten Runde in Führung liegend wegen eines technischen Defekts ausgefallen.

Der neue Nürburgring-Grand-Prix-Kurs

Nach achtjähriger Pause kehrte am 7. Oktober 1984 die Formel 1 an den Nürburgring zurück. An diesem Tag fand vor rund 60 000 Zuschauern auf dem Grand-Prix-Kurs der Große Preis von Europa, vorletzter Lauf der Formel-1-Weltmeisterschaft 1984, statt. Alain Prost siegte auf einem McLaren vor Michele Alboreto (Ferrari) und Nelson Piquet (Brabham). Das Foto zeigt Prost (links) während einer Trainingspause.

Sieg für Michele Alboreto und Ferrari im deutschen Grand Prix 1985. Alboreto war vom achten Startplatz aus ins Rennen gegangen, lag nach fünf Runden bereits auf Rang drei und hatte am Ende der 67 Runden (304,314 km) elf Sekunden Vorsprung auf den Zweitplazierten Alain Prost (McLaren).

Stefan Johansson (Ferrari 126/85) überraschte im Training zum Großen Preis von Deutschland am 4. August 1985. Der Schwede erzielte mit 1:18,616 Minuten die zweitbeste Zeit hinter Teo Fabi (Toleman TG 185-Hart), der für eine Runde auf dem 4,542 km langen Grand-Prix-Kurs 1:17,429 Minuten benötigt hatte. Das Foto zeigt Johansson während des Trainings bei einem Reifenwechsel.

Tankstopp und Reifenwechsel für den siegreichen Werks-Porsche 956 von Bell/Bellof beim ADAC-1000-km-Rennen 1984.

Derek Bell gewann zusammen mit Stefan Bellof auf einem Porsche 956 das ADAC-1000-km-Rennen, das am 15. Juli 1984 auf dem neuen Grand-Prix-Kurs seine Premiere feierte. Nach 207 Runden siegten die beiden Porsche-Werksfahrer mit 15,8 Sekunden Vorsprung vor Thierry Boutsen und David Hobbs (Porsche 956).

Henri Pescarolo/Mike Thackwell fuhren beim 1000-km-Rennen am 24. August 1986 den siegreichen Sauber-Mercedes. Baldi/Niedzwiedz (Porsche 956) kamen auf den zweiten Rang. Das Rennen war wegen Nebel und Regen auf 121 Runden (549,5 km) verkürzt worden. Das Foto zeigt den Sauber-Mercedes von Pescarolo/Thackwell während des Trainings.

Ring frei

Paul Pietsch

Paul Pietsch
Grand-Prix-Fahrer

Paul Pietsch war einer der bekanntesten deutschen Grand-Prix-Rennfahrer der dreißiger Jahre. Nach dem Krieg gründete er in Freiburg zusammen mit seinem Freund Ernst Troeltsch einen Zeitschriften-Verlag, in dem neben auto motor und sport, MOTORRAD, sport auto und PS heute noch eine Anzahl weiterer bedeutender Titel erscheinen.

Als ich 1939 am Großen Preis von Deutschland auf dem Nürburgring teilnahm, wäre mir nie in den Sinn gekommen, daß diese Rennstrecke einmal nicht mehr den Anforderungen des Formel-1-Rennsports genügen könnte. Zwar haben auch wir damals das tückische, vielfach gewundene Asphaltband in der oft wetterwendischen Eifel nicht immer geliebt. Aber wir haben stets die Herausforderung angenommen, die von ihm ausging. Inzwischen leben wir in einer anderen Zeit. Die Rennstrecken sind gleichförmiger geworden, die Autos schneller und zerbrechlicher, die Fahrer nennt man Piloten. Technische Entwicklungen haben den Rennsport in atemberaubendem Tempo beschleunigt. Fortschritt dieser Art hat natürlich seinen Preis. Und technische Entwicklungen lassen sich nicht aufhalten. Aber ich bedauere, daß es die Nordschleife des Nürburgrings als Grand-Prix-Kurs nicht mehr gibt. Um so mehr freue ich mich, daß es trotzdem gelungen ist, die Formel 1 in die Eifel zurückzuholen. Ich beglückwünsche die Politiker in Bund und Land zu der mutigen Entscheidung, 74 Millionen Mark für den Bau einer neuen GP-Strecke zu bewilligen. Ich tue dies nicht nur in meiner Eigenschaft als ehemaliger Rennfahrer, sondern auch als Gründer eines Verlages, den eine alte Tradition mit dem „Ring“ verbindet: Als dort 1927 das erste Rennen stattfand, gab es bereits „Motor und Sport“ (Vogel-Verlag, Pössneck/Thüringen) sowie „Das Motorrad“, Verlag Georg Koenig, Berlin, zwei Zeitschriften, die nach dem Krieg zur MOTOR PRESSE STUTTGART kamen. Wie die Automobilindustrie hat außerdem unser Haus den „Ring“ stets als anspruchsvolle Test- und Versuchsstrecke geschätzt.

Adi Stadler und der Nürburgring

Adi Stadler,
Motorrad-Grand-Prix-Fahrer

Nachfolgend beschreibt Adi Stadler, zwischen 1985 und 1995 einer der erfolgreichsten deutschen Piloten in den Weltmeisterschaftsläufen der 125-ccm- und 250-ccm-Klasse, eine Runde auf dem Nürburgring-Grand-Prix-Kurs. Er fuhr diese „Ring“-Runde mit seiner Aprilia RSV 250, die er auch in den Grands Prix der Weltmeisterschaftssaison 1995 einsetzte.

Aus der Coca-Cola-Kurve komme ich im zweiten Gang auf die Start- und Zielgerade. Ich nutze dabei die volle Streckenbreite inklusive der Curbs aus. Auf der Start- und Zielgeraden schalte ich bis in den fünften Gang hoch, wo ich bis zum Bremspunkt rund 13 300 U/min erreiche. Der Bremspunkt liegt bei ca. 120 Metern vor der Kurve, das Castrol-S fahre ich im dritten Gang. Es ist sehr wichtig, die Kombination am Kurveneingang richtig zu fahren, um mit viel Schwung aus dieser Kurve herauszukommen. Ich schalte danach in den vierten und fünften Gang hoch. Dann folgt eine Bergab-Links-Rechts-Kombination. In die Links-Kurve biege ich im dritten Gang ein und schalte dann sofort im Bereich der engen Ford-Rechts-Kurve in den zweiten Gang runter. Dabei komme ich am Kurvenausgang wieder auf die Curbs und im folgenden Bergab-Stück schalte ich bis in den sechsten Gang hoch, wobei allerdings der sechste Gang nicht mehr voll ausgedreht wird (bis ca. 12 700 U/min). Bei ca. 130 bis 140 Meter vor dem Kurveneingang bremse ich die Dunlop-Kehre an und schalte bis in den ersten Gang zurück. Die Dunlop-Kehre ist neben der Veedol-Schikane die langsamste Stelle des Grand-Prix-Kurses am Ring. Aus der Dunlop-Kehre geht es jetzt bergauf, hier ist vor allem Leistung gefragt. Die folgende Links-Rechts-Kombination fahre ich im vierten Gang, wobei ich vor dem Einbiegen das Gas kurz lupfe. Diese Passage ist für mich persönlich eine der schwierigsten Stellen. Ausgangs der Schikane in Richtung RTL-Kurve schalte ich wieder hoch bis in den fünften Gang, kurz vor dem Bremspunkt dreht der

Motor bis 12 900 U/min, am 100-Meter-Schild bremse ich und schalte gleichzeitig in den dritten Gang herunter. Die RTL-Kurve fahre ich im dritten Gang. In Richtung Bit-Kurve schalte ich nicht mehr, auch an dieser Stelle ist es wichtig, mit sehr viel Schwung aus der Kurve zu kommen, um das Tempo mit in den ITT-Bogen zu nehmen. Jetzt befinde ich mich auf dem schnellsten Stück der Strecke, bis zum ITT-Bogen geht es bergab. Den ITT-Bogen durchfahre ich voll im sechsten Gang, nach dieser Passage steigt der Streckenverlauf etwas an, und die Maximal-Drehzahl von 13 100 U/min fällt auf 12 800 U/min zurück. 130 Meter vor der Veedol-Schikane bremse ich. Der Streckenrhythmus wird hier völlig gestört, denn der ansonsten sehr flüssige Kurs wird durch diese Schikane unterbrochen, da ich am Eingang in den ersten Gang zurückschalten muß. Danach gehe ich sofort wieder in den zweiten Gang. In Richtung Coca-Cola-Kurve beschleunige ich nochmals in den dritten Gang, 80 Meter vor dieser Kurve bremse ich und schalte gleichzeitig in den zweiten Gang herunter, um wieder optimal auf die Start- und Zielgerade zu beschleunigen."

Adi Stadler zum Nürburgring-Grand-Prix-Kurs: „Der Nürburgring-Grand-Prix-Kurs ist eine sehr schöne, vor allem aber sichere Rennstrecke mit ausreichenden Sturzräumen. Für mich ist er fahrerisch sehr anspruchsvoll. In drei Kurvenkombinationen ist es äußerst wichtig, den Eingang richtig anzufahren, um den nötigen Speed mit auf die folgenden Geraden zu nehmen."

Eine Runde auf der Nordschleife

Johannes Scheid, am 18. August 1949 in Kottenborn in unmittelbarer Nähe des Nürburgrings geboren, gehört seit Jahren zu den erfolgreichsten „Privatiers" im deutschen Motorsport. Der sympathische „Selfmademan" hat sich seit 1969 dem Langstreckensport verschrieben und ist einer der Väter des inzwischen traditionellen Veedol-Langstreckenpokals, der seit 1977 auf dem Nürburgring ausgetragen wird. Scheid gewann das Championat bereits viermal und errang weitere gute Plazierungen.

Scheid zählt zu den besten Nürburgring-Kennern. Fachleute sagen, der gebürtige Kottenborner sei der Pilot mit den meisten Runden auf dem legendären Eifelkurs. Einhellige Meinung der Insider: „Scheid muß auf der schwierigsten Rennstrecke der Welt im Tourenwagen erst einmal geschlagen werden!"

Der Tourenwagen-Pilot schreibt über eine Runde auf der Nordschleife, inklusive Kurzanbindung, gefahren mit seinem Gruppe N BMW M3 (ca. 310 PS):

Die erste Kurve nach Start und Ziel ist das Castrol-S, eine Rechtskurve. Ich bremse den Wagen aus ca. 220 km/h ab und durchfahre sie im dritten Gang mit etwa 110 km/h. Danach beschleunige ich auf rund 160 km/h im vierten Gang und nähere mich der Einfahrt in die Kurzanbindung, in die ich im dritten Gang mit etwa 75 km/h einfahre. Der Wagen wird dann weiter im dritten Gang auf rund 140 km/h beschleunigt.

Vor der RTL-Kurve bleibt die Geschwindigkeit bei etwa 140 km/h, die Kurve selbst wird mit rund 105 km/h gefahren. Der Wagen kommt dann weiter im dritten Gang auf ca. 130 km/h, die folgende Bit-Kurve verträgt 110 km/h, auch im dritten Gang. Ich schalte den Wagen auf dem Stück zum ITT-Bogen hoch in den vierten Gang und erreiche etwa 190 km/h. Danach geht es in Richtung Veedol-Schikane, hier liegt die Geschwindigkeit im vierten Gang bei 205 bis 210 km/h. Das Veedol-Z durchfahre ich im dritten Gang mit etwa 90 km/h.

Den M3 beschleunige ich dann weiter im dritten Gang auf 140 bis 160 km/h, bremse ab und nehme jetzt die Einfahrt in die alte Nordschleife ebenfalls im dritten Gang und etwa 120 km/h.

In Richtung Hatzenbach bleibe ich im dritten Gang und beschleunige auf 140 bis 160 km/h, die Kurvenkombinationen der Hatzenbach durchfahre ich im dritten und im vierten Gang mit rund 140 bis 185 km/h. Bei Hocheichen liegen rund 95 km/h im dritten Gang an. Danach Richtung Quiddelbacher Höhe, Flugplatz. Im vierten Gang werden etwa 225 km/h erreicht, die beiden Rechtskurven mit rund 175 km/h werden ebenfalls im vierten Gang durchfahren. Auf dem Streckenabschnitt Schwedenkreuz komme ich auf ca. 250 km/h im fünften Gang, danach bremse ich das Auto ab auf 185 km/h und nähere mich der Aremberg-Kurve, die ich im dritten Gang und mit 100 km/h durchfahre.

In der Fuchsröhre volle Beschleunigung im fünften Gang auf fast 240 km/h, der Adenauer Forst verträgt im dritten Gang rund 90 km/h.

Auf dem Stück zum Metzgesfeld werden 200 km/h im vierten Gang gefahren, die anschließenden Kurven über Kallenhard (rund 90 km/h im dritten Gang) in Richtung Wehrseifen gehen mit Geschwindigkeiten zwischen 155 und 175 km/h im dritten und vierten Gang. Wehrseifen ist im dritten Gang gut für 80 km/h, die Breidscheid-Passage geht ebenfalls im dritten Gang mit ca. 110 km/h. Auf dem folgenden Stück von der Exmühle zum Bergwerk erreiche ich im vierten Gang nahezu 210 km/h, bremse ab auf ca. 110 km/h im dritten Gang (Kurve am Bergwerk) und beschleunige wieder im vierten Gang auf ca. 230 km/h. Das Bergaufstück Richtung Kesselchen weiter zum Klostertal fahre ich im vierten und fünften Gang bei Geschwindigkeiten zwischen 180 und 190 km/h.

Die Rechtskurve vor dem Karussell ist für rund 95 km/h im dritten Gang gut, auf dem relativ geraden Stück bis zur Einfahrt ins Karussell erreiche ich im vierten Gang etwa 155 km/h. Im Karussell, im dritten Gang durchfahren, sind rund 85 km/h möglich. Den M3 schalte ich jetzt hoch in den vierten Gang und komme dabei auf eine Geschwindigkeit von über 170 km/h, nähere mich der Hohen Acht, deren Kurvenkombination ich im dritten Gang mit einem Tempo von rund 135 bis 145 km/h fahre. Die Streckenabschnitte von der Hohen Acht über Wippermann und Eschbach in Richtung Brünnchen vertragen 138 bis 164 km/h in den Gängen drei und vier.

Das Brünnchen geht im dritten Gang mit etwa 138 km/h. Auf dem Weg zum Pflanzgarten schalte ich den Wagen in den vierten Gang auf etwa 160 km/h, bremse ab auf rund 135 km/h im dritten Gang, um dann wieder im vierten Gang auf rund 190 km/h zu kommen. Den Streckenabschnitt Pflanzgarten fahre ich in den Gängen vier und fünf bei Geschwindigkeiten zwischen 160 und 210 km/h. Zwischen dem Pflanzgarten und dem Schwalbenschwanz bleibt mein Tempo im fünften Gang bei etwa 195 bis 210 km/h. Vor dem Schwalbenschwanz schalte ich herunter in den vierten Gang und bremse den M3 auf ca. 150 km/h ab (dritter Gang). Die Kurve am Schwalbenschwanz durchfahre ich weiter im dritten Gang mit 109 km/h. In Richtung Galgenkopf wird der Wagen im vierten Gang auf 167 km/h beschleunigt, in den beiden folgenden Kurven bleibe ich im vierten Gang bei Geschwindigkeiten zwischen 140 und 160 km/h.

Auf dem Vollgasstück Döttinger Höhe komme ich im fünften Gang auf 268 km/h. Die Bremsschikane hinter dem Tiergarten ist für rund 100 km/h im dritten Gang gut. Start- und Ziel erreiche ich mit rund 190 km/h im vierten Gang."

Johannes Scheid benötigte für diese Runde auf dem Nürburgring („Kurzanbindung" des Grand-Prix-Kurses und Nordschleife) 9:23,06 Minuten, dies entspricht einer Durchschnittsgeschwindigkeit von 147,187 km/h.

Johannes Scheid, sein BMW und der alte Nürburgring: Gerhard Paumann versteht es immer wieder, fotografisch den Flair der legendären Nordschleife „rüberzubringen".

1987 BIS 1997

In der Saison 1987 stellte Jaguar im Langstrecken-Weltmeisterschaftslauf Ende August mit Cheever/Boesel die Erstplazierten. Das Schweizer Sauber-Team knüpfte in den Jahren 1988 bis 1990 an seinen 86er-Sieg an: 1988 und 1989 gewannen Schlesser/Mass und 1990 Schlesser/Baldi. Ein erneuter Jaguar-Erfolg (Warwick/David Brabham) im Jahre 1991 beendete dann auch eine große Sportwagen-Epoche auf dem Nürburgring, die mit dem ADAC-1000-km-Rennen am 30. August 1953 begonnen hatte.

Ende 1987 mußte dann ein weiteres „Ring"-Wahrzeichen fallen: Das weltbekannte Sporthotel „Tribüne" wurde aufgrund baupolizeilicher Bestimmungen abgerissen. An seine Stelle trat das 1989 eröffnete Dorint-Hotel gegenüber Start und Ziel.

Am ersten Dezember-Wochenende 1989 fand mit der Veranstaltung „Race of Champions" vor mehr als 40 000 Besuchern die Eröffnungsveranstaltung auf der neu angelegten Rallye-Strecke statt. Durch den Bau dieser Rallye-Anlage, dem damit verbundenen Tribüneneinschnitt und der neuen Kurzanbindung gab es somit eine weitere Strukturverbesserung am Nürburgring. Das Rallye-Gelände ermöglichte nun vollkommen neue Veranstaltungsformen (Rallye-Cross, Rallyes und Club-Trainings). Neu hinzu kam auch ein Off-Road-Gelände für Allrad-Fahrzeuge im Hatzenbachbogen. In diesem Bereich werden jetzt auch Fahrsicherheitslehrgänge angeboten.

Der junge Michael Schumacher, aufgenommen 1989 am Nürburgring. Schumacher wurde in jenem Jahr Dritter in der Deutschen Formel-3-Meisterschaft, u.a. nach Siegen in Zeltweg und am „Ring".

Der Nürburgring ist ausgebucht

Die Saison 1990 brachte dem Nürburgring mit mehr als 300 000 Besuchern einen neuen Zuschauerrekord. Insgesamt gesehen hatte sich also seit seiner Eröffnung 1984 die Infrastruktur, vor allem die des neuen „Rings", erheblich verbessert. Dafür sprach und spricht auch, daß die Rennstrecke während der Saison so gut wie ausgebucht ist. Mit mehr als 60 Motorsport-Veranstaltungen, rund 100 Fahrsicherheitslehrgängen für Autos und Motorräder sowie den zahlreichen Testfahrten der Industrie kann der Nürburgring zweifellos für sich in Anspruch nehmen, im internationalen Vergleich die Rennstrecke mit den meisten und vielfältigsten Aktivitäten zu sein.

Obwohl der Ruf nahezu aller großen Rennkurse primär an der Austragung von Formel-1-WM-Läufen gemessen wird, haben die Verantwortlichen der Nürburgring GmbH zahlreiche gute Lösungen gefunden, um weiterhin attraktiv zu bleiben: mit Motorsport-Veranstaltungen wie etwa dem 24-Stunden-Rennen für Tourenwagen, den Läufen zur Deutschen Tourenwagen-Meisterschaft (DTM), diversen Oldtimer-Rennen und dem Langstreckenpokal. Eifelrennen und Super-Sprint sind nach wie vor bewährte Programmbestandteile. Seit 1986 sorgt der ADAC-Truck-Grand-Prix für eine eigene Atmosphäre – und für jährlich neue Zuschauer-Rekordmarken.

Auch bei den anderen Großveranstaltungen – nicht motorsportbezogen – hat der „Ring" inzwischen einen

Bilstein-Super-Sprint am 24. September 1989. Michael Schumacher (W.T.S. Reynard-VW 893) hatte sich durch seinen Sieg am Nürburgring noch alle Meisterschaftschancen vor dem letzten Lauf in Hockenheim erhalten. Am Ende aber reichte es nur zu Rang drei hinter Karl Wendlinger und Heinz-Harald Frentzen.

beachtlichen Stellenwert eingenommen. Angesprochen sind hier die Musik-Festivals, der schon traditionelle Nürburgring-Lauf, die Radtouristik oder andere Breitensportangebote.

Im Jubiläumsjahr 1992 (der Nürburgring feierte am 18. Juni seinen 65. Geburtstag) bestimmten zahlreiche internationale Großveranstaltungen das Geschehen an und auf dieser traditionsreichsten deutschen Rennstrecke. Obwohl der deutsche Motorrad-Grand-Prix nach Hockenheim verlegt wurde, konnten rund um die Nürburg erneut steigende Besucherzahlen registriert werden. Zum „Leidwesen" des Veranstalters war der Truck-GP mit rund 150 000 Zuschauern wiederum ausverkauft, mehr Tickets gab es nicht.

Starken Zuspruch erfuhren, wie in den Vorjahren, die Läufe zur Deutschen Tourenwagen-Meisterschaft und auch das 24-Stunden-Rennen. Biela auf Audi, Asch, Ludwig und Schneider (alle auf Mercedes) siegten in den DTM-Läufen. Den 24-Stunden-Klassiker im Juni machten die beiden BMW M3 von Cecotto/Danner/Martin/Duez und Winkelhock/Heger/Hahne unter sich aus.

Der 93er-Veranstaltungskalender reichte vom Eifelrennen Anfang Mai bis hin zum Nürburgring-Lauf im Herbst. Inzwischen waren noch zusätzliche Veranstaltungen ins Programm aufgenommen worden und sorgten für weitere Attraktivität. So bewiesen die Verantwortlichen der Strecke mit dem ADAC-Motobike, daß der Nürburgring nach wie vor eine Heimstatt für Motorradfahrer aus aller Welt ist. Zu Europas größtem Motorradfestival reisten Tausende von Zweiradfahrern an und erlebten sportliche und bunte Action.

Beim „All American Day" im September kamen die Fans amerikanischer Autos, die Freunde der Rockmusik und die Dragsterfreaks voll auf ihre Kosten. Zum Saisonabschluß im Oktober hatten sich schließlich wieder die Touren- und Sport-Radfahrer mit ihren Familien rund um die Nürburg eingefunden. Auch diese inzwischen bewährte und populäre Breitensport-Veranstaltung trägt wesentlich zum verbesserten Freizeit- und Tourismus-Angebot bei.

1993: Larini (Alfa Romeo) siegte im Lauf zur Deutschen Tourenwagen-Meisterschaft und verbuchte seinen dritten Erfolg in diesem Jahr für die Mailänder Autoschmiede. Inzwischen war die DTM zu einem reinen Zweiländerkampf zwischen Deutschland (Mercedes) und Italien (Alfa Romeo) geworden.

Am zweiten Juni-Wochenende holte sich Ferrari-Testpilot Larini erneut die beiden ersten Plätze beim Großen Preis der Tourenwagen und festigte damit auch seine Führungsposition in der Gesamtwertung der DTM. Im 24-Stunden-Rennen konnte in diesem Jahr BMW keine Lorbeeren ernten, denn nach 129 Runden (3270 Kilometer) waren vier Porsche Carrera RS in Front vor zwei Opel auf den Plätzen fünf und sechs.

Zum Gedenken an Wolfgang von Trips

1993 stellte sich hinsichtlich Jubiläen und Festivitäten als ein eher normales Jahr dar, bis auf eine Besonderheit: Am 4. Mai 1993 hätte Wolfgang Graf Berghe von Trips seinen 65. Geburtstag feiern können. Ihm, der als herausragender Motorsportler geradezu ein Symbol für sportliche Fairneß geworden ist, wurde an jenem Tag am Nürburgring, seiner Hausstrecke, ein Denkmal errichtet. Die Gräflich Berghe von Trips'sche Sportstiftung zu Burg Hemmersbach und die Nürburgring GmbH halten somit die Erinnerung an ein großes sportliches Vorbild lebendig.

1994 jährte sich die Inbetriebnahme des Nürburgring-Grand-Prix-Kurses und die Eröffnung des Nürburgring-Rennsportmuseums zum zehnten Mal. Am Ende des Jahres lief auch die Amtszeit des Hauptgeschäftsführers der Nürburgring GmbH, Rainer Mertel, ab. Sein Nachfolger wurde Dr. Walter Kafitz.

Der infrastrukturelle Bereich wurde

um zwei Attraktionen bereichert: Mit dem „auto motor sport Fahrsicherheitszentrum in Zusammenarbeit mit dem ADAC-Mittelrhein“ führte eine der modernsten und besten Anlagen dieser Art dazu, daß der Nürburgring einen beispielhaften Beitrag zur Sicherheit im Straßenverkehr leisten kann. Die Fremdenverkehrs-Informationszentrale, die an das Rennsportmuseum angegliedert wurde, hilft den „Ring“-Besuchern, touristische Anziehungspunkte rund um die Rennstrecke kennenzulernen.

Am 26. März erfolgte mit der 43. ADAC-Westfalenfahrt im Rahmen des Deutschen Veedol-Langstreckenpokals der Saisonauftakt. Sechs Wochen später standen die Läufe zur Deutschen Tourenwagen-Meisterschaft im Mittelpunkt des Eifelrennens. Klaus Ludwig (Mercedes-Benz) und Nicola Larini (Alfa Romeo) hießen die Tagessieger vor rund 50 000 Zuschauern und bestätigten damit die Vormachtstellung der Wagen aus Stuttgart und Mailand. Konkurrent Opel war dagegen noch nicht in der Lage, Rennen für sich zu entscheiden. Am ersten Juni-Wochenende waren erneut die beiden DTM-Rennen und das beliebte 24-Stunden-Rennen „Magnet“ für rund 80 000 Motorsportfans. Larini (Alfa Romeo) und Ludwig (Mercedes-Benz) siegten in der Tourenwagen-Meisterschaft. Das 24-Stunden-Rennen entschieden Wlazik/Rosterg/Katthöfer auf einem BMW M3 für sich.

1994 wurde der „Ring“-Terminkalender nochmals um zwei weitere Großveranstaltungen aufgestockt: Am 11. und 12. Juni war Premiere für die „AvD-New Historics“ und eine Woche später kamen mehr als 20 000 Besucher zu einer vielbeachteten „Auto-Börse“. Beim ADAC-Truck-Grand-Prix am 17. Juli hieß der Sieger im Wiederholungsrennen des zweiten Qualifikationslaufes bei den Super-Race-Trucks Gerd Körber. Zwar kam Körber nur als Zweiter ins Ziel, doch nach einer Zeitstrafe für den Mercedes-Piloten Fritz Kreutzpointner rutschte MAN-Fahrer Körber noch auf den ersten Platz.

Der dritte DTM-Auftritt 1994 in der Eifel fand beim Großen Preis der Tourenwagen im August statt. Zakspeed-Mercedes-Fahrer Jörg van Ommen nutzte seinen Heimvorteil und gewann souverän beide Läufe. Johnny Cecotto, ehemals in Formel-1-Diensten von Toleman, siegte auf BMW beim „Bilstein-Supersprint“ nicht nur im letzten Lauf des neugeschaffenen Deutschen Tourenwagen-Cups, sondern sicherte sich mit diesem Erfolg auch das 94er-Championat.

1995: Die Formel 1 ist wieder da!

1995 wurden die jahrelangen Bemühungen der Nürburgring-Verantwortlichen belohnt, die weltweit attraktivste Rennserie, die Formel 1, in die Eifel zurückzuholen. Am 1. Oktober fand nach einer rund zehnjährigen Pause wieder ein WM-Lauf auf dem 1984 eröffneten Grand-Prix-Kurs statt. Vor ausverkauftem Haus gab es durch Michael Schumacher (Benetton) den von seinen zahlreichen Fans erhofften Heimsieg, der maßgeblich zum späteren Gewinn seines zweiten Weltmeistertitels beitrug.

Schon einige Monate zuvor hatte die „Zweirad-Gemeinde“ Grund zur Freude: Nach fünfjähriger Abstinenz waren die Motorrad-Grand-Prix-Piloten an den Eifelkurs zurückgekehrt und hatten damit eindrucksvoll demonstriert, daß der hohe motorsportliche Stellenwert des Nürburgrings in der internationalen Rennszene nach wie vor unbestritten ist.

Obwohl in den letzten Jahren verschiedentlich Kritik am Austragungsmodus des 24-Stunden-Rennens laut geworden war, kamen mehr als 70 000 Zuschauer. Sie erlebten einen weiteren BMW-Sieg durch Roberto Ravaglia/Marc Duez/ Alexander Burgstaller auf einem Klasse-2-BMW 320 i. Dieser BMW-Erfolg war in der 23jährigen Geschichte dieses Langstrecken-Klassikers der dreizehnte Gesamtsieg für die weiß-blaue Marke aus München.

1995 gab die DTM-Truppe nur ein Gastspiel am Nürburgring. Beim GP der Tourenwagen am 20. August siegte AMG-Mercedes-Pilot Bernd Schneider in beiden Läufen. 86 000 Zuschauer wurden Augenzeuge, wie der spätere Deutsche Meister seine Konkurrenten Larini, Grau, Rosberg und Thiim auf die Plätze verwies.

Dezember 1995: Die optimale F-1-Organisation beim Grand Prix von Europa im Oktober durch die Nürburgring GmbH und den ADAC hatte bei der FOCA Eindruck hinterlassen. Bei Bekanntgabe des Formel-1-Terminkalenders für 1996 war der Nürburgring erneut mit dem Großen Preis von Europa vertreten.

Ende April 1996 gastierte der Formel-1-Troß also zum vierten Mal auf dem neuen GP-Kurs. Der Sohn des legendären kanadischen Ferrari-Piloten Gilles Villeneuve, Jacques Villeneuve (Williams-Renault), siegte nach einem spektakulären Rennverlauf vor Michael Schumacher (Ferrari) und David Coulthard auf McLaren-Mercedes.

Anfang Juli fand der deutsche Motorrad-Grand-Prix zum zweiten Mal nacheinander auf dem Nürburgring statt. Ralf Waldmann (Honda) gelang in der Klasse bis 250 ccm der erhoffte GP-Sieg.

Ende Juli wurde im Rahmen der Veranstaltung „Ferrari Days/Auto 96“ erst zum zweiten Mal in der Geschichte von Ferrari ein neues Fahrzeug dieses Hauses außerhalb von Italien der Weltpresse vorgestellt. Irvine, Lauda, Scheckter und Schumacher waren nur einige der Rennfahrer-Persönlichkeiten, die den rund 30 000 Fans Sport- und Rennwagen präsentierten.

Am 7. September machte der Nürburgring seinem guten Ruf als „Music-Open-Air-Area“ alle Ehre: Die Veranstaltung „Der Ring ruft“ hatte als zweites „Open-Air-Konzert“ mehr als 40 000 begeisterte Fans angelockt.

Der Nürburgring 1997 – 70 Jahre nach seiner Eröffnung

Nach wie vor wird der weltbekannte Eifelkurs seiner zentralen Rolle, die ihm von seinen Gründungsvätern in den zwanziger Jahren zugedacht worden war, gerecht. Die komplette Motorsportanlage dient auch heute noch der Strukturverbesserung, denn allein durch die Rennstrecke wird jährlich ein Umsatz von rund 70 Millionen Mark verbucht (1995 und 1996 stieg dieses Volumen durch den Formel-1-Grand-Prix auf mehr als 100 Millionen Mark). Mehrere hundert Arbeitsplätze sind in der Region mit dem Nürburgring verknüpft und somit auch auf Dauer gesichert. Die unermüdlichen Bemühungen der Nürburgring-Verantwortlichen, die Angebote rund um die Rennstrecke ständig zu erweitern und zu verbessern, tragen schon seit geraumer Zeit Früchte.

Das neugeschaffene Verkehrssicherheitszentrum und das neu konzipierte touristische Freizeitangebot sind nur zwei Beispiele für die vielfältigen Aktivitäten, die den Nürburgring-Besucher erwarten.

Im Lauf zur Sportwagen-Weltmeisterschaft am 19. August 1990 sorgten die beiden Sauber-Mercedes-Teams von Schlesser/Baldi und Mass/Schumacher für einen Doppelsieg des Teams aus Hinwil.

Ausfall für die Mercedes-Junioren Michael Schumacher und Karl Wendlinger beim 5. Lauf zur Sportwagen-Weltmeisterschaft 1991 auf dem Nürburgring.

Das Sauber-Team blieb bei der 91er Langstreckenprüfung am 18. August auf dem Nürburgring glücklos. Der Abonnements-Sieger der letzten Jahre hatte beim Heimspiel mit technischen Problemen zu kämpfen: In der zehnten Runde schieden Schumacher/Wendlinger mit Motorschaden aus. Nach 28 Durchgängen kam dann auch das „Aus" für Schlesser/Mass durch einen Getriebedefekt. Damit war der Weg frei für den Jaguar-Doppelsieg durch Warwick/Brabham und Fabi/Brabham. Das Foto zeigt den zweitplazierten Silk Cut Jaguar XJR-14 von Fabi/Brabham.

unten: Im 92er-Interserie-Rennen auf der verkürzten Grand-Prix-Strecke waren Can-Am-Fahrzeuge, Gruppe C1- und C2-Wagen sowie auf der Formel 3000 aufgebaute Sportwagen zugelassen. Im Bild der Niederländer Cor Euser auf einem Spice Cosworth (Startnummer 18), den er auch in der Sportwagen-Weltmeisterschaft und in Le Mans eingesetzt hatte.

Der Einstieg von Alfa Romeo in die Deutsche Tourenwagen-Meisterschaft 1993 konnte als sensationell bezeichnet werden, denn auf Anhieb war die Mailänder Rennwagenschmiede konkurrenzfähig und lehrte die etablierten Konkurrenz das Fürchten. Schon im Auftaktjahr errang der spätere Champion Nicola Larini (Foto) zehn Saisonerfolge.

Start zum 5. DTM-Lauf 1993 beim Eifelrennen auf dem Nürburgring. Nicola Larini (Alfa Romeo) gewann vor Bernd Schneider und Klaus Ludwig (beide auf Mercedes).

Christian Danner führte im 1. DTM-Lauf im Rahmen des 24-Stunden-Rennens 1994 ein Alfa-Trio in die Kurzanbindung der Grand-Prix-Strecke. Alfa-Schübel-Pilot Danner mußte sich mit Rang vier begnügen, Markengefährte Nannini siegte.

Rekordsieger der Deutschen Tourenwagen-Meisterschaft und der Internationalen Tourenwagen-Serie mit 35 Erfolgen, 16 „Pole Positions" und 16 Rundenrekorden ist Klaus Ludwig. Das Foto zeigt den Roisdorfer Mercedes-Piloten beim DTM-Rennen im Rahmen des 24-Stunden-Rennens am 2. Juni 1994 auf der Kurzanbindung des Grand-Prix-Kurses.

Großer Preis von Europa, 1. Oktober 1995. Michael Schumacher (Benetton-Renault), im Bereich des Streckenabschnittes Veedol-Schikane.

Volksfeststimmung herrschte in der Eifel, als Michael Schumacher den Großen Preis von Europa am 1. Oktober 1995 gewonnen hatte. Vor mehr als 100 000 Zuschauern siegte der deutsche Benetton-Pilot und spätere Formel-1-Weltmeister vor Jean Alesi (Ferrari) und David Coulthard (Williams).

Innerhalb von nur sieben Monaten fanden auf dem Nürburgring zwei Weltmeisterschaftsläufe der Formel 1 statt: Die Großen Preise von Europa am 1. Oktober 1995 und am 28. April 1996. Der zweifache Formel-1-Weltmeister Michael Schumacher (Foto) war 1996 zu Ferrari gewechselt und belegte hinter dem kanadischen Williams-Piloten Jacques Villeneuve den zweiten Platz.

Michael Schumacher (rechts neben dem neuvorgestellten Ferrari F 550 Maranello) war einer der Stars bei den „Ferrari Days", die vom 19. bis 21. Juli 1996 auf dem Nürburgring-Programm standen. Irvine, Lauda, Scheckter, Schumacher und weitere Ferrari-Prominenz präsentierten Straßensportwagen, führten Sport- und Rennwagen vor und standen zu Gesprächen bereit.

Chronik 1997 bis 2000

1997

Am 23. und 24. Mai fand das 59. Internationale ADAC-Eifelrennen statt. Bereits am Samstag gab es eine kleine Sensation: Nicht der Favorit Nick Heidfeld, sondern ein 18jähriger Fahrer aus Braubach gewann den dritten Lauf zur Formel-3-Meisterschaft. Timo Scheider, der erst sein drittes F-3-Rennen bestritt, verwies Heidfeld auf den zweiten Platz. Scheider wurde durch diesen Erfolg Gesamtzweiter. Im Super-Tourenwagen-Cup (STW), dem dritten Lauf dieser wichtigsten nationalen Rennserie, sahen rund 40.000 Zuchauer den Sieg des BMW-Fahrers Johnny Cecetto (Venezuela). Im Sprint über elf Runden kam Honda-Werksfahrer Marco Werner als Zweiter hinter Laurent Aiello (Frankreich) ins Ziel. Im Finallauf über 22 Runden wurde Werner Dritter.

Am letzten Mai-Wochenende feierte der Nürburgring seinen 70. Geburtstag. Am Freitag präsentierten sich historische Formel-1-Fahrzeuge. Rudi Altig, 1966 auf dem Nürburgring Rad-

Start in eine neue Ära. Als Nachfolger der Deutschen Tourenwagen-Meisterschaft (DTM) wurde der Super-Tourenwagen-Cup zur wichtigsten nationalen Automobil-Rennserie. Als Basis für den deutschen Top-Rennsport diente ein Reglement, das einen Kompromiß zwischen High-Tech und Kostenbegrenzung darstellte. Laurent Aiello (Frankreich) gewann das 97er Championat auf seinem Peugeot 406 vor dem deutschen BMW-Bigazzi 320i-Fahrer Joachim Winkelhock und dessen Teamgefährten Johnny Cecetto (Venezuela).

Bernie Ecclestone (links) und Dr. Walter Kafitz sorgten für neuen Aufschwung in der Eifel. Die jahrelangen Bemühungen, wieder einen Formel-1-Lauf am Nürburgring zu starten, konnten 1995 realisiert werden. Von da an wurde der GP im Schatten der Nürburg zum Kassenschlager. Die Rennsportbegeisterung rund um eine der traditionsreichsten Rennstrecken der Welt kannte keine Grenzen mehr.

Die Flagge fiel. Der vorerst letzte Motorrad-GP am „Ring" im Juli 1997 sah in allen Klassen Spitzensport. Höhepunkt war der 250-ccm-Lauf, den Aprilia-Pilot Tetsuya Harada (Japan) vor dem Franzosen Olivier Jacque und Ralf Waldmann (beide auf Honda) gewann.

Eine Videowand und die „roten" Fans. Spätestens seit 1996 gehörte der neue GP-Kurs der „Grünen Hölle" beim F-1-WM-Lauf zumeist den Ferrari-Fans. Und nicht nur die verlangen heutzutage von der ersten bis zur letzten Runde „Top-Infos". Multi-Media auch am „Ring" …

Auch „andere" Silberpfeile schrieben am „Ring" Rennsportgeschichte - Doppelsieg für die Mercedes CLK-GTR. Beim vierten Lauf zur FIA-GT-Meisterschaft hieß der Zieleinlauf am 29. Juni 1997 Bernd Schneider/Klaus Ludwig vor Alessandro Nannini/Marcel Tiemann. BMW Motorsport belegte mit Lehto/Soper Rang drei.

Ob Oldtimer-Grand-Prix, die Ferrari-Days, die Eifel-Klassik oder eine der anderen hochkarätigen historischen Veranstaltungen: Das „cavallino rampante" ist immer präsent. Längst sind die Wagen des Commendatore Enzo Ferrari auch in Deutschland zu einem begehrten Kult- und Liebhaber-Objekt geworden.

Die Champagnerdusche - längst bekanntes Ritual einer „neuen" Grand-Prix-Epoche. Alesi (links), Frentzen (Mitte), Villeneuve und Moët.

weltmeister der Profis geworden, fuhr mit dem mehrfachen deutschen Rennsportmeister, Hans Heyer, in einem Zakspeed-Escort eine Ehrenrunde. Sonntags „chauffierte" Popstar Haddaway Deutschlands legendären Grand-Prix-Rennfahrer Paul Pietsch im Jaguar E über den Kurs. Zur Jubiläumsfeier waren weitere Stars gekommen: Jack Brabham, Jackie Stewart, Giacomo Agostini, Jim Redman, Erich Zakowski und andere.

Das 25. Internationale ADAC-24-Stunden-Rennen im Juni war das spannendste in der Geschichte des Klassikers. Nach 126 Runden (3213 Kilometern) fuhr die Nürburgerin Sabine Reck den dunkelblauen BMW von „Scheid Motorsport" (Kottenborn) als Siegerwagen über die Ziellinie. „Langstreckenlegende" Johannes Scheid, Peter Zakowski (Niederzissen) und Hans-Jürgen Tiemann wechselten sich mit der zur Zeit wohl schnellsten deutschen Frau am Steuer ab.

Ein Doppelsieg gelang Mercedes beim vierten Lauf zur FIA-GT-Meisterschaft am letzten Juni-Wochenende. Das Trio Bernd Schneider/ Roberto Moreno/Klaus Ludwig hatte nach dem Rennen rund eine Minute Vorsprung vor ihren Teamgefährten Alessandro Nannini und Marcel Tiemann. Es war der erste Erfolg der Mercedes CLK-GTR in der neuen Rennserie. BMW-Motorsport belegte mit Lehto und Soper den dritten Platz. Das Formel-3000-Rennen wurde nach dem Unfall des Iren Dino Morelli abgebrochen.

Mehr als 200.000 Fans sahen am 11., 12. und 13. Juli den inzwischen schon traditionellen ADAC-Truck-Grand-Prix. Allein 40.000 dieser Fans besuchten das Country-Konzert, das mittlerweile zum festen Bestandteil dieser Großveranstaltung gehört.

Der große Preis von Luxemburg für Rennwagen nach der Formel 1 fand am 28. September statt. Der Grand Prix wurde zum „Schwarzen Sonntag" für die zahlreichen Schumacher- und Ferrari-Fans: Ausgerechnet der „kleine Bruder" des zweimaligen F-1-Titelträgers aus Kerpen fuhr Michael auf dem „Ring" in die Parade. Das Ende für die beiden Lokalmatadore kam kurz nach dem Start: Von seinem Teamkollegen Giancarlo Fisichella bedrängt, „hob" Ralf Schumacher (Jordan-Peugeot) ab und berührte den Ferrari von Michael. Dessen Ausfall folgte umgehend. Rund 130.000 Zuschauer sahen den Sieg des Kanadiers Jacques Villeneuve (Williams-Renault) vor Jean Alesi (Benetton-Renault), Heinz-Harald Frentzen (Williams-Renault), Gerhard Berger (Benetton-Renault), Pedro Diniz (Arrows-Yamaha) und Olivier Panis (Prost-Mugen).

Anfang Oktober stand der Internationale ADAC-Bilstein-Supersprint auf dem Programm. Sprint und Rennen gewann der Franzose Aiello (Peugeot). Der Waiblinger Joachim Winkelhock (BMW) wurde beim Sprint Dritter und im STW-Cup-Rennen kam er auf Rang zwei.

Nick Heidfeld holte sich beim vorletzten F-3-Rennen der Saison am „Ring" den Titel. Der Mönchengladbacher gewann vor Simon (Wiesbaden) und dem bis dahin in der Gesamtwer-

Williams-Dominanz vor ausverkauftem Haus. Beim Großen Preis von Luxemburg 1997 gewann der spätere F-1-Weltmeister Jacques Villeneuve auf Williams-Renault (Startnummer 3). Teamgefährte Heinz-Harald Frentzen wurde hinter Benetton-Renault-Pilot Jean Alesi Dritter. Schon kurz nach Rennbeginn hatte sich allerdings im „Schumi-Land" Enttäuschung breit gemacht: Michael und Ralf Schumacher waren nach einer Kollision frühzeitig ausgeschieden.

tung führenden Scheider. Im letzten Lauf siegte Simon vor Heidfeld und Scheider.

Am 11. Oktober verteidigte Dirk Adorf im Schatten der Nürburg seinen Vorjahrestitel im Veedol-Langstrecken-Pokal. Adorf und Heinz-Josef Berres siegten auf einem Opel GSI.

1998

Erstes Mai-Wochenende - 60. Internationales ADAC-Eifelrennen mit der Supertourenwagen-Meisterschaft und dem deutschen Formel-3-Championat. Beim dritten und vierten Lauf dieser F-3-Serie war Wolf Henzler (Nürtingen) der dominierende Fahrer. Er gewann beide Rennen am „Ring“ und übernahm die Führung in der Gesamtwertung vor dem Belgier Yves Olivier.

Von März bis Oktober ziehen legendäre Nordschleifen-Streckenabschnitte wie Hatzenbach, Fuchsröhre, Adenauer Forst, Wehrseifen, Karussell und Brünnchen immer wieder Tausende von Fans an. Meistens dann, wenn samstags einer der zehn Läufe zum Deutschen Veedol Langstreckenpokal Nürburgring ausgetragen wird. 150 bis 180 Fahrzeuge sind die Norm - und der schönste, aber auch schwierigste Rennkurs der Welt ist stets eine neue Herausforderung.

Mehr als 30.000 Zuschauer erlebten am 7. Juni die WM-Premiere der Motorrad-Superbike-Serie auf dem Nürburgring. Im ersten Lauf siegten die Honda-Piloten Aaron Slight (Neuseeland) und Colin Edwards (USA). Im zweiten Rennen lag der Italiener Chili (Ducati) vorn.

Beim 26. ADAC-24-Stunden-Rennen feierte BMW einen historischen Erfolg: Am 14. Juni konnte erstmals ein Fahrzeug mit Dieselmotor ein klassisches Langstreckenrennen gewinnen. Hans-Joachim Stuck, Marc Duez, Christian Menzel und Andy Bovensiepen siegten auf einem 320d vor ihren Teamgefährten Georg Severich, Ulrich Richter, Uwe Schirrmeister und Karl-Heinz Wlazik.

In der Zeit vom 10. bis zum 12. Juli stand der Truck-GP auf dem Programm. Rund 220.000 „Brummi-Fans“ sahen den Sieg von Heinz-Werner Lenz in der seriennahen Race-Klasse. Mercedes-Fahrer Ludovic Faure (Frankreich) gewann die Super-Race-Klasse.

„Mika Häkkinen hält Michael Schumacher in Schach“, so lautete eine Schlagzeile nach dem Großen Preis

Der 27. September 1998 sollte endlich zu einem Feiertag für Michael Schumacher und seinen Dienstherrn Ferrari in der Eifel werden. Die Vorzeichen standen günstig: Zweite Pole Position der Saison nach Monza beim Großen Preis von Luxemburg in der Zeit von 1.18,561 Minuten. Ein Sieg, und die Tür zum Titelgewinn stünde weit offen ...

Nach einem eher enttäuschenden Qualifying gelingt Häkkinen im Grand Prix „der Sprung nach vorn". Obwohl der finnische McLaren-Mercedes-Pilot nur mit rund zwei Sekunden vor Michael Schumacher den luxemburgischen Grand Prix gewinnt, war der Sieg des WM-Titelanwärters nie ernsthaft in Gefahr. Coulthard, Irvine, Heinz-Harald Frentzen (Williams-Mecachrome) und Fisichella belegten die weiteren Punkteränge.

Unmittelbar nach dem Start - vor der Rekordkulisse von mehr als 140.000 Zuschauern - ist die Ferrari-Welt noch in Ordnung. Die Trainingsschnellsten, Michael Schumacher und Eddie Irvine (beide auf dem F300), übernehmen die Führung. Mika Häkkinen (McLaren-Mercedes), Giancarlo Fisichella (Benetton), David Coulthard (McLaren-Mercedes), Ralf Schumacher (Jordan-Mugen), Alexander Wurz (Benetton) und Damon Hill (Jordan-Mugen) folgen.

von Luxemburg. „Silberpfeil"-Pilot Häkkinen siegte am 27. September mit 2,2 Sekunden Vorsprung vor dem zweimaligen deutschen Formel-1-Weltmeister.

Vor mehr als 140.000 Fans hieß das Endergebnis: Häkkinen (McLaren-Mercedes) vor Michael Schumacher (Ferrari), David Coulthard (McLaren-Mercedes), Eddie Irvine (Ferrari), Heinz-Harald Frentzen (Williams-Mecachrome) und Giancarlo Fisichella (Benetton-Playlife).

Neuer Deutscher Formel-3-Meister 1998 wurde der Belgier Bas Leinders auf Opel Dallara. Er hatte den Titel bereits nach 19 von insgesamt 20 Läufen sicher, obwohl für dieses Rennen im Oktober auf dem Nürburgring überhaupt keine Punkte vergeben wurden (nach zwei Runden erfolgte der Abbruch wegen Nebels). Der Vorsprung von Leinders in der Gesamtwertung war jedoch schon so groß, daß er sich im 20. Lauf einen Ausfall leisten konnte.

Johnny Cecotto (BMW) dominierte den 25. ADAC-Bilstein-Supersprint. Er holte sich den Titel des Deutschen Supertourenwagen-Meisters durch einen vierten Platz im Finalrennen hinter dem Opel-Trio Hélary, Alzen und Reuter.

Johannes Scheid und Sabine Reck schrieben einmal mehr „Ring-Geschichte": Im vorletzten Lauf zum Veedol-Langstreckenpokal sicherten sie sich vorzeitig den Meistertitel.

1999

Schon im Mai erlebte der „Ring" den ersten Ansturm der Besucher: Am Pfingst-Wochenende kamen mehr als 65.000 Musik-Fans aus Deutschland und Europa zum Open-Air-Festival. Sie erlebten Stars der Extraklasse: Metallica, Bryan Adams, Alanis Morissette und weitere hochprofessionelle Bands.

Spannende Duelle gab es am ersten Juni-Wochenende auf der Langstrecke: Peter Zakowski, Hans-Jürgen Tiemann, Klaus Ludwig und Marc Duez waren am Samstag mit ihrer Chrysler Viper als Favoriten ins 27. ADAC-24-Stunden-Rennen gegangen. Rund 90.000 Zuschauer feierten das Team nach 143 Runden und 3626 Kilometern dann auch als Sieger. Der zweitplazierte Porsche von Uwe Alzen, Uli Richter und Jürgen von Gartzen hatte drei Runden Rückstand.

11. bis 13. Juli - Superbike-Motorrad-WM. Carl Fogarty, dreimaliger Weltmeister, gewann auf der Eifelstrecke zunächst den elften WM-Lauf, belegte jedoch im zweiten Rennen nur Platz 15. Die Chancen des Engländers, zum vierten Mal Weltmeister zu werden, standen nach diesem „Ring"-Gastspiel aber immer noch sehr gut. Den Lauf zum Seitenwagen-Weltcup gewann das österreichische Gespann Klaus Klaffenböck/Adolf Hänni knapp vor den englischen Weltmeistern Steve Webster und Beifahrer David James.

Überall nur Rot am „Ring": 31.000 Fans kamen am ersten Juli-Wochenende in die Eifel zu den „Ferrari-Racing-Days". Im Mittelpunkt stand der Auftritt des zweimaligen Formel-1-Weltmeisters Michael Schumacher, der sich einige Runden lang im Ferrari Modena 360 Challenge und danach im Formel-1-Monoposto präsentierte.

Countrymusik, Brummis und die große Freiheit: Der traditionelle ADAC-Truck-GP vom 16. bis zum 18. Juli war wieder ein toller Erfolg. Unter den Zuschauern Trucker aus ganz Deutschland und aus Europa. Die Ergebnisse der 14. GP-Auflage: Heinz-Werner Lenz gewann am ersten Tag mit seinem Mercedes-Benz das Qualifikationsrennen und wurde im Cup-Lauf Zweiter. Am Sonntag siegte er in beiden Rennen. Der Burghausener Fritz Kreuzpointner baute seine Führung in der Europameisterschaftswertung mit einem Sieg, einem zweiten und dritten Platz weiter vor dem Franzosen Alain Ferté (DAF) aus. Das erste Qualifikationsrennen der Supertrucks gewann Gerd Körber aus Rheinau vom DAF FINA Racing Team. Sportlicher Höhepunkt dieser ADAC-Veranstaltung war aber der zweite Cup-Lauf der Supertrucks. Nach 17 spannenden Runden siegte der Finne Harri Luostarinen mit seinem Cater-

Für die „Schräglagen-Artisten", sprich schnellsten Zweirad-Piloten, war und ist der Nürburgring weiterhin eine erste Adresse.

Die Superbikes, seriennahe Viertakt-Rennmaschinen mit 750 ccm Hubraum und vier Zylindern bzw. „Twins" mit einem Liter Hubraum, erreichen die Zeiten der 500er-Grand-Prix-Maschinen. Zu den Top-Piloten dieser Serie zählten 1999 Weltmeister Carl Fogarty (Startnummer 1, links) und Troy Corser, Startnummer 11 (beide auf Ducati).

Beim 5. Lauf zur Superbike-Weltmeisterschaft im Juni 1999 präsentierte sich der Eifel-GP-Kurs erstmals als Austragungsort dieser Rennserie. Mehr als 40.000 Zuschauer sehen die Premiere, bei der damals Honda-Mann Aaron Slight vor Ducati-Fahrer Pierfrancesco Chili siegte.

Historischer Sieg an historischer Stätte. 1968, 1971 und 1973 hatte Jackie Stewart den deutschen Grand Prix auf dem Nürburgring gewonnen. Team Stewart-Ford aber war seit seinem Einstieg in die Formel 1 im Jahr 1997 nicht vom Erfolg verwöhnt worden. Beim Großen Preis von Europa schrieb Stewart jedoch einmal mehr Renngeschichte: 1. GP-Sieg für Stewart Racing und 3. GP-Erfolg für Johnny Herbert (Fotos). Der 26. September 1999 wird in der Eifel zum Tag der Schotten, denn den dritten Platz belegt Teamgefährte Rubens Barrichello.

pillar vor Ferté und dem französischen Titelverteidiger Ludovic Faure (Mercedes).

Vom 6. bis zum 8. August kamen rund 60.000 Besucher zum AvD-Oldtimer-Grand-Prix zum „Ring". Es war die 27. Veranstaltung dieser Art in der Eifel.

Der Kemptener Christian Abt tat beim Großen Preis der Tourenwagen des ADAC/Deutsche Supertourenwagen-Meisterschaft einen großen Schritt in Richtung Titelgewinn. Am 22. August wurde er am „Ring" nach seinem dritten Platz im Sprint Zweiter hinter dem Dänen Tom Kristensen. Sieger Kristensen fuhr einen Honda des italienischen JAS-Teams, der Zweitplazierte Abt widerlegte alle Zweifler an der Konkurrenzfähigkeit seines Allrad-Audi auf trockener Strecke.

Am 12. September trafen sich Tausende von Langstrecklern zum traditionellen Nürburgring-Lauf. Die Teilnehmer aus Schwarzafrika waren bei dieser Veranstaltung immer in der Spitzengruppe zu finden. Bei den Männern gewann der Kenianer Isaac Chemobo vor seinem Landsmann Wilfried Lenaula. Angelina Kanana siegte in der Damen-Wertung.

Sensationeller Erfolg für Johnny Herbert (Stewart-Ford) am 26. September beim Großen Preis von Europa der Formel 1: Nach unerwarteten Ausrutschern der Favoriten Häkkinen, Coulthard, Irvine, Frentzen und Ralf Schumacher kam das Team Stewart zu seinem ersten GP-Sieg überhaupt. Hinter Herbert plazierten sich Jarno Trulli (Prost-Peugeot), Rubens Barrichello (Stewart-Ford), Ralf Schumacher (Williams-Supertec), Mika Häkkinen (McLaren-Mercedes) und Marc Gené (Minardi-Ford).

Fans historischer Fahrzeuge kamen am ersten Oktober-Wochenende bei der „Eifel-Klassik" voll auf ihre Kosten. Rund 500 „Oldies" waren gemeldet worden, 200 von ihnen nahmen an den Gleichmäßigkeitsfahrten auf der legendären Nordschleife teil.

Mit einem Eklat endete der diesjährige ADAC-Bilstein-Supersprint/Deutsche Supertourenwagen-Meisterschaft. Bei der Veranstaltung am 17. Oktober ließ sich der Betzdorfer Opel-Pilot Uwe Alzen zunächst als Meister feiern. Konkurrent Christian Abt (Audi Quattro) und sein Team legten Protest ein. Der Grund: Abt war in der letzten Rennrunde von einem anderen Opel-Fahrer, von Roland Asch, „abgeschossen" worden. Die Koblenzer Rhein-Zeitung schrieb nach diesem Supersprint: „Daß die Saison so endet, ist mehr als schade, ist skandalös".

Das „ADAC 24-Stunden-Rennen" zählt inzwischen zu den Langstrecken-Highlights - Motorsport für Fans und Aktive vom Feinsten. Die frühere ADAC-24-Stunden-Rallye wurde 1970 erstmalig als Rennen gewertet. Damals starteten 96 Teilnehmer. Stuck/Koepchen siegten auf BMW 2002 ti. Im Laufe der Jahre entwickelten sich die „24 Stunden" zu einem „Klassiker", bei dem allein 1999 rund 200 Teams aus mehr als 20 Nationen in die Eifel kamen. Rund 90 000 Fans verfolgten das „Mega-Event". Sie trugen in ihren Zeltburgen und Campingstädten entlang der Nordschleife mit zum einmaligen Flair des „längsten Tages" bei, den nach 3626 Kilometern Ludwig/Duez/Zakowski/Tiemann (Chrysler Viper GTS-R) für sich entschieden.

Am 11. November 1999 lief folgende Pressemitteilung des ADAC über den Ticker: Der Deutsche Supertourenwagen-Meister 1999 heißt Christian Abt. Dies entschied das Berufungsgericht des Deutschen Motor Sport Bundes (DMSB) am Mittwoch letztinstanzlich. „Die Berufung des Abt-Teams gegen die Wertung des Finallaufs am 17. Oktober auf dem Nürburgring ist begründet, da mit Recht ein irregulärer Verlauf der letzten Runde kritisiert wurde", erläuterte der Vorsitzende Richter, Dr. Rainer Wicke. Diese Runde wird nun nicht gewertet, so daß das Ergebnis des vorletzten Umlaufs gilt: Tom Kristensen bleibt Rennsieger vor Opel-Pilot Uwe Alzen, der in der Endabrechnung 576 Zähler erzielt. Chri-

stian Abt belegt Rang drei, der ihm zum Titelgewinn reicht (584 Punkte).

In der Finalrunde hatte es zunächst eine Kollision zwischen Kris Nissen (Audi) und Uwe Alzen gegeben. Dann war Roland Asch in der Schikane geradeaus gefahren und schließlich mit Christian Abt kollidiert. Der Audi-Pilot war dadurch auf den elften Platz zurückgefallen und aller Meisterschaftschancen beraubt worden. Alzen konnte den schwer beschädigten Opel Vectra auf Rang zwei ins Ziel retten und wurde zunächst zum Meister gekürt. Der Protest des Abt-Teams gegen diesen Zieleinlauf wurde vor Ort von den Sportkommissaren abgewiesen, nun aber vom Berufungsgericht anerkannt. Dr. Wicke: „Zur Entscheidung hat neben den Vorfällen in den letzten zwei Kurven auch beigetragen, daß Roland Asch bereits mehrere Aufforderungen zur Stop-and-go-Strafe sowie die schwarze Flagge ignoriert hatte und auch noch massiv ins Renngeschehen eingegriffen hat".

Der neue Titelträger erklärte nach der Verhandlung: „Es ist natürlich schade, daß es zu einem Nachspiel am grünen Tisch kommen mußte. Aber ich bin trotzdem davon überzeugt, daß wir den Titel verdient gewonnen haben und das Urteil gerecht ist."

Michael Schumacher und der Nürburgring. Für den zweimaligen Formel-1-Weltmeister aus Kerpen bedeuten „Ring"-Starts Heimspiele. Aber nicht nur in der Eifel, sondern in ganz Deutschland sorgte der momentane Ferrari-Pilot mit dafür, daß die Rennsportbegeisterung seit 1991 ungeahnte Ausmaße annahm.

Schlußpunkt eines wahren Krimis mit unerwarteten Hauptdarstellern: Der zweitplazierte Prost-Peugeot-Pilot Jarno Trulli (links), Johnny Herbert (Mitte) und Rubens Barrichello nach der Siegerehrung des „Warsteiner Grand Prix of Europa" auf dem Nürburgring 1999.

Seine bisher beste Formel-1-Saison bestritt Heinz-Harald Frentzen 1999. Der von Williams zu Jordan gewechselte Mönchengladbacher gewann die Grands Prix von Frankreich (Magny-Cours) und Italien (Monza). Beim Großen Preis von Europa am 26. September zählte er zu den Favoriten. Von der Pole Position aus gestartet, führte Frentzen 33 Runden lang das Feld an. Dann stoppte ihn ein Elektrikdefekt.

Unten: Boxenanlage für das neue Jahrtausend.

Umweltschutz am „Ring“

Natur und Umweltschutz genießen am „Ring“ Vorfahrt. 1995 hat die Nürburgring GmbH dem Thema „Umweltschutz“ in ihren Unternehmensgrundsätzen einen hohen Stellenwert eingeräumt, ein Jahr später wurde der Öffentlichkeit bereits ein Umweltmanagementsystem präsentiert.

Die Verantwortlichen zu dem Konzept: „Die Nürburgring GmbH nimmt die vom Gesetzgeber mit der EG-Öko-Audit-Verordnung angestrebte Eigenverantwortung der Wirtschaft für den Schutz der Umwelt wahr. Das Umweltmanagementsystem wird auch bei der Nürburgring-Kart-Motodrom GmbH, die ein 100prozentiges Unternehmen der Nürburgring GmbH ist, angewendet.

Die Umwelt-Initiative wurde im Oktober 1999 gewürdigt. Anläßlich des Kongresses der FIM (Fédération Internationale de Motocyclisme) im französischen Annecy erhielt der Nürburgring auf Antrag des DMSB (Deutscher Motor Sport Bund e.V.) den Umweltpreis „Environment Award 1999“ zuerkannt. In der Begründung hieß es: „Diese Auszeichnung ist auf die vorbildlichen Umwelteinrichtungen und Umweltschutzmaßnahmen der Nürburgring GmbH zurückzuführen.“ Die Preisverleihung erfolgte im Rahmen der Ehrung der Motorrad-Weltmeister am 4. Dezember 1999 in Monte Carlo.

DMSB-Präsident Winni Urbinger sagte nach der Entscheidung: „Die Nürburgring GmbH hat über die geltenden Umweltvorschriften hinaus zur kontinuierlichen Verbesserung des Umweltschutzes ein Signal gesetzt und den Beweis dafür geliefert, daß Motorsport und Umweltschutz keineswegs unvereinbare Gegensätze sind.“

In den Jahren von 1990 bis 1999 hat die Gesellschaft im Umweltbereich mehr als 13 Millionen Mark investiert.

„Ring"-Impressionen

Erlebniswelt

In der Eifel gibt es seit dem 1. Mai 1998 ein neues Freizeitangebot für Jung und Alt. An diesem Tag öffnete die „Erlebniswelt" ihre Pforten, sie empfängt die Nürburgring-Besucher mit einem beeindruckenden Konzept. In vier Hallen wird die ganze Geschichte der legendären Rennstrecke erzählt, multimediale Technik lädt ein zur „Testfahrt", der Nachwuchs kann auf einer der modernsten Kartbahnen Deutschlands Kurventechnik üben, ein Pavillon führt durch den Themenkomplex „Mobilität ist Leben, Leben heißt Bewegung".

Die „Erlebniswelt am Nürburgring" entstand in nur knapp zehnmonatiger Bauzeit. Auf rund 10.000 Quadratmetern bietet der Freizeitpark Spaß, Spannung, Unterhaltung und Informationen rund um den Motorsport, das Automobil und die Mobilität. Die vier Ausstellungsbereiche entführen in folgende „Erlebniswelten": Halle 1 - Mythos Nürburgring, Halle 2 - Faszination Automobil, Halle 3 - Faszination Mobilität, Halle 4 - Faszination Karting.

Die Halle 1 der „Erlebniswelt" erreicht der Besucher durch den „Speed Tunnel", der akustisch und visuell auf die Historie des „Rings" einstimmt. Schautafeln, seltene Bilddokumente, Tonträger und ein 120-Grad-Breitwandkino mit Dolby-Surround erzählen die spannende Geschichte der wohl berühmtesten Rennstrecke der Welt. Neben vielen Zeitdokumenten sind in Halle 1 auch historische Rennwagen, alte Motorräder und glänzende Boliden der neuesten Formel-1-Generation zu sehen. Eine

Links: Die Erlebniswelt bietet Spaß für die ganze Familie.
Unten: Halle 1 „Mythos Nürburgring" – Augen- und Ohrenschmaus.

originalgetreu nachgebaute Boxengarage aus dem Jahr 1927 und eine „Boxensituation“ mit einem Mercedes-McLaren des amtierenden Weltmeisters Mika Häkkinen zeigen, wie rasant sich das Rennsportgeschehen in einem halben Jahrhundert entwickelt hat.

In Halle 2 gibt es viele Überraschungen: „Test-Parcours für Kinder von 5 bis 65 Jahre“, „Mini-Test-Racer für die ganz Kleinen“, „Test-Dummies Arnold und Eddi im Einsatz“, „TÜV-Tunnel mit Crash-Test“, „Shocking Ride“ oder „Photo-Point mit Prominenten“. Spiel und Spaß, Mitmachen und Action! Mit den Pedal-Go-Karts kann der Besucher auf einer speziellen Fahrbahn mit unterschiedlichen Belägen selbst „erfahren“, wie sich das Fahrverhalten mit dem Straßenzustand ändert. Bei den „Test-Racern“ geht es im Formel-Rennwagen in einem simulierten Grand-Prix-Rennen auf der multimedialen Nordschleife (oder auf der neuen Grand-Prix-Strecke) um ganz persönliche „WM-Ehren“. In den unterirdischen „Nürburgring-Laboratorien“ werden dann alle Geheimnisse um Reifen, Reifenzusammensetzung und Reifeneigenschaften gelüftet. „Motion Ride“, eine Verfolgungsfahrt im modernen Fahrsimulator, bildet hier den krönenden Abschluß.

Unten: Original nachgebaute Boxengarage aus dem Eröffnungsjahr 1927

Nach der spannenden „Tour der Sinne“ - von der Historie des Nürburgrings bis hin zu unseren Tagen des „ultimativen Automobils“ - kann der Besucher erst einmal eine Halbzeit-Pause im Ring-Café genießen. Während sich die Erwachsenen stärken, können sich die Kleinen im „Kinderland“ nebenan austoben.

„Mobilität ist Leben, und Leben heißt Bewegung“. Unter diesem Motto steht die Ausstellung in Halle 3. Die Organisatoren über den Ausstellungsteil „Faszination Mobilität“: „Mobilität bildet die Grundvoraussetzung für die Entstehung jeglichen Lebens. Zugleich ist sie heute eine der großen Herausforderungen an die Gesellschaft mit dem Anspruch, die individuelle Mobilität aufrechtzuerhalten und für künftige Generationen zu sichern. Die Ausstellung soll dies in vielen Facetten verdeutlichen und für die ganze Familie erlebbar machen.“ Die Darstellung des Themas „Mobilität“ ist

TÜV-Crashtest mit Dummy Arnold oder mit dem Test-Racer über die Nordschleife und zur Entspannung ins Café Boxenstop.

gelungen: Entwicklungen in Natur und Technik werden hinterfragt und erläutert, komplizierte Experimente anschaulich erklärt, Technik-Modelle vom Holzrad bis zum Wasserstoffmotor zeigen die ganze Spannbreite „mobilen Lebens“. Alternative Antriebssysteme wie Erdgas, der Recycling-Prozeß von Fahrzeugen oder der technische Fortschritt im Rennsport befassen sich mit der Mobilität der Zukunft.

Ein Highlight der „Erlebniswelt am Nürburgring“ haben sich die Verantwortlichen bis zum Schluß aufgehoben. In der Ausstellungshalle 4 wartet eine der modernsten Indoor-Kart-Bahnen Deutschlands. Höchster Sicherheitsstandard garantiert einen unbeschwerten Fahrspaß für die ganze Familie. Bereit stehen 30 Top-Racing-Karts mit 7-PS-Motoren. Die Indoor-Bahn hat eine Gesamtstrecke von 600 Metern und kann in wettkampfgerechte Einzelparcours unterteilt werden.

Der Nürburgring hat sich in den vergangenen Jahren immer mehr von der reinen Rennstrecke zu einem modernen Freizeit-Unternehmen entwickelt. So findet seit 1985 mit „Rock am Ring“ das weltweit größte Musikfestival seiner Art in der Eifel statt. Mit dem Fahrsicherheitstraining, dem Angebot „Selberfahren über die legendäre Nordschleife“, dem Ring-Taxi, den Indoor- und Outdoor-Kartbahnen, den zahlreichen Rad- und Laufveranstaltungen, dem Trainingsangebot für Rennfahrer und vielem anderem mehr, gibt es eine Fülle von Freizeitmöglichkeiten.

Die im Mai 1998 eröffnete „Erlebniswelt am Nürburgring“ ist ein weiteres großes Mosaikstück im perfekten Entertainment-Konzept der Ring-Verantwortlichen. „Autos, Action & Attraction“ - wettersicher und ganzjährig geöffnet, das aktuelle Angebot für die ganze Familie ...

Erlebniswelt am Nürburgring

Öffnungszeiten*:

Erlebniswelt	täglich von 10 bis 18 Uhr
Indoor-Karting	täglich von 9 bis 22 Uhr

Lage: Direkt an der B 258, Parkplätze kostenlos

Eintrittspreise (pro Person)*:

Erwachsene	22,50 DM
Kinder/Jugendliche (4 bis 18 Jahre)	19,50 DM
Schwerbehinderte inkl. Begleitperson	19,50 DM

Außerdem gibt es günstige Familien- und Gruppentarife

Auskünfte unter Tel.: 02691/302-602

Ready to race:
Einblick in die Kartbahn.

Der „Ring" und die Motorräder

Dr. Helmut Krackowizer

Toni Bauhofer (BMW 500, Startnummer 58) beim Eifelrennen anläßlich der Eröffnung des Nürburgrings am 18. Juni 1927.

Rückblick: Am 18. Juni 1927, also vor 70 Jahren, wurden die Eröffnungsrennen auf dem neuerbauten Nürburgring gestartet. Am ersten Tag der Veranstaltung standen die Läufe für die Solomotorräder und die Gespanne auf dem Programm. Die einzelnen Rennen gingen über die gesamte Strecke. Das Wetter war schön, 80 000 Zuschauer waren gekommen. In die Starterlisten hatten sich 118 Fahrer eingetragen. Das Eröffnungsrennen war allerdings nur national ausgeschrieben worden, es war quasi eine Generalprobe für den vierzehn Tage später stattfindenden Großen Preis von Europa für Motorräder.

Tagessieger wurde damals Toni Bauhofer (BMW 500) aus München. Er benötigte für die 169,8 km lange Distanz 1:53,31 Stunden und hatte damit einen Durchschnitt von 89,6 km/h erzielt. Der Streckenbelag war zu jener Zeit noch relativ uneben, und die Maschinen waren gar nicht oder nur sehr schlecht gefedert. Abgesehen von den schmalen Wulstreifen.

Beim nächsten Motorrad-Ereignis ging es dann aber schon heiß her. Am Samstag, dem 2. Juli 1927 begann der GP von Europa. Zugelassen waren für die Rennen dieses Tages die Klassen bis 175 ccm, bis 250 ccm und bis 350 ccm. Im Fünf-Minuten-Abstand starteten die Felder auf die rund 28,2 km lange Strecke. Nord- und Südschleife wurden zusammen gefahren. Die Fahrerbeteiligung sah wie folgt aus: ZwölfPiloten bis 175 ccm, 17 Fahrer bis 250 ccm und 35 Teilnehmer in der Kategorie bis 350 ccm. Die zu fahrende Rundenzahl: 14, 15 und 16. Dies entsprach Distanzen von 396,6 km, 424,5 km und 452,8 km. In der Klasse bis 175 ccm, der kleinsten Klasse, siegte Henkelmann (Wanne-Eickel) auf DKW in 5:33,24 Stunden und erzielte einen Schnitt von 71,87 km/h. C.T. Ashby (Großbritannien) gewann auf einer O.K.-Supreme-JAP die Viertelliter-Klasse nach einer Zeit von 5:40,10 Stunden. Den 350er-Lauf beendete Simpson (England) auf seiner AJS in 5:08,11 Stunden siegreich.

Die gesamten Rennen dauerten über sechs Stunden. Gestartet hatte man die Läufe gegen elf Uhr vormittags, die letzten Fahrer erreichten nachmittags nach fünf Uhr das Ziel. Der beste Tagesschnitt wurde erwartungsgemäß in der Klasse bis 350 ccm erzielt: Mit seiner 350er Kettel-AJS war Simpson mit 88,64 km/h fast genau so schnell wie wenig später die Werks-BMW 500.

Am zweiten Tag, dem 3. Juli, behaupteten sich die Engländer erneut und lagen bald in Führung. 63 Fahrer starteten hier in den Klassen bis 500, 750 und 1000 ccm. Unvergessene Zeiten! 18 Runden waren zu fahren, 509,4 km. Das schnellste Rennen fuhr der Brite Graham Walker mit einer 500er-Sunbeam: Sein Schnitt betrug 91,5 km/h. Die Maschine hatte einen starren Rahmen und einen Viertaktmotor mit 29 PS.

Die 750er-Klasse gewann der Bayer Beppo Stelzer auf BMW 750 mit einem Schnitt von 86 km/h. Sepp Giggenbach siegte mit seiner Bayerland-JAP in der 1000er-Kategorie, sein Schnitt lautete 85,2 km/h. Damals also wars zumindest in den großen Klassen umgekehrt wie heute: je größer die Maschine, desto langsamer das Rennen. Die Strapazen waren enorm, denn die Fahrer saßen mindestens sechs Stunden im Sattel. Man bedenke außerdem, daß die Maschinen keine Fußschaltung hatten und die Getriebe meist nur drei Gänge besaßen.

Der Große Preis von Europa war von Anfang an das größte Motorradrennen Deutschlands. Später folgten vier Jahre lang bis 1931 die Großen Motorrad-Preise von Deutschland. 1932 fiel das Rennen aus, 1933 lief es auf der Berliner Avus, von 1934 bis 1939 fand der Grand Prix auf dem Sachsenring statt.

Bereits zu jener Zeit gab es also auch in Deutschland schon eine Konkurrenz von Strecken und Veranstaltern.

Doch nun wieder zurück auf den Nürburgring. Zurück zum Großen Preis von Deutschland von 1928. Charlie Dodson siegte mit seiner 500er-Sunbeam über 423,969 Kilometer in unglaublich kurzer Zeit (4:18,48 Stunden) bei einem Gesamtschnitt von 98,28 km/h. Der Italiener Ghersi gewann mit seiner Norton das 350er-Rennen, der Deutsche Arthur Geiß siegte in seiner Klasse mit einer 175-ccm-DKW. 1929 und auch 1930 standen Rudge-Piloten ganz oben auf dem Siegertreppchen: Tyrell Smith und Graham Walker.

1929 stieg der Schnitt auch erstmals über die 100-km/h-Schallmauer. Drei Fahrer brachten das Kunststück in der Halbliter-Klasse fertig: Smith auf Rudge, Simcock auf Sunbeam und Stegmann auf BMW. In der 350er-Kategorie lag eine Motosacoche mit 96,7 km/h im Durchschnitt ganz vorn.

29. Juni 1930: GP von Deutschland. Graham Walker auf seiner Vierventil-Rudge 500 erreicht einen Schnitt von 106,2 km/h. Die 750er-Kompressor-BMW kommen nicht ins Ziel.

Neue Akzente setzte auch das Eifelrennen drei Wochen später. Hier gab ein baumlanger Engländer namens Tom Bullus mit der neuen Königswellen-NSU 500 eine eindrucksvolle Vorstellung: 105,9 km/h Durchschnittsgeschwindigkeit. In der 1000er-Klasse siegte der Rheinländer Paul Rüttchen mit der NSU 600 OHC.

Beim Großen Preis 1931 wurde mit dem Sieg des Engländers Stanley Woods die Norton-Ära eingeläutet. Der Brite fuhr bei einem Schnitt von 106,56 km/h auch einen neuen „Ring"-Rekord. In der 350er-Klasse kam man ebenso erstmals über den 100er-Schnitt: Tyrell Smith auf Rudge. Ebenfalls bemerkenswert: In der 250er-Klasse wurden die Engländer zum ersten Mal geschlagen, und zwar von dem Schweizer Piloten Toricelli auf der österreichischen Zweitakt-Puch mit Ladepumpe. In der 1000er-Kategorie verschaffte der Österreicher Rudi Runtsch auf NSU, dem schwäbischen Werk, den einzigen Grand-Prix-Sieg der Zeit zwischen den beiden Weltkriegen.

Bis 1939 fand am Nürburgring nur das Eifelrennen statt. Die Veranstaltung ging ja bekanntlich auf ein Straßenrennen zurück, das bereits in den frühen zwanziger Jahren rund um das Eifel-Städtchen Nideggen gefahren wurde. Bis 1931 im Schatten des Großen Motorrad-Preises, konnte sich dieses Rennen dann später besser profilieren. Vor allem wurden auch Gespannrennen ausgetragen.

Bekannte Namen, große Sieger jener Tage waren Ernst Loof, der viermal auf Imperia-Rudge gewann, Paul Rüttchen war fünfmal Sieger, Hans Soenius siegte viermal, meist auf NSU.

Weitere bekannte Sieger hießen: Werner Mellmann (NSU), Ewald Kluge (DKW), Heiner Fleischmann (NSU und DKW), Otto Ley (BMW), H.P. Müller (DKW), Karl Gall und Wiggerl Kraus (beide auf BMW).

Bei den Seitenwagenrennen siegten die späteren Europameister Braun und Schuhmann (DKW, NSU) sowie Kahrmann (DKW) und Weyres (Harley). Die Durchschnittsgeschwindigkeiten auf der Nordschleife stiegen bis 1939 auf 113,6 km/h in der 250er-Klasse, auf 117,6 km/h in der 350er-Kategorie und auf stolze 121,1 km/h in der Halbliterklasse.

Dann kam der Krieg – am „Ring" wurde es still. Die Anlagen wurden teilweise demontiert, weite Bereiche verfielen. Erst 1947 machte man den Kurs wieder befahrbar – mit Unterstützung der französischen Militärregierung.

Am 17. August 1947 begann mit dem Eifel-Pokal-Rennen auf der 7,747 km langen Südschleife die Nachkriegsära. Ein glanzvolles Ereignis, ein Fest für die vom Krieg in Mitleidenschaft gezogene Bevölkerung. 218 Nennungen waren eingegangen. Gefahren wurde damals um die Straßenmeisterschaft. Wie bei den meisten Rennen der Nachkriegsjahre hießen die Sieger H.P. Müller (DKW, 250 ccm), Heiner Fleischmann (NSU, 350 ccm) und Schorsch Meier (BMW, 500 ccm). Während des Rennens ging es hoch her. In der Klasse bis 250 ccm kam Karl Lottes bis auf sieben Zehntelsekunden an H.P. Müller heran. In der 350er-Klasse sorgte Kurt Mansfeld (DKW), auf eigener Achse aus der sogenannten „SBZ" (Sowjetisch Besetzte Zone) angereist, für spannende Unterhaltung: Er behielt während des Rennens den Rucksack auf, in dem sich alle seine Habseligkeiten befanden. So fuhr er zunächst – zusammen mit Rucksack und Ladepumpen-DKW – den sieggewohnten NSU-Matadoren Bodmer und Fleischmann auf und davon. Doch ein Sturz ließ Mansfeld auf den fünften Platz zurückfallen. Dank seines Rucksackes fiel er weich...

Auch Meier hatte so seine Probleme: Er mußte in der dritten Runde die Kerzen wechseln – damals wurde noch Bordwerkzeug mitgeführt. Das warf ihn zunächst auf den zehnten Platz zurück. Doch dann gab Meier Gas und siegte mit dem Rekorddurchschnitt von 114,0 km/h. In der Gespannklasse bis 1000 ccm siegten Müller/Wenshofer auf BMW, in der 600er-Klasse brachten Pillenstein/Krug ihre Eigenbau-Zündapp mit Kompressor siegreich ins Ziel. Dafür gelang in der 600er-Ausweis-Klasse dem Team Klankermeier/Wolz die Revanche auf einer superschnellen BMW. Übrigens, fast alle Maschinen dieses Rennens stammten aus der Vorkriegszeit.

Das nächste Südschleifen-Rennen fand erst wieder 1949 statt. In den Lizenz-Klassen wurde nach einer Handicap-Formel gefahren: In allen Klassen mußten die Fahrer mit Kompressormaschinen ein paar Minuten später starten als die Fahrer mit normalen Saugmotor-Maschinen. Sieger wurde „Ringfuchs" Hein Thorn-Prikker auf Velocette 350 KTM MK VII mit einem Schnitt von 111 km/h. Bei den getrennt gewerteten Ausweisfahrern war der bekannte Fachbuchautor Helmut Hütten auf einer britischen Triumph der Schnellste.

Ab 1950 wurde das Eifelrennen wieder „ganz normal" ausgetragen. Fleischmann fuhr in diesem Jahr mit seiner 500er-Kompressor-NSU neuen Rekord mit durchschnittlich 124,8 km/h. Schorsch Meier schraubte den Schnitt ein Jahr später mit seiner Saugmotor-BMW auf 125 km/h. Auch die Zuschauerzahl war 1950 rekordverdächtig: rund 300 000.

In den 20er und 30er Jahren dominierten meist die britischen Motorrad-Rennfahrer. Zu einem Gruppenbild stellten sich beim Großen Preis von Deutschland am 8. Juli 1928 (v.l.n.r.) „Count" Ashby, Graham Walker, Ernie Nott und Frank Longman (rechts neben einem Funktionär).

Großer Preis von Deutschland für Motorräder, 8. Juli 1928.

Ergebnisse 1952: Roberto Colombo und Ewald Kluge mit den neuen NSU- und DKW-Maschinen kamen in den Klassen bis 125 ccm und bis 250 ccm zum Zuge. In der Halbliterklasse legte Friedl Schön mit der neuen Horex die schnellste Runde hin.

Das Jubiläumsrennen zum 50jährigen Bestehen des ADAC war völlig verregnet. Trotzdem siegten wieder die deutschen

Tankstopp eines Ausweisfahrers in einem Lauf zur Westdeutschen Kraftradmeisterschaft im Jahr 1931.

Werksmaschinen: Hofmann auf DKW 250, Wünsche auf DKW 350, Meier auf BMW 500 und Noll/Cron auf einem BMW-Gespann.

1954 wars wieder trocken in der Eifel – und da konnten die neuen NSU zeigen, was in ihnen steckt. Der Österreicher Hollaus fuhr mit seiner 125er-Rennfox einen Schnitt von 113,5 km/h, Werner Haas jagte seine 250er-Rennmax auf durchschnittlich 123,6 km/h hoch. 350er-Sieger Hofmann war deutlich langsamer. In der Kategorie bis 500 ccm siegte der Rhodesier Ray Amm auf Norton.

Höhepunkt 1955: Großer Preis von Deutschland am 26. Juni. Obwohl die gesamte Weltklasse am Start war, kamen nicht sonderlich viele Zuschauer. Diesmal wurde wieder auf der Nordschleife gefahren. Zur Erinnerung: 1955 erreichte der Motorradboom der Nachkriegszeit seinen Zenit mit 2,2 Millionen zugelassenen Motorrädern und 240 000 Motorrollern. Wie schön, daß es quasi als Bonus je einen deutschen Sieg in der Solo- und einen in der Gespann-Klasse gab: H.P. Müller siegte auf NSU 250 und Faust/Remmert holten sich den Sieg mit ihrer Seitenwagen-BMW. Bei den 350ern gewann der Engländer Lomas auf Moto Guzzi, bei den 500ern siegte Duke auf Gilera. Den zweiten Platz belegte Walter Zeller (BMW). Der spätere Weltmeister John Surtees hatte übrigens eine private BMW RS gemeldet.

Beim Eifelrennen 1956 setzte Helmut Fath zum ersten Mal ein Kneeler-Gespann ein.

Im Jahr 1957 kam es dann wieder zu einem Eifelrennen für Lizenzfahrer. In der 125er-Klasse machte Degner auf sich aufmerksam. Walter Zeller fuhr neuen Trainingsrekord, sein Schnitt betrug 133,1 km/h.

Weniger erfreulich: 1958 stellten alle Motorradhersteller außer MV Agusta ihre Rennaktivitäten ein. Die Konsequenz: Die Italiener siegten überall, mit Ausnahme in der Gespann-Klasse. John Surtees gewann gleich zweimal – bei den 350ern und den 500ern. In der Seitenwagen-Kategorie siegten Schneider/Strauß auf ihrer BMW. Enttäuschend niedrig die damalige Besucherzahl: Nur rund 80 000. Denn immerhin zog der Große Preis für Motorräder in den 50er Jahren auf der Stuttgarter Solitude immer 300 000 bis 400 000 Zuschauer an. Erst ab 1962 ging es mit den Motorrädern wieder aufwärts am „Ring". Das 25. Eifelrennen, 1962 auf der Südschleife gestartet, machte neue Namen populär: Hans-Georg Anscheidt siegte in der neuen 50er-Klasse auf Kreidler, und das bei dem unglaublichen Schnitt von 106,1 km/h. In der 125er-Klasse lag schließlich das junge schweizer Talent Luigi Taveri mit seiner Bultaco vorn. Degner fuhr mit seiner 250-ccm-Suzuki eine neue Rekordrunde (129,7 km/h) und machte deutlich, daß nun das Zeitalter der Japaner angebrochen war. Doch dann fiel der „Suzuki-Pionier" aus und überließ so Jürgen Karrenberg auf Adler den Sieg. In den großen Klassen waren der Kanadier Mike Duff auf AJS und Matchless die Schnellsten. Zwei Österreicher auf Norton belegten die zweiten Plätze. Unschlagbar bei den Gespannfahrern waren Max Deubel und Emil Hörner auf BMW.

Typisches Eifelwetter herrschte am 24. und 25. April 1965: kalt, nebelig, trüb. Trotzdem ging auf der Südschleife der Motorrad-Grand-Prix „gut" über die Bühne. Sieger in der 50er-Klasse wurde Bryans aus Irland vor Taveri, beide auf Honda. Auch in der 125er-Klasse hatten die Japaner das Sagen: Anderson/Neuseeland vor Peris/Großbritannien auf Suzuki. Japanische Maschinen bestimmten auch das Geschehen in der Kategorie bis 250 ccm: Phil Read/Großbritannien vor Duff/Kanada auf Yamaha. Glanzvoll war dagegen das Abschneiden von MV Agusta in der 350er- und in der 500er-Klasse: Die Sieger hießen Giacomo Agostini (MV Dreizylinder) und Mike Hailwood. „Mike the Bike" fuhr auch mit 144,5 km/h die schnellste Runde des Tages. Bald war Agostini ganz und gar die Nummer Eins bei MV Agusta. Hailwood unterschrieb daraufhin für 1966 einen Vertrag bei Honda. Daß die Zuschauerzahl in diesem Jahr wieder auf über 100 000 kletterte, hatte gewiß auch etwas damit zu tun, daß nun die Europäer immer stärker von den Japanern herausgefordert wurden. Bis 1968 stiegen die Besucherzahlen weiter, und die Japaner wurden immer stärker.

Beim Großen Preis 1968 auf der Südschleife stellte Anscheidt mit seiner 50er-Suzuki einen neuen Durchschnittsrekord auf (119,4 km/h). Phil Read schaffte mit seiner 125er-Yamaha 136,4 km/h, und der Engländer Bill Ivy erreichte mit der Viertelliter-Yamaha 141,4 km/h Durchschnittsgeschwindigkeit. Agostini war mit der 350er-Viertakt-MV-Agusta 146,4 km/h sehr schnell. Auch die Rundenbestzeit ging mit

149,4 km/h an den italienischen Zweirad-Piloten.

1969 fand das Eifelrennen wieder einmal auf der Nordschleife statt. Szabo und Hoppe (mit Tagesbestzeit) siegten, Fath/Kalauch lagen bei den Gespannen vorn.

Beim Grand Prix 1970 vermiesten Regen und Nebel Fahrern und Besuchern den Aufenthalt. Die Wettbewerbe wurden ebenfalls auf der Nordschleife ausgetragen. Es gewannen Angel Nieto auf Derbi 50 ccm, J. Doods auf Aermacchi 125, Kel Carruthers auf Benelli 250 sowie Agostini in der 350er- und 500er-Klasse, jedesmal auf seiner „Hausmarke" MV Agusta.

1970 wurde der reizvolle Eifelkurs umgebaut. Viele schwere Unfälle, teils mit tödlichem Ausgang, hatten die Strecke ins Gerede gebracht. Entschärft wurden vor allem die Sprunghügel und die gefährlichsten Kurven. Leitplanken ersetzten an den kritischsten Punkten die Fangzäune, der Belag wurde verbessert, die Fahrbahn wurde verbreitert, Sicherheitsstreifen stellten eine gewisse Reserve für den Notfall dar.

Im darauffolgenden Jahr, 1971, fand das erste Eifelrennen auf der neuen, nun deutlich sichereren, aber auch noch schnelleren Strecke statt. Die Strecke war nun durch Leitplanken gesichert – gut für Autorennen, nicht aber für die Motorräder. Zum ersten Mal umrundete ein Motorrad die Nordschleife in weniger als zehn Minuten. Der Ungar Szabo fuhr auf seiner Yamaha eine Zeit von 9:52,2 Minuten und damit einen Durchschnitt von 137,2 km/h. Er wurde auch Doppelsieger in den Klassen bis 250 ccm und 350 ccm. Das 500er-Rennen sah zum ersten Mal die japanische Marke Kawasaki vorn, am Lenker der Maschine der Engländer Simmonds.

Neuer Rundenrekord beim Großen Preis von Deutschland 1972: Agostini schaffte 9:30,9 Minuten und einen Schnitt von 144,0 km/h. Unter zehn Minuten kam auch der 250er-Sieger Kanaya aus Japan und der 350er-Gewinner Saarinen aus Finnland.

Der Grand Prix 1973 war eine richtige Wassersport-Veranstaltung – es goß vom Himmel.

Dann gab es am 28. April 1974 den großen Skandal beim 37. Eifelrennen und dem gleichzeitig ausgeschriebenen Großen Preis von Deutschland für Motorräder. Alle Werks-Piloten traten in den Streik, fuhren kurzerhand nach Hause. Nach dem ersten Trainingstag hatten sie vom Veranstalter verlangt, daß zusätzlich 5000 Strohballen zur Abdeckung der Leitplanken herangeschafft werden müßten. Dagegen protestierten aber die ebenfalls beim Eifelrennen startenden Autorennfahrer. Außerdem war es den Verantwortlichen in der kurzen Zeit nicht möglich, die geforderten Ballen bereitzustellen. Von 287 gemeldeten Solofahrern erschienen schließlich nur 48 am Start. Lediglich die Seitenwagenfahrer gingen nahezu geschlossen ins Rennen.

1976 trat erstmals Toni Mang eindrucksvoll auf den Plan: Er holte sich mit seiner Morbidelli den Sieg in der Klasse bis 125 ccm. Unvergessen bleibt auch der Doppelerfolg von Walter Villa auf Harley-Davidson (Aermacchi) in den Klassen bis 250 und 350 Kubik. Mit seiner 350er-Harley unterbot Villa erstmals die 9-Minuten-Grenze: 8:57,3 Minuten entsprachen einem Durchschnitt von 153,3 km/h. Agostini siegte in der 500er-Klasse.

Neue Rundenrekorde gab es 1978 beim Großen Preis auf der Nordschleife. Japanische Maschinen trumpften vor allem in der Königsklasse richtig auf. Doch ein Außenseiter als Fahrer holte sich schließlich den Sieg: Virginio Ferrari auf Suzuki vor Johnny Cecotto und Kenny Roberts auf Yamaha. Die schnellste Ferrari-Runde lautete 8:29,5 Minuten (161,3 km/h). Auf dem Podest konnte es der kleine Italiener gar nicht fassen, daß er die Asse Cecotto und Roberts geschlagen hatte. Ein bemerkenswerter Erfolg auch für Suzuki. Nicht viel langsamer waren auch die Spitzen-Piloten in den kleineren Klassen: Nieto auf Minarelli 125, Kork Ballington auf Kawasaki 250, Takazumi Katayama auf Yamaha 350. Namen, die für immer einen guten Klang haben werden. Der „Ring" hat sie alle gesehen, die Großen des Motorradsports.

Grandioses Finale dann 1980: Zum letzten Mal wurde damals der Grand Prix auf der legendären Nordschleife ausgetragen. Allen, die es live oder am Bildschirm miterlebt haben, ist das über viele Runden gehende Duell beim 350er-Rennen zwischen dem Südafrikaner Jon Ekerold auf Yamaha und Toni Mang auf seiner Spezial-Kawasaki in bester Erinnerung. Ekerold gewann nur um Reifenbreite, sicherte sich damit den Weltmeistertitel in dieser Klasse. Vizemeister Mang konnte aber zufrieden sein, denn im Rennen zuvor war er verdientermaßen Weltmeister der 250er geworden. Die Bestzeiten in den einzelnen Klassen verdienen schon deshalb festgehalten zu werden, weil es keine Gelegenheit mehr geben wird, sie bei einem Grand Prix zu unterbieten: Guy Bertin auf Motobécane 125 ccm in 9:12,1 Minuten (148,8 km/h), Kork Ballington auf Kawasaki 250 ccm in 9:09,1 Minuten (149,6 km/h), Jon Ekerold auf Yamaha in 8:25,9 Minuten (162,4 km/h), Marco Lucchinelli auf Suzuki 500 ccm in 8:22,2 Minuten (163,6 km/h) und bei den Gespannen Biland/Waltisperg in 8:55,1 Minuten (153,6 km/h).

1982: Der letzte Langstrecken-WM-Lauf auf der Nordschleife. Die Sieger hießen Chemarin/Cornu auf Kawasaki.

Von den 44 Grands Prix, die zwischen 1927 und 1983 in Deutschland ausgetragen wurden, fanden 15 auf dem Nürburg-

Großer Preis von Deutschland für Motorräder, 5. Juli 1931 – kurz bevor die Startflagge fällt. Ein denkwürdiges Rennen lieferten sich an diesem Tag die beiden britischen Norton-Fahrer Woods und Hunt in der 500er Klasse: Im Ziel trennte sie nach 15 Runden (424,5 km) nur eine Zehntelsekunde, ihr Renndurchschnitt betrug 106,5 km/h.

17. August 1947, Eifel-Pokal-Rennen auf der Südschleife. Heiner Fleischmann (NSU 350) auf dem Weg zum Sieg. Den NSU-Doppelsieg stellte Karl Bodmer sicher.

Bei diesem ersten Nürburgring-Nachkriegsrennen im August 1947 sorgte Kurt Mansfeld (DKW) in der 350er Klasse für Aufsehen: Er war aus der sogenannten „SBZ" (Sowjetisch Besetzte Zone) auf eigener Achse angereist und behielt während des Rennens den Rucksack auf, in dem sich all seine Habseligkeiten befanden. Der Rucksack bremste Mansfeld nur unerheblich, denn der DKW-Fahrer belegte immerhin noch den fünften Platz. Im Bildvordergrund der Münchner-BMW-Fahrer Rudolf Koch, der in der Klasse bis 1000 ccm startete.

ring statt, 14 auf dem Hockenheimring, sechs auf der Solitude, fünf auf dem Sachsenring, drei auf der Avus und einer in Schotten.

Ein Jahr später hatte sich, nach Eröffnung des neuen Nürburgring-Grand-Prix-Kurses, die Gesamtbilanz weiter zugunsten der Eifelstrecke verbessert.

Ende Mai 1984 war der Große Preis von Deutschland für Motorräder einer der Saisonhöhepunkte in der Eifel. Den Grand Prix entschieden Sarron auf Yamaha, Streuer/Schnieders (LCR-Yamaha), Dörflinger (Zündapp), Spencer (Honda) und Nieto (Garelli) für sich.

8. September 1985: Acht-Stunden-Rennen auf dem neuen Grand-Prix-Kurs. Die Franzosen Coudray/Igoa gewannen auf der Werks-Honda.

Im Mai 1986 sahen beim Motorrad-Grand-Prix rund 80000 Zuschauer Klassensiege von Herreros (Derbi, 80 ccm), Lavado auf der 250er Yamaha, Streuer/Schnieders auf LCR-Yamaha in der Gespannklasse, Lawson auf Yamaha 500 und Cadalora auf seiner 125-ccm-Garelli.

Zwei Jahre später wurde der dritte Große Preis für Motorräder auf dem neuen Eifel-GP-Kurs ausgetragen. Die Sieger hießen Martinez (Derbi, 80 ccm), Gianola (Honda, 125 ccm), Schwantz (Suzuki, 500) Cadalora (Yamaha, 250 ccm) und Biland/Waltisperg (Krauser-LCR) bei den Gespannen.

Am 27. Mai 1990 kamen die Motorrad-Grand-Prix-Stars nochmals zum Nürburgring. Die Schlagzeilen dieses vorerst letzten GP in der Eifel lauten: Siege für Zeelenberg (Honda 250), Schwantz (Suzuki 500), Romboni (Honda 125) und bei den Gespannen Webster/Simmons (LCR-Krauser-Yamaha). Kevin Schwantz erreichte in seiner schnellsten Runde einen Schnitt von 165,084 km/h.

Danach aber „pausierten" die Fahrer am „Ring", die deutschen Motorrad-Grand-Prix der Jahre 1991 bis 1994 wurden in Hockenheim ausgetragen.

Im Vorfeld des Großen Preises von Deutschland für Motorräder 1995 schrieb Luki Scheuer in einer Nürburgring-Sonderveröffentlichung der „Rhein-Zeitung":

Ein neuer Anfang mit viel Optimismus – Nach fünf Jahren wieder Läufe zur Motorrad-WM auf dem „Ring". „Ich freue mich auf den Nürburgring. Da fühle ich mich zu Hause, da habe ich mein erstes Rennen gefahren, da sind meine Fans." Ralf Waldmann, 28jähriger Weltklassemann und Honda-Werksfahrer aus Ennepetal konnte den 21. Mai 1995 kaum erwarten. Ihm geht es so wie vielen Motorradfahrern, die zwar dem Nürburgring die Treue gehalten haben, einen WM-Lauf aber zuletzt 1990 in der Eifel erleben konnten. Am 21. Mai ist für das Motorradpublikum die GP-lose Nürburgring-Zeit endlich vorbei.

„Wir haben einen heruntergewirtschafteten Laden übernommen", sagt Franz Rau. Er ist Geschäftsführer von „Moto Motion", der Firma, die beim Motorrad-Weltmeisterschaftslauf als Promotor auftritt. Sie trägt also das wirtschaftliche Risiko. Die Strecke mietet „Moto Motion" an, den sportlichen Ablauf der Veranstaltung besorgt der ADAC Nordrhein. Mit „heruntergewirtschaftet" meint Rau das WM-Wochenende 1994, als in Hockenheim nur 30000 Besucher gezählt wurden.

Der erfahrene Motorsport-Manager weiß auch, warum die Zuschauer nicht so wie früher zum Motorrad-GP strömen. Rau: „Man hatte einfach versucht, die Eintrittspreise, die bei den Formel-1-WM-Läufen üblich sind und klaglos gezahlt werden, auf den Motorrad-GP zu übertragen. Das mußte daneben gehen, denn die Motorradfahrer müssen in den meisten Fällen mit der Mark etwas knauseriger umgehen als die Formel-1-Fans."

Gefahr erkannt – Gefahr gebannt? Jedenfalls wird alles getan, dem Motorrad-Grand-Prix wieder die Zuschauerzahlen zu bescheren, die er früher gewöhnt war. Wichtigste Maßnahme ist eine Senkung der Eintrittspreise um 30 Prozent im Vergleich zu Hockenheim.

Aber die Grand-Prix-Macher rechnen auch mit dem „Faktor Nürburgring". Zigtausende Motorradfahrer kommen vom Frühjahr bis zum Herbst zum Nürburgring. Sie fahren eine Runde auf der Nordschleife, oder schauen nur zu, sind aber vor allem unter sich. Der Nürburgring ist für sie ein Ausflugsziel, das nie langweilig wird. Franz Rau: „Es müßte doch wirklich mit dem Teufel zugehen, wenn wir nicht den Großteil dieser Leute auch für einen Besuch des WM-Laufes begeistern könnten."

Bis 1990 wurde der deutsche Motorrad-GP in jährlichem Wechsel auf dem Nürburgring und dem Hockenheimring gefahren. Veränderungen im Weltverband FIM sowie die Neuorientierung und die Neuvergabe von Organisations- und Vermarktungsrechten schufen eine veränderte Situation.

1992 und 1994 wäre eigentlich der Nürburgring an der Reihe gewesen, „schaute aber in die berühmte Röhre", da wirtschaftlich tragbare Lösungen nicht gefunden wurden.

Mit „Moto Motion" wurde ein Zweijahresvertrag abgeschlossen, so daß auch für die beiden nächsten Jahre (1995 und 1996) die Motorrad-WM in der Eifel gesichert war.

21. Mai 1995: Beim ersten Großen Preis von Deutschland für Motorräder, der seit fünf Jahren wieder am „Ring" ausgetragen wurde, stimmte zumindest das Umfeld: Gutes Wetter, zahlreiche Rahmenrennen und rund 85 000 Zuschauer. Deutsche Fahrer aber konnten sich nicht in die Siegerlisten eintragen: Bis 125 ccm siegte Aoki (Honda), in der Viertelliter-Klasse gewann Biaggi (Aprilia), bei den 500ern war Beattie (Suzuki), vorn und in der Gespannklasse hießen die Sieger Dixon/Hetherington (Windle-ADM).

Am ersten Juli-Wochenende 1996 fand der GP von Deutschland erneut auf dem „Ring" statt. Obwohl die Zuschauerzahlen noch nicht wieder die Größenordnung vergangener Jahre erreichten, war das Interesse der deutschen Fans gestiegen, nicht zuletzt durch die heimischen Piloten Waldmann, Fuchs, Öttl und Co.

In der 250er-Klasse erfüllte Ralf Waldmann die in ihn gesetzten Erwartungen und gewann nach 25 Runden vor Olivier Jacque (Frankreich) und Jürgen Fuchs (alle drei auf Honda).

In der Achtelliter-Klasse wurde der Aprilia-Doppelsieg durch Masaki Tokudome (Japan) und den Italiener Stefano Perugini sichergestellt. Platz drei ging an den japanischen Honda-Fahrer Haruchika Aoki.

Obwohl Luca Cadalora nur die sechstbeste Trainingszeit in der Klasse bis 500 ccm erzielt hatte, war der italienische Honda-Pilot im Grand Prix dann nicht zu schlagen. Die Entscheidung aber fiel denkbar knapp aus: Der Zweitplazierte, der Australier Michael Doohan und der Dritte, Alex Crivillé (Spanien), beide ebenfalls auf einer Honda-V4, lagen nach 27 Runden nur knapp eine Sekunde hinter dem Sieger.

Bei den Gespannen kam es zum offenen Schlagabtausch zwischen ADM-Reihenmotoren und den Swissauto-V4. Schon im Training war ADM nicht zu schlagen. Auch im Rennen hatte Swissauto das Nachsehen: Dixon/Hetherington (England) siegten auf ihrer Windle-ADM vor Klaffenböck/Parzer (Österreich) und den Engländern Webster/James (beide auf LCR-ADM).

Vom 18. bis 20. Juli 1997 war der „Ring" Austragungsort des Großen Preises von Deutschland für Motorräder. Besonders der 250 ccm-WM-Lauf hatte es in sich: vier Fahrer hatten bis kurz vor dem Ziel noch eine Siegeschance: Aprilia-Pilot Tetsuya Harada (Japan) gewann mit hauchdünnem Vorsprung vor dem Franzosen Olivier Jacque (Honda). Ralf Waldmann, ebenfalls Honda, wurde Dritter. Der Italiener Valentino Rossi siegte in der Achtelliter-Klasse, bis 500 ccm war Mick Doohan (Australien) nicht zu schlagen.

Wilhelm Herz auf seiner 350er NSU vor einem Trainingslauf beim Eifel-Pokal-Rennen am 22. Mai 1949. Die in dieser Klasse erwartete Auseinandersetzung zwischen Herz und Wünsche (DKW) blieb aus, nachdem der NSU-Fahrer wegen Maschinenschadens ausgefallen war. Ungefährdet konnte Wünsche vor seinem Markengefährten Knees und Thorn-Prikker (Velocette) den Lauf für sich entscheiden.

Eifel-Pokal-Rennen, 22. Mai 1949: Der Sieger in der Klasse bis 250 ccm, H.P. Müller (DKW), nahm die Glückwünsche von Regierungspräsident Dr. Warsch und des Rennleiters Wilhelm Seibel entgegen. Hinter Müller kamen die DKW-Fahrer Daiker und Kohfink auf die Plätze zwei und drei.

Böhm/Fuchs (Foto) starteten beim Eifel-Pokal-Rennen 1949 in der Seitenwagen-Klasse bis 600 ccm. Die NSU-Werksfahrer führten das Feld zwar lange an, mußten dann aber aufgeben. Der Sieg ging an das BMW-Gespann Klankermeier/Wolz vor Neussner/Pretorius auf Zündapp.

Die französischen Gespannfahrer Murit/Emo (Norton, Startnummer 35) führten beim 16. Internationalen Eifelrennen am 31. Mai 1953 eine Verfolgergruppe an. Hinter Murit/Emo lag das BMW-Gespann Krenkel/Haferkorn. Sieger in der Beiwagenklasse bis 500 ccm wurden Noll/Cron (BMW) vor Oliver/Nuts (Norton) und Kraus/Huser auf BMW.

Eifelrennen, 11. Juni 1950: Kurt und Inge Stoll auf Jap in der Seitenwagen-Klasse bis 1200 ccm. Inge Stoll demonstrierte ungewöhnliche „Schmiermaxen-Akrobatik".

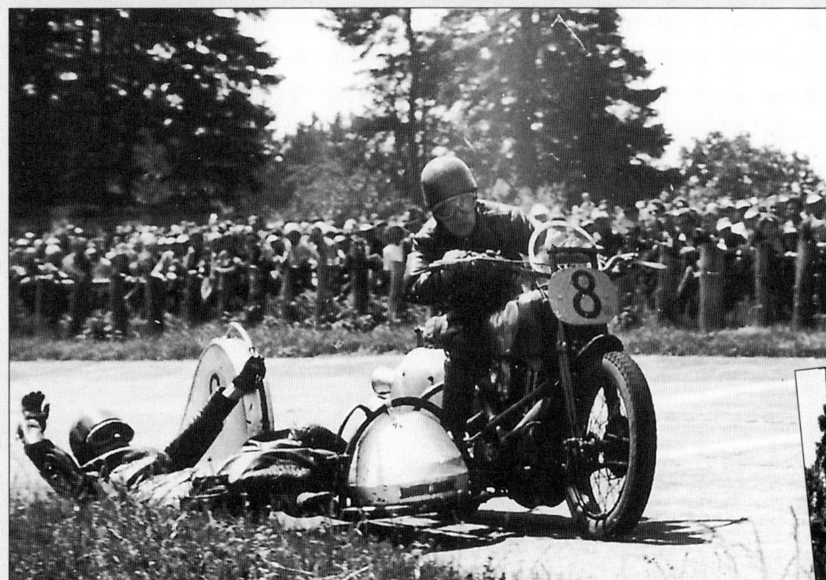

Das Verfolgerfeld in der Seitenwagenklasse beim Eifelrennen 1953 wurde von den Schweizern Keller/Schneider (Norton, Startnummer 38) vor dem BMW-Gespann Staschel/Beer angeführt.

Start der 500-ccm-Maschinen beim ADAC-Eifel-Pokal-Rennen am 30. August 1959.

Reinhold Roth, am 4. März 1953 in Amtzell geboren, war einer der besten deutschen Motorrad-Rennfahrer. 1975 begann er seine Karriere, zwei Jahre später war Roth bereits Sieger im OMK-Pokal in den Klassen bis 250 und 350 ccm. Nach dem Gewinn mehrerer deutscher Meisterschaften wurde er 1987 und 1989 Vizeweltmeister in der Klasse bis 250 ccm. Beim Weltmeisterschaftslauf zum Großen Preis von Jugoslawien in Rijeka am 17. Juni 1990 verunglückte Roth so schwer, daß er seine Laufbahn beenden mußte. Das Foto zeigt Reinhold Roth und seine 250-ccm-Honda im Training zum Großen Preis von Deutschland 1988.

Toni Mang gewann 1976 auf Morbidelli seinen ersten Grand Prix am „Ring“, duellierte sich 1980 mit dem Südafrikaner Jon Ekerold im Kampf um den Weltmeistertitel in der Klasse bis 350 ccm und schrieb auch später noch Renngeschichte.

Nach vierjähriger „Abstinenz“ waren die Motorrad-Grand-Prix-Piloten 1984 an den neueröffneten Eifelkurs zurückgekehrt. Sie starteten bis 1990 auf der Grand-Prix-Strecke um Weltmeisterschaftspunkte. Dann vergingen wiederum fünf Jahre, ehe die Motorrad-GP-Piloten am „Ring“ einen neuen Anfang wagten.

Der eiserne Paul Michael Kleymann

Den nachfolgenden Bericht veröffentlichte Kleymann 1991 in der „Motorradszene". Die Story schildert die Arbeit von Paul Merten, technischer Angestellter der Nürburgring GmbH.

Da steht er nun im Regen. Korrekt vom Scheitel bis zur Sohle, auch wenn man im Moment Anzug, Schlips und Ärmelaufnäher unter dem gummierten Regenmantel nicht erkennen kann. Der Aufnäher weist ihn aus als Diensttuender der Nürburgring GmbH. So ein wenig Respektperson ist er schon für die vielen Auto- und Motorradfahrer, die ihre Karten zur Runde auf der Nordschleife lösen.

Der da Dienst schiebt, ist Paul Merten. Und diesen Dienst versieht er seit mehr als vierzig Jahren. Das muß man sich mal vorstellen. So lange schon steht er hier bei Wind und Regen, Kälte und Hitze an der Einfahrt zur schönsten Rennstrecke der Welt im Schichtdienst. Gerade sonntags, wenn sich die schnellen Biker von Aachen und Köln ihr Vergnügen gönnen, streicht Paul mit stoischer Ruhe die Kreuzchen auf der Zehnerkarte ab oder verkauft an etwas zaghaftere auch Einzelkarten. Oft haben die Jungs (gewiß, es sind auch einige Mädchen dabei) mit den Straßenrennern aber Jahreskarten.

In tausende erwartungsvolle Gesichter hat Paul schon geschaut; irgendwie funkeln sie alle, die großen, vor Spannung leicht feuchten Augen. Dann drehen sie ihre Runden: Eine, höchstens zwei, um danach auf dem Parkplatz vor der Tribüne temperamentvoll an die andächtigen Zuhörer weiterzugeben, wo denn etwas mehr Schräglage möglich ist oder wer wen in welcher Kurve gerade versägt hat. Manchmal überschlagen sich die Stimmen im Renntempo, manchmal wirds aber auch erst so richtig spannend, wenn die Stimme leiser und der Redefluß langsamer werden.

Auch das ist für Paul Alltag, Arbeitsumfeld, nichts Aufregendes. Ja kann denn dieser Mensch sich überhaupt noch für irgend etwas von dem begeistern, was uns so spannend erscheint, tötet ihm die Routine nicht seine Sinne?

Ich habe es mal umgekehrt gemacht und ihm in die Augen geschaut, wenn er den flüchtigen Blick auf die in der Verkleidungsscheibe befestigte Dauerkarte wirft. Seine Augen blitzen nicht minder, vielleicht sogar etwas schelmisch – denn er kennt seine Pappenheimer. Und manchmal wird der Gesichtsausdruck auch streng, gelegentlich trüb. Das ist immer dann der Fall, wenn er böse Ahnungen hat, daß da wieder mal ein Heißsporn auf den „Ring" will, der mit dieser fahrerischen Herausforderung vielleicht doch überfordert ist. „Wie schnell darf man denn hier auf dem Nürburgring fahren", ist eine nicht seltene Frage. „So schnell, wie Dir das Leben Deiner Freundin wert ist", antwortet er meist. Und der verblüffte Fahrer besinnt sich, daß es auch so etwas wie Verantwortung gibt.

Paul kann sie niemandem abnehmen, traurig ist er nur, wenn seine wirklich gutgemeinten Ratschläge in den Wind geschlagen werden. Und dafür gibt es ein typisches Beispiel. Da kommt eine fröhliche Gruppe, die Kennzeichen der Motorräder belegen ihre Herkunft aus Düsseldorf, Essen oder einer anderen Stadt des Ruhrgebiets. Verschiedene Maschinen, 600er, 750er, auch eine Tausender darunter, Sporttourer und Sportler gemeinsam. Auf einen Blick: Ein Freundeskreis, der sich gegenseitig ein wenig anmacht. Zwei von ihnen haben Jahreskarten, kennen den „Ring" also schon, oder glauben das zumindest. Sie müssen das natürlich auch unter Beweis stellen. Die anderen lösen Zehnerkarten, Paul weiß das schon vorher.

Und er weiß auch vorher, daß sich einer von den fünfen hinlegen wird, vielleicht schon in der Hatzenbach. Nein, nicht gleich in der ersten Runde, auch die zweite absolvieren die fünf zwar mit wachsendem, aber beherrschbarem Risiko. In der dritten oder vierten Runde passierts dann. Muß ja so kommen, schließlich sind die beiden Ringgeübten Maßstab für die Unerfahrenen, ein unvergleichbarer Maßstab. Sollten die Freunde doch lieber einen Fahrkurs mit ausgebildeten Instruktoren mitmachen, dann könnten sie sich relativ gefahrlos in die Künste schnellen Fahrens auf der Ideallinie einweisen lassen. Das Gerede von Rundenzeiten macht noch keinen guten Fahrer.

Ich sagte ja, Paul kennt seine Pappenheimer und kann pausenlos darüber erzählen. „Wir haben schon viel Schrott von der Strecke geholt", bestätigt er und belegt das auch. Die sind immer dann tröstlich, wenn wenigstens den Fahrern nichts oder nicht viel passiert ist – und das ist gottlob meistens der Fall. Aber die anderen Fälle, an die erinnert sich Paul auch. Verdrängen kann er sie nicht. „Ich habe sie alle noch vor Augen und kann nicht einen einzigen vergessen aus über 40 Jahren", versichert er mir. Das ist eine fast zu schwere Belastung, um diesen Beruf mit Freude auszuüben. „Aber die vielen glücklichen Gesichter", erwidert er, „und im Straßenverkehr ist das Üben fahrerischer Perfektion um ein Vielfaches riskanter."

So läßt sich Paul immer aufs neue motivieren, versieht seinen Dienst ohne Murren – außer sein Arbeitgeber gibt dazu Anlaß. Denn immerhin hat er zur Zeit mehr als 300 Überstunden gut; Arbeitsplätze werden wegrationalisiert, und Hilfskräfte können den erfahrenen Mitarbeiter nur schlecht ersetzen. Dabei war der Nürburgring mal gebaut worden, um im strukturschwachen Eifelgebiet Arbeitsplätze zu schaffen. Aber das soll ja nicht unser Thema sein.

Paul erzählt weiter: „Mein Gott, ich bin ihnen allen begegnet, auch den Profis, die zwischendurch immer mal wieder auf dem Nürburgring erscheinen. Oder Ihr Presseleute: Ernst Leverkus, alias Klacks, der war früher mehr hier als zu Hause. Und die Redakteure von der Zeitschrift aus Köln und jener aus Dümpelfeld, die sind alle naselang hier."

Ich merke schon, Pauls Dienst ist gar nicht langweilig. Dieser Mann ist in unserer Szene einer von jenen, die nie in der vorderen Reihe der Aufmerksamkeit stehen, aber immer am rechten Fleck.

„Paul, ich will eine Runde drehen, sieh mir in die Augen." „Wird schon gutgehen, und sieh zu, daß Dein Fahrstil noch etwas gehobelter wird, damit Du endlich eine gescheite Zeit fährst."

Der Marathon-Mann Karl Mauer

Kick noh dämm, wat krücht, net noh dämm, wat flücht." Bereits in jungen Jahren versuchte mein inzwischen alter Vater, meinen Blick vor die Füße zu lenken und nicht in die Lüfte. Erst viel später dämmerte mir, daß sich hinter diesem Sprichwort aus der Eifel konzentrierte Philosophie verbirgt: Was sich in unmittelbarer Nähe abspielt, ist wichtig, nicht das Geschehen in unerreichbaren Höhen.

Da aber hatte mich schon etwas befallen, daß man als Nürburgring-Syndrom bezeichnen könnte. Geboren in der Eifel und unterwiesen im Gymnasium zu Adenau, ist mir die „Grüne Hölle" seit Kindesbeinen vertraut. Punktuelle Kenntnisse als infantiler Zaungast aller möglichen Rennveranstaltungen fügte ich zu einer Einheit zusammen, sobald ich zur mobilen Gesellschaft zählte:

Nach dem zeitgleichen Erwerb meines Führerscheins der Klasse vier und eines Kleinkraftrads Marke Kreidler Florett gehörten regelmäßige Nürburgring-Runden ebenso zum Bestandteil eines ordentlichen Sonntags wie der Besuch der heiligen Messe.

Der Empfehlung meines Vaters folgend, hatte ich seither häufig das gewundene Band des in meiner unmittelbaren Heimat gelegenen Rennkurses in der Optik. Mal flitzte es veritabel unter dem liegenden Zylinder meiner Florett hindurch, mal wand es sich herausfordernd vor meinem geistigen Auge. Die Auseinandersetzung mit diesem Thema und ihre Erfolge wurden allerdings nur einem kleinen Freundeskreis offenbar: Ich schaffte es schließlich, meine Kreidler in weniger als 20 Minuten um die Nordschleife zu schwingen. Es war damals so etwas wie der Höhepunkt in meiner Kraftfahrer-Laufbahn.

Karl Mauer, Direktor für Kommunikation in den Bereichen Technik und Motorsport im Hause Opel, Motor- und Allroundsportler, bewältigte „seinen Nürburgring" auf verschiedene Art und Weise: als Skilangläufer ,...

...als Volksläufer, ...

Weit offizielleren Charakter, aber ähnlich geringe Beachtung besaß ein persönlicher Meilenstein, den ich 1976 setzte: Bei einem Rahmenrennen zum Großen Preis der Tourenwagen drückte ich erstmals den Rundenrekord für Fahrzeuge der Gruppe 1 unter zehn Minuten. Ich fuhr damals einen Ford Escort RS, etwa 170 PS stark und wegen seiner unberechenbaren Heckreaktionen nicht immer leicht zu bändigen. 9:46,4 Minuten benötigte ich an jenem heißen Junitag für eine Runde Nordschleife und war damit mehr als doppelt so schnell wie zehn Jahre zuvor mit meiner Kreidler.

Damals besaß ich schon zwei Jahre Rennerfahrung, wenn man es so nennen will. Der 1974 neugeschaffene Renault 5-Pokal bot mir eine von der Kostenseite geeignete Möglichkeit, im Alter von immerhin 26 Jahren einen alten Traum zu verwirklichen. Allerdings: Die Renn-Renault jener Tage waren leicht verbesserte Serienfahrzeuge, die kaum die Wurst vom Teller zogen. Ausgerechnet mit einem solchen, damals gut 60 PS starken Renault nahm ich 1975 an einem Rennen teil, das über 18 Stunden führte.

Da ich in meinem Kollegen Rainer Braun, älter und in Renndingen erfahrener als ich, einen guten Partner hatte, ließ ich für dieses Ereignis meinen Vollvisierhelm zu Hause. Rainer hatte mir geraten, einen vorne offenen Jet-Helm zu benutzen. Er gestattete es nämlich, sich unterwegs eine Zigarette zu genehmigen. Und so geschah es: Hinter der Bergwerk-Kurve gezündet, war der Glimmstengel im Bereich Hohe Acht aufgebraucht, so daß er weggeworfen werden konnte.

Wir haben damals sogar unsere Klasse gewonnen, aber der Mensch wächst mit seiner Aufgabe. Inzwischen stehen auf

...als Radrennfahrer, ...

...auf dem Motorrad...

...und im Auto während der Nacht beim 24-Stunden-Rennen, beobachtet von Gerhard Paumann.

meinem Konto weit über 1000 Nürburgring-Rennrunden, bei Tag und bei Nacht, bei Regen und bei Nebel. Geraucht habe ich seither nicht mehr – im Rennauto. Dafür habe ich mich einmal mit meinen beiden Partnern Herbert Kummle und Winni Vogt in die Siegerliste des 24-Stunden-Rennens eintragen dürfen. Dort warteten bereits so berühmte Namen wie Niki Lauda oder Hans-Joachim Stuck. Aber als die dort fuhren, zählte diese Veranstaltung auch noch etwas.

Auf ganz andere Art drehte ich dafür 1978 eine Runde auf dem Nürburgring: Damals gab es den ersten Volkslauf auf der Nordschleife. Fast 5000 hüpfende und dribbelnde Gestalten, eingehüllt in einen Odem aus Körperspray und Muskelöl, drängelten sich an einem Oktobersonntag um zehn Uhr im Start- und Zielbereich. Mit dem Vorsatz, die 22,8 Kilometer in weniger als zwei Stunden zu laufen und nicht in Geher-Tempo zu verfallen, machte ich mich beim Startschuß auf den Weg.

Das eine wie das andere habe ich erreicht – 1978 als auch bei allen anderen bisherigen Nachfolge-Veranstaltungen dieser Art. Wobei mir ohne Zweifel der Umstand zu Hilfe kam, daß ich bereits intime Kenntnisse der Nordschleife besaß. Zwar bietet diese bis hinunter nach Breidscheid kaum technische Schwierigkeiten, doch ändert sich dieses Anforderungsprofil nach Passieren des tiefsten Streckenpunktes dramatisch. Auf dem kilometerlangen Berganstück hin zur Hohen Acht wollen die Kräfte profitlich eingeteilt sein.

Denn spätestens, wenn es selbst nach der dritten Kuppe immer noch bergan weitergeht, verlieren auch psychisch hartgesottene Naturen ihre Moral. Dafür bietet der Nürburgring zu Fuß eine andere Annehmlichkeit. Alle Randstreifen können in die Streckenführung mit einbezogen werden und ergeben so eine um etliche hundert Meter kürzere Distanz. Allerdings ist die Fortbewegung auf herbstlich feuchten Grasflächen am Rande des Asphalt-Bandes nicht immer angeraten: Bereits bei der ersten Laufveranstaltung glitt ein Teilnehmer auf dem glitschigen Sicherheitsstreifen aus, schlug mit dem Hinterkopf auf die Leitplanken und „landete" im Krankenhaus.

Daß nach dem 83er-Nürburgring-Lauf gar ein Teilnehmer tot zusammenbrach, gehört zweifellos zu den traurigen Kapiteln dieser faszinierenden Veranstaltung. Aber es beweist auch, daß die Nordschleife für jeden eine Herausforderung darstellt, der sie bezwingen möchte. Allerdings ist dies auch in gemäßigterem Tempo möglich: Im Rahmen des Nürburgring-Laufs wird stets auch eine Klasse für Wanderer ausgeschrieben, die sogar an eigenen Punkten rund um die Nordschleife verpflegt werden.

Der Nürburgring auf zwei Rädern ist ein Kapitel für sich: Buckel und Senken, Querrinnen und Streckenbegrenzungen bilden kleine Gemeinheiten, die Fahrwerke moderner Automobile ohne Reaktionen glattbügeln oder schlucken. Auf dem schnell gefahrenen Motorrad dagegen teilen sie sich dem Piloten gnadenlos mit. Mehr noch: Im gleichen Streckenabschnitt je nach Fahrbahnseite unterschiedlich stark ausgeprägt, zwingen sie mitunter gar zu einer von der Theorie abweichenden Ideallinie.

Auch ich habe diese Erfahrung auf schnell gefahrenen Motorrädern machen müssen: Wo einst meine Kreidler unbehelligt ihre Linie zirkelte, winden sich die Honda und Yamaha dieser Welt wie Schlangen auf der Flucht. Und die Linie, die im Auto noch als die Ideallinie erscheint, bringt unter Umständen das Motorrad erst recht in Wallung. Einen Meter daneben oder zwei läßt sich häufig dagegen auch das Zweirad kalkulierbar und ruhig um die Biegung schwingen.

Dennoch hat der Nürburgring dem Zweiradfahrer eine wahre Fülle von Ungemütlichkeiten zu bieten. Nach der Veranstaltung mit der höchsten Quote ambulanter Behandlungen 1983 gefragt, würden selbst Insider nicht auf das Ereignis tippen, das sich in jenem Jahr erstmals auf der Nürburgring-Nordschleife abspielte. Zwar gab es Radrennen für Amateure und Profis schon früher auf dem Nürburgring, doch fand 17 Jahre nach Rudi Altig die erste Radtouristik-Veranstaltung auf dem Eifelkurs statt.

Nun ist mir weder ein Rennrad fremd noch der Nürburgring auf einem solchen. Mit dem inzwischen tödlich verunglückten Rennfahrer Rolf Stommelen pflegte ich immer dann eine Runde zu drehen, wenn ein Rennen auf der Start- und Zielschleife gefahren wurde und der übrige Ring ungenutzt war.

Von diesen Runden her waren mir zwei Dinge bekannt: Die kritische Stelle war, ihrer Steigung wegen, der Streckenabschnitt zwischen Karussell und Hohe Acht. Mit einem 42 Zähne großen Kettenblatt an der Tretkurbel und 24 Zacken am hinteren Ritzel pflegte ich bei solchen Fahrten diese Passage aber befriedigend zu absolvieren. Um so größer war mein Erstaunen, als ich am Tag der Veranstaltung auf meinem Titan-Drahtesel ins Fahrerlager ritt. Um die Hinterrad-Naben der meisten Teilnehmer ringelten sich so umfangschwache Kettenräder, daß ich nur zwei Schlüsse zog: Entweder waren hier nur Bären angetreten oder ich würde viele Fußgänger erleben.

Die zweite Vermutung war zweifellos die richtige. Denn im Anstieg hinter dem Karussell vermochten zeitweise nur unfreundliche Warnrufe einen Weg durch die wabernde Masse bergan schiebender Pedalisten zu bahnen. Hier gab es bezeichnenderweise auch den schwersten Sturz: In Ermangelung einer kürzeren Übersetzung fiel ein kraftloser Fahrer einfach um und brach sich dabei den Oberschenkel.

Häufiger, wenn auch weniger folgenschwer, waren dagegen die Stürze auf schnellen Bergabstücken. Jenseits der Ideallinie verzeihen verwindungsfreudige Fahrräder bei hohen Geschwindigkeiten kaum noch Navigationsfehler. Solche fallen zwar bei der mit etwa 90 km/h absolvierten Fuchsröhre kaum an. Dafür erwies sich aber das mit unterschiedlichen Kurvenkombinationen herausfordernde Brünnchen als echter Prüfstein: Hier ging ein halbes Dutzend Fahrer zum Preis schmerzhafter Schürfwunden zu Boden.

Streckenkenntnis, das erfuhr ich auch hier am eigenen Leib, ist auf der Nürburgring-Nordschleife durch nichts zu ersetzen. Denn ich absolvierte hier die erste und einzige Veranstaltung, die bei Fortbewegung mit einem Fahrzeug das Bremsen überflüssig machte. Bergab war ich König. Und so schaffte ich die ersten beiden Runden in exakt 45 Minuten, für die restlichen drei benötigte ich etwas länger. Immerhin: Die fünf geforderten Umläufe schaffte ich innerhalb von vier Stunden, stets nach dem blickend, „wat krücht".

Dieser harte und unmittelbare Blick nach vorn ist beim Skilangläufer ganz besonders gefragt. Spätestens, wer Peter Angerer in Sarajewo auf dem Weg zum olympischen Biathlon-Gold verfolgte, weiß um die nutzbringende Art dieser Blickrichtung. Auch ich habe ihren Wert am Nürburgring schätzen gelernt. Denn winters, bei guter Schneelage, windet sich eine Doppelspur über die Nordschleife. Wer sie besteigt, sieht sich alsbald mit ähnlichen Problemen konfrontiert, wie sie Radler in schnellen Bergabstücken haben.

In solchen nämlich gleicht das Gewirr von Skispuren häufig einem Schnittmusterbogen – oder dem Gleisnetz vor dem Hamburger Hauptbahnhof. Wer hier heil hinunter will, muß ein geradezu eisernes Stehvermögen besitzen. Meist zieht in solchen Passagen der etwas ängstlichere Nürburgring-Bezwinger aber den Einsatz der rückwärtigen Backenbremse vor.

Wer freilich ambitionierter läuft, sollte einen Fehler vermeiden, durch den ich einmal das kümmerliche Taxigewerbe in Adenau wider Willen subventionierte: Unter Hinterlassung meines gesamten Wachs-Besitzes machte ich mich an einem freundlichen Wintertag auf den Weg um die Nordschleife. Verdächtig schnell glitt ich die ersten zehn Kilometer bis hinunter nach Breidscheid. Wo ich auch prompt mein persönliches Waterloo erlebte: Vier Grad Temperaturunterschied zwischen dem 620 Meter hoch gelegenen Start- und Zielbereich und dem mit 335 Metern tiefsten Punkt der Strecke hatten das Haftvermögen meines Wachses zur Bedeutungslosigkeit reduziert. Glücklicherweise fand ich in Breidscheid schnell ein Telefon.

Schnee auf dem Nürburgring bleibt aber nicht aus diesem Grund die letzte Herausforderung an mich. Denn er bietet noch eine Art der Fortbewegung, auf die ich bisher verzichten mußte: Seit Jahren gibt es, günstige Bedingungen vorausgesetzt, auch Schlittenhunde-Rennen auf der Nordschleife. Ich habe mich sogar um ein geeignetes Gespann bemüht. Und da die Vierbeiner nicht auf mechanische Lenkhilfen reagieren, sondern nur auf die kehligen Kommandos grönländischer Zunge, habe ich mir auch diese angeeignet. Aber ich habe bisher noch keinen Hund gefunden, der sie befolgt hätte.

Der Artkel „Der Marathon-Mann" erschien 1984 in der Sonder-Publikation „Der Ring" (herausgegeben von den Vereinigten Motor-Verlagen, Stuttgart). Die Herausgeber danken den Vereinigten Motor-Verlagen für die freundliche Abdruckgenehmigung.

1970 wurde die frühere ADAC-24-Stunden-Rallye zum ersten Mal als Rennen gewertet. Die Premieren-Sieger hießen Hans-Joachim Stuck und Clemens Schickentanz auf einem Koepchen-BMW 2002 ti. Sie legten damals auf der Nordschleife 2 821,9 Kilometer zurück. Später wurde auch der neue Grand-Prix-Kurs mit in die Strecke einbezogen.

Die Veranstaltung entwickelte sich in den 70er und 80er Jahren zu dem Zuschauermagnet am Nürburgring mit Besucherzahlen von mehr als 120 000.

Langstreckenpokal-Matador Johannes Scheid steigerte sich von Jahr zu Jahr: 1994 wurde er Dritter, ein Jahr später belegte er den zweiten Platz und 1996 gewann er zusammen mit Sabine Reck die „24 Stunden". Gerhard Paumann fing den Augenblick ein, als der Siegerwagen die Mammutdistanz siegreich beendet hatte und sich auf der Ehrenrunde befand.

Die Zeiten ändern sich: Getunte und optisch veränderte Fahrzeuge sind zwar nach wie vor im Gespräch, aber in letzter Zeit beeindrucken nicht nur auf Grund der auffälligen Lackierung Renn-TDI auch beim 24-Stunden-Rennen das Publikum und die Konkurrenz.

Oldtimer-Veranstaltungen erfreuen sich seit 1973 immer größerer Beliebtheit auf dem Nürburgring. In jenem Jahr, es war am 12. August, fand die „Nürburgring-Show" mit dem 1. Rennen für historische Sport- und Rennwagen statt. Damals gingen 63 Automobile und 33 Motorräder der Jahre 1904 bis 1959 an den Start. Aus dieser Veranstaltung entwickelte sich dann der Oldtimer-Grand-Prix. Dieser Große Preis für historische Wagen, der Jan-Wellem-Pokal, und die Eifel-Klassik sind inzwischen Oldtimer-Veranstaltungen auf dem „Ring" geworden, die für jeden Liebhaber alter Fahrzeuge ihren festen Platz im Terminkalender haben.

Ende 1976 schlossen sich zehn Motorsportclubs zur „Veranstaltergemeinschaft-Langstreckenpokal-Nürburgring" zusammen. Diese Langstreckenprüfung, der heutige Veedol Langstreckenpokal, ist inzwischen die weltweit größte Automobil-Rennserie für Amateure. Die aus zehn Läufen bestehende Meisterschaft findet auf der Kurzanbindung des Grand-Prix-Kurses und der Nordschleife statt. Auch Profis wie Volker Strycek, Tourenwagenmeister 1984 auf einem BMW 635 CSi, läßt sich diese Herausforderung nicht nehmen und gehört seit Jahren zum harten Kern dieses Championats.
Das Foto zeigt Strycek in Front vor Franz Engstler (beide auf Ex-DTM-Opel Omega) und einem Porsche bei der Einfahrt in die Hatzenbach.

Truck-Renngeschehen aus der Vogelperspektive...

oben: Traktor Pulling übt seine eigene Faszination aus. Es gilt, in verschiedenen Klassen einen tonnenschweren Wagen so weit wie möglich zu ziehen. Wird die 100-Meter-Distanz absolviert, ist ein „Full Pull" erreicht. Beim Euro-Cup während des Bilstein-Super-Sprints im September 1994 trafen sich die Traktor-Pulling Fans im Bereich der Müllenbach-Schleife. Sie waren aus dem Häuschen, als die bis zu 6000 PS starken „Monster-Traktoren" ihre Kraft demonstrierten und dabei auch die nötige Phonstärke erzeugten. Für eingefleischte Motorsportfans sicherlich nur eine spektakuläre Gaudi.

Truck-Grand-Prix am Nürburgring. Der Truck-Rennsport hat sich vom Wochenend-Vergnügen für Spediteure und „Brummi-Kapitäne" längst zu einer professionellen Motorsport-Art entwickelt. Vom 18. bis 20. Juli 1986 gab es in der Eifel die Premieren-Veranstaltung, in den Jahren danach wurden immer wieder neue Zuschauerrekorde verzeichnet. Luki Scheuer, Nürburgring-Insider, Nürburgring-Journalist und Nürburgring-Truck-Grand-Prix-Pressechef: „Der Truck-Grand-Prix besteht nicht nur aus hochklassigem Motorsport. Er bietet ein Drumherum an Unterhaltung, Show, Musik und Action wie kaum eine andere Veranstaltung. Unser Truck-Grand-Prix ist das Fest der Wagen und Gesänge!"

Selbst für die Profis im Kart-Rennsport ist die Nürburgring-Grand-Prix-Strecke eine willkommene Herausforderung. Fahrer und Offizielle sind aber auch hier der Meinung, daß die Sicherheit des Kurses keine Wünsche offen läßt; bei den erzielten Geschwindigkeiten der E-Karts eine berechtigte Forderung. Auf dem Foto ist der mehrfache niederländische Weltmeister Perry Grondstra zu sehen, dessen Gefährt ihn in rund 2,5 Sekunden von 0 auf 100 km/h beschleunigt und mit dem er eine Höchstgeschwindigkeit von mehr als 270 km/h erreichen kann. „Formel-1-verdächtige Werte"...

Die „All American Days" hatten ihre Premiere am 17. und 18. September 1994 im Start- und Zielbereich. Die zahlreichen Fans feierten dabei ein „amerikanisches Wochenende". Sie waren begeistert von den Darbietungen und erfreuten sich an der Kraft der Pro-Stock-Cars und Super Gas, der Dragster-Motorräder. Die bis zu 1200 PS starken Ungetüme ließen die Erde beben. U.a. wurde die Achtel-Meilen-Distanz (201 Meter) im Beschleunigungsrennen gefahren. Mit ohrenbetäubendem Lärm gings die Zielgerade hinunter, für manchen der Teilnehmer auch bis ins Kiesbett der Castrol-S-Kurve. . .

Zelte, Wohnwagen und Lagerfeuer-Romantik gehören seit Jahrzehnten zu jeder Veranstaltung auf der Nordschleife dazu. Die Besucher schaffen sich so ihre eigene Eifel-Atmosphäre. Leider sind die heutigen Rennstrecken – wie auch der Grand-Prix-Kurs – nicht mehr dazu geeignet, diese Stimmung und dieses Miteinander in der Natur zu vermitteln. Daß die altehrwürdige Nordschleife aber sogar als Notparkplatz bei verschiedenen Veranstaltungen benutzt wird, läßt eingefleischten Nürburgring-Fans die Tränen in die Augen steigen.

Selbst in den Aufbaujahren der Bundesrepublik Deutschland wollten zehntausende von Motorsport-Begeisterten die Rennen auf dem „Ring“ sehen. Die Fotos enstanden 1951 und 1952.

Die Bundeswehr wollte und will ohne großen „Pomp“ leben. Aber am 6. Juni 1969 konnte sie sich einer gemeinsamen Parade mit ihren alliierten Freunden nicht entziehen. Es galt, den 20. Gründungstag der Nato zu feiern. Unser Foto zeigt den Vorbeimarsch der Fahnenabordnungen verbündeter Streitkräfte mit Soldaten des Wachbataillons der Bundeswehr. Nach der Parade waren vom damaligen Bundeskanzler, Dr. Kurt Georg Kiesinger, rund 600 Ehrengäste ins Sporthotel „Tribüne“ geladen worden.

Motorrad und Beiwagen, ein heute wieder bestauntes Straßengerät, in den 50er und 60er Jahren aber keine Seltenheit. Beim „Elefantentreffen", vom Journalisten Ernst Leverkus ins Leben gerufen, kamen ab 1961 am ersten Wochenende eines jeden neuen Jahres die Fahrer von Gespannen und von Solomaschinen im Start- und Zielbereich des Nürburgrings zusammen. Die Zweiradfans reisten aus allen Teilen Europas und sogar aus Übersee in die Eifel an. Ihre Maschinen – meist über 500 ccm Hubraum – waren unter ihnen als „Elefanten" bekannt, daher der Begriff „Elefantentreffen". Einmal in jedem Jahr – natürlich mit Absicht in eine Jahreszeit, in der zum Motorradfahren besonderer sportlicher Geist und härtere Körperkonstitution gehören – treffen sie sich, um sich über ihr nicht immer richtig verstandenes Motorrad-Hobby zu unterhalten, um unter sich zu sein, um sich wiederzusehen und eine Bestätigung ihrer Ideale zu finden.

Auch Rallye-Cross – eine Rennserie, die ausschließlich auf Sand, im Kies, auf Schotter oder auf Asphalt ausgetragen wird – hat viele Anhänger. Somit war das Festival des „Nations Cups" im Juli 1993 im Müllenbach-Areal absolutes „Muß" für die Rallye-Freaks.

Zuschauerzahlen zwischen 20 000 und 30 000 wurden seit der Eröffnung des Rallye-Cross-Geländes (1989) bei den einzelnen Veranstaltungen registriert.

Das alte Fahrerlager des Nürburgrings ist weltbekannt. Hier trafen sich die Rennfahrer, die Konstrukteure, die Mechaniker, die Medienvertreter und die Funktionäre damals wie heute. Das weiträumige Rennfahrerlager mit Waschanlage und insgesamt 70 Boxen wurde 1927 fertiggestellt. Es war u.a. für die Unterbringung der Rennfahrzeuge und ihre technische Abnahme vorgesehen. Außerdem wurden hier auch die Renntransporter abgestellt.

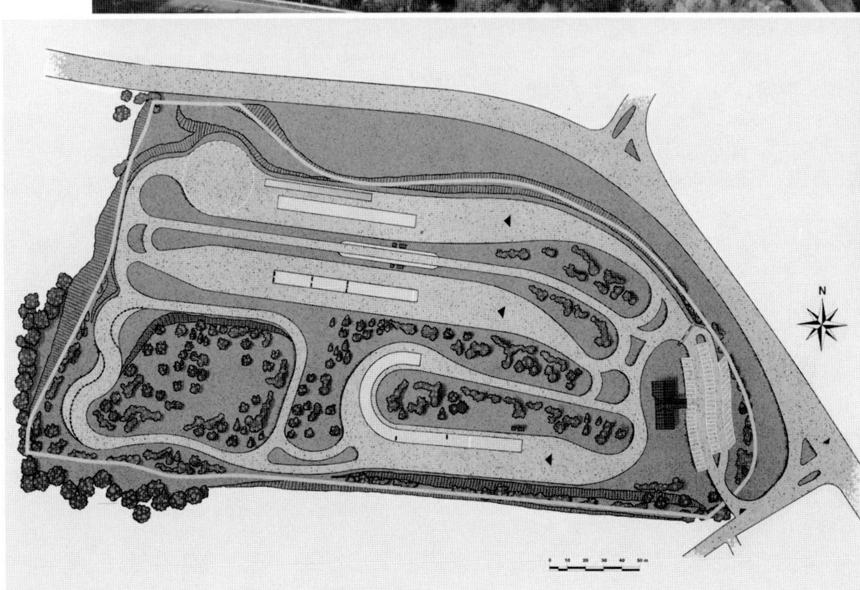

Mit Sicherheit besser fahren! Dies ist das Motto des im Juni 1994 eröffneten „auto, motor und sport Fahrsicherheitszentrums am Nürburgring". Zum Fahrsicherheitstraining in der modernsten Einrichtung ihrer Art erklärt der Leiter dieser Anlage, Franz Fabian: „Unsere Autos werden immer sicherer. ABS, Antischlupfregelung, aktive Fahrwerke usw. verleiten zu dem Trugschluß, daß einem im Straßenverkehr nicht mehr viel passieren kann. Dabei vergißt man, daß im täglichen Verkehrsleben der Mensch Risikofaktor Nummer eins ist. Realistische Selbsteinschätzung kann dazu beitragen, daß Sicherheit nicht zur Glückssache wird. Daß man Sicherheit lernen kann, beweisen die Fahrtrainings in Europas technisch anspruchsvollstem Fahrsicherheitszentrum."

Am 22. Oktober 1984 öffnete das Rennsportmuseum, unmittelbar neben dem Hotel „Dorint" gelegen, seine Türen. Eigentlich ist es im klassischen Sinne kein Museum, sondern es handelt sich um eine Ausstellung mit ständig wechselnden Exponaten.

Mehr als 100 000 Besucher informieren sich jährlich über Automobile und Motorräder aus allen Epochen der Rennsportgeschichte.

Auf rund 2500 Quadratmetern Ausstellungsfläche wurden von Museumsleiter Dipl.-Ing. Peter Ludes, einem der anerkanntesten Oldtimer-Experten Deutschlands, im Zeitraum von 1984 bis 1995 mehr als 700 Autos und rund 500 Motorräder präsentiert.

Breitensport, egal in welcher Form, wird immer populärer. Auch die Rad-Touristik gewinnt immer mehr Freunde. Auf dieses Phänomen hat die Nürburgring GmbH frühzeitig reagiert: Am 16. Mai 1982 fiel der Startschuß zum „1. Nürburgring-Volksradfahren". Daß diese Veranstaltung bis heute beliebt ist, beweist unsere Aufnahme aus dem Jahr 1995.

1985: Der Große Preis von Deutschland am 4. August war für lange Zeit das letzte Formel-1-Rennen auf dem Nürburgring. Neue Veranstaltungen mußten gestrichene ersetzen. Dazu zählt sicherlich die Großveranstaltung „Rock am Ring", mit der die Verantwortlichen völliges Neuland betraten. Die Erfolge aber gaben ihnen recht: Bis zu 70 000 Besucher wurden jährlich gezählt.

Auch das gehört zum „Ring": „1. Internationales Schlittenhunderennen" am 31. Januar und 1. Februar 1981. Veranstalter waren die Nürburgring GmbH und der „Deutsche Club für Nordische Hunde". Der damalige Geschäftsführer der Nürburgring GmbH, Friedhelm Demandt, zu dieser Premiere: „Allen Natur- und Tierfreunden bietet sich hier die Gelegenheit, das Zusammenwirken von Mensch und Tier in einem sportlichen Wettbewerb in freier Natur mitzuerleben."

Den „Ring" auch für Leichtathleten zu öffnen, stieß auf enorme Resonanz. So begaben sich am 15. Oktober 1978 mehr als 5300 Läufer zum 1. Nürburgring-Volkslauf auf die Eifelstrecke. Dieser Laufwettbewerb, der von Jahr zu Jahr mehr Anhänger findet, gehört inzwischen zum festen Bestandteil der Nürburgring-Großveranstaltungen. Er wird traditionell im Oktober ausgetragen. Unser Foto (1989 aufgenommen) zeigt die Läufer im Streckenabschnitt Hatzenbach.

Schon frühzeitig entdeckten die Zuschauer der Motorsport-Veranstaltungen auch den winterlichen Reiz der Gegend rund um die Nürburg und ihren „Ring". Bereits unmittelbar nach der ersten Saison, im Winter 1927/1928, reisten viele Menschen wieder an, um Wintersport zu treiben. Sie nahmen an Bobrennen, am Skispringen und am Skilanglauf teil. Die letztgenannte Wintersportdisziplin machte sich vor allem ab Anfang der 80er Jahre einen Namen als „Internationaler Skilanglauf Nürburgring".

23. Juli 1939: Mehr als 100 000 Zuschauer erlebten live den 12. Großen Preis von Deutschland für Rennwagen. Hunderttausende Zuhörer saßen währenddessen vor ihren Volksempfängern, um die Rennreportage mitzuerleben. Bestaunt wurde das Luftschiff „Graf Zeppelin", das während des Rennens u.a. für die Konferenzschaltung aller deutschsprachigen Radiosender zuständig war.

Rennfahrer

Legendäre Fahrer schrieben im Laufe von sieben Jahrzehnten auf dem Nürburgring Rennsportgeschichte: Otto Merz, Rudolf Caracciola, Christian Werner, Louis Chiron, Hans Stuck senior, Tazio Nuvolari, Bernd Rosemeyer, Richard Seaman, Alberto Ascari, Nino Farina, Juan Manuel Fangio, Tony Brooks, Stirling Moss, Graham Hill, John Surtees, Jim Clark, Jack Brabham, Denis Hulme, Jackie Stewart, Jacky Icky, Clay Regazzoni, Carlos Reutemann und James Hunt. Sie gewannen die Großen Preise von Deutschland auf der berühmten Nordschleife und eroberten sich damit die Herzen der Nürburgring-Fans in aller Welt. 1956, 1958, 1959 und 1960 siegte Stirling Moss auch in den ADAC-1000-km-Rennen.
Eine neue Fahrergeneration um Alain Prost und Michele Alboreto – später dann Michael Schumacher und Jacques Villeneuve – gewann die Weltmeisterschaftsläufe auf dem 1984 eröffneten Grand-Prix-Kurs.
Ihnen allen ist dieses Buch gewidmet.
Die nachfolgenden Biographien erinnern an Piloten, deren Namen untrennbar mit dem alten Nürburgring, mit der legendären Nordschleife, verbunden sind. Darunter befinden sich die „Meister des Nürburgrings" – Caracciola, Ascari, Fangio und Stewart –, die auf dieser einmaligen Rennstrecke dreimal einen Grand Prix gewannen.
Viele dieser Rennfahrer habe ich hautnah auf dem Nürburgring erlebt. Meine Porträt-Auswahl erhebt keinen Anspruch auf Vollständigkeit. Sicherlich gab und gibt es den einen oder anderen Fahrer, der ebenfalls ausführlicher vorgestellt werden müßte. Es ist eine ganz persönliche Wahl, die ich traf. Eine Auswahl, die eng mit meinen Rennsporterinnerungen zu tun hat.

Jörg-Thomas Födisch

Alberto Ascari

Seine vielen Freunde nannten ihn „Ciccio". Der Italiener Alberto Ascari, Sohn des berühmten Rennfahrers Antonio Ascari, kam am 13. Juli 1918 in Mailand zur Welt. Als Sechsjähriger erlebte er den Triumph seines Vater in Monza mit. Dort gewann das Familienoberhaupt 1924 auf Alfa Romeo den Großen Preis von Italien.

Wie Antonio Ascari war auch der Sohn ein „geborenes" Fahrertalent. Bereits mit 18 Jahren bestritt Alberto seine ersten Motorradrennen. Später wurde er Mitglied der Bianchi-Werksmannschaft.

Zum Automobilrennsport kam Alberto Ascari in den 40er Jahren. Enzo Ferrari, ein ehemaliger Alfa-Romeo-Teamkollege seines Vaters, erkannte die Qualitäten des jungen Mannes und setzte ihn hinter das Steuer eines Rennwagens. Seine ersten Rennen bestritt der Debütant auf Cisitalia und Maserati.

Alberto Ascari holte 1952 und 1953 den Weltmeistertitel für Ferrari. In den Jahren davor und danach gab es weitere eindrucksvolle Siege. Einige wenige sollen an dieser Stelle in Erinnerung gerufen werden.

1948 gewann Alberto Ascari in San Remo und Pescara, 1949 in Buenos Aires. In jenem Jahr wechselte er in den Rennstall von Enzo Ferrari. Ferraris neuer Sportwagen und der perfekte Fahrstil von „Ciccio" waren Garanten für weitere Erfolge. Ascari siegte in Bari, Reims, Bern und Silverstone. 1950 gab es für den Italiener erste Plätze in Argentinien, dann in Barcelona, in Reims, beim Großen Preis am Nürburgring, in Rom, am Circuito di Garda in Mons und in Modena.

Die bisher dominierenden Alfa-Romeo-Fahrer Fangio, Farina und Fagioli spürten die immer größer werdende Konkurrenz des Ferrari-Piloten. 1951 triumphierte Alberto Ascari bei den Grand-Prix-Rennen am Nürburgring und in Monza.

Dann kamen die beiden Weltmeisterschaftsjahre. 1952 feierte ganz Italien die Siege bei den Großen Preisen von England, Belgien (Grand Prix von Europa), Deutschland, Frankreich und Holland. Den letzten großen Erfolg in der Weltmeisterschaftssaison 1952 gelang Ascari in seinem Heimatland. Erste Plätze bei weiteren großen Rennen schlossen sich an.

Im Folgejahr sicherte sich Alberto den zweiten WM-Titel durch Rennerfolge bei den Großen Preisen von Belgien, England, Holland und der Schweiz. Siege in Argentinien, in Pau, Bordeaux und beim 1000-Kilometer-Rennen am Nürburgring gehörten zur weiteren Erfolgsbilanz von Ascari im Jahr 1953.

1954 wechselte der zweifache Automobil-Weltmeister zu Lancia. Hier

Alberto Ascari sur Ferrari PIRELLI

wurden erstmals Formel-1-Rennwagen gebaut. Bis 1955 war Ascari auch auf Lancia-Sportwagen vielfach Sieger verschiedener europäischer Rennveranstaltungen.

Dann kam der 26. Mai 1955. Alberto Ascari, überall als Mensch und Rennfahrer hoch geschätzt, testete an diesem Tag seine „alte Liebe", einen Ferrari-Sportwagen. Nur vier Tage zuvor war der Italiener bereits knapp einer Katastrophe entgangen: Beim Großen Preis von Monaco am 22. Mai 1955 stürzte er mit seinem Lancia ins Meer, konnte jedoch unverletzt geborgen werden. Am 26. Mai aber kam jede Hilfe zu spät. Bei einer Trainingsfahrt in Monza mit dem „ausgeliehenen Ferrari" von Eugenio Castellotti verunglückte Alberto Ascari tödlich. „Ciccio" wurde nur 37 Jahre alt. Italien trug Trauer.

Rudolf Caracciola

Der Familienname verrät die Abstammung des Rheinländers Rudolf Caracciola: Seine Vorfahren waren italienische Adelige. Caracciola wurde am 30. Januar 1901 in Remagen als Sohn des früheren Besitzers des Hotels Fürstenberg geboren. Noch heute ist die kleine linksrheinische Gemeinde stolz auf ihren einstigen Mitbürger, der in den zwanziger und dreißiger Jahren zum erfolgreichsten deutschen Rennfahrer wurde. Heute wird der Remagener zu den „frühen Meistern des Lenkrads" gezählt. Er steht auf einer Stufe mit Antonio Ascari, Louis Chiron, Tazio Nuvolari, Hans Stuck, Bernd Rosemeyer, Guiseppe Farina, Alberto Ascari, Juan Manuel Fangio, Stirling Moss und Jim Clark.

Rudolf Caracciola begann seine Rennsportkarriere 1922 auf Fafnir und auf einem Ego. Ab 1923 fuhr er auf der Marke Mercedes. In den Folgejahren deutete sich bereits die Klasse des jungen deutschen Fahrers an. Caracciola gewann die ADAC-Reichsfahrt, die Fahrt durch Schlesiens Berge, die Pöhlberg- und Krähbergrennen, das Prager Bergrennen und am Klausenpaß in der Schweiz.

Erfolge mit verschiedenen Mercedes-Modellen schlossen sich an in Freiburg, im Teutoburger Wald, beim Herkules-Bergrennen und beim Großen Preis von Europa für Tourenwagen in Spanien. Alle Triumphe Caracciolas aus jenen Jahren aufzuzählen, würde den Rahmen sprengen. Erinnert sei aber an den Großen Preis von Deutschland 1926 auf der Berliner Avus. Auf einem 2-Liter-8-Zylinder-Mercedes fuhr der Rheinländer bei strömendem Regen und nach einem sensationellen Rennen zum Sieg. Ältere haben dieses historische Rennen und die Schlagzeilen darüber nicht vergessen. „Caratsch" nannten die Berliner damals „ihren Rudolf aus Remagen".

Das Jahr 1927 war die Geburtsstunde des legendären Mercedes „S". Caracciola hatte ihn sehnsüchtig erwartet und gewann mit dem brillanten Fahrzeug beim Eröffnungsrennen am Nürburgring. Sieg auf Sieg folgte mit dem „S", dann erhielt Caracciola, der mit Mercedes-Rennleiter Alfred Neubauer eng befreundet war, den 7,1-Liter-Mercedes „SS". Zusammen mit Christian Werner gewann Caracciola in diesem Wagen am 15. Juli 1928 erneut den Großen Preis von Deutschland.

Trophäen für das Mercedes-Team holte der Deutsche auch in den Folgejahren: Siege bei Bergrennen, Sieg bei der Tourist Trophy in Irland, Sieg beim italienischen 1000-Meilen-Rennen, Siege in England, Frankreich, Österreich, Ungarn. Die Liste der Erfolge Caracciolas scheint unendlich. Ein Sieg muß besonders erwähnt werden: Mit einem Mercedes „SSKL" gewann Caracciola am 19. Juli 1931 wiederum den Großen Preis von Deutschland am Nürburgring.

1932 wechselte Caracciola ins Land seiner Vorfahren, nach Italien. Er ging zu Alfa Romeo in das von Enzo Ferrari geleitete Werksteam, nachdem sich Mercedes vorübergehend aus dem Rennsportgeschehen zurückgezogen hatte. Auch auf Alfa Romeo schrieb der Rheinländer Motorsportgeschichte und triumphierte in vielen Rennen.

1933 verunglückte der Meisterfahrer beim Training zum Grand Prix von Monaco in Monte Carlo schwer. Eine Oberschenkelverletzung zwang ihn, ein Jahr zu pausieren. Zurück im Cockpit, setzte der Deutsche seine Erfolgsserie fort. 1935 beispielsweise feierte er einen Grand-Prix-Sieg in Tripolis, gewann das Eifelrennen und siegte bei den Großen Preisen von Frankreich, Belgien, der Schweiz und von Spanien. Ein Jahr später fand sich sein Name erneut mehrfach auf den Titelblättern der internationalen Sportpresse: Rudolf Caracciola holte u.a. für sein Werksteam die Großen Preise von Deutschland, der Schweiz, von Italien und den Großen Bergpreis von Deutschland. Die Erfolgsserie des deutschen Rennsportidols dauerte an bis Ende der dreißiger Jahre. Am 23. Juli 1939, knapp vor Ausbruch des Zweiten Weltkrieges, gewann Caracciola seinen sechsten Großen Preis von Deutschland und den fünften für Mercedes-Benz.

1946 hatte Rudolf Caracciola einen zweiten schweren Unfall. Im amerikanischen Indianapolis verunglückte er in einem Thorne-Engineering-Special im Training schwer. Erst 1952 konnte der deutsche Meisterfahrer wieder ans Steuer eines Rennwagens. Ein dritter Unfall ereilte ihn dann beim Preis von Bern, einem Sportwagen-Rennen auf der Bremgarten-Rundstrecke.

Eine glänzende Rennsportkarriere neigte sich ihrem Ende entgegen.

Daimler-Benz setzte ihn weiter ein, und zwar im In- und im Ausland. Der erfolgreichste Mercedes-Fahrer repräsentierte nun das Unternehmen und in besonderem Maße seine Spitzenerzeugnisse.

Rudolf Caracciola starb am 28. September 1959 an einem Leberleiden in einer Kasseler Klinik. Die Fachwelt und die Motorsportfans in aller Welt trauerten um einen Fahrer, der nie riskant und draufgängerisch Rennen bestritten hatte. Zeitgenossen und Kenner der Rennsportszene schildern den Remagener als „kühlen Rechner", der stets mit hohem Sicherheitsfaktor gefahren war. Eiserner Wille, Selbstdisziplin und hohes fahrerisches Können bildeten bei Rudolf Caracciola die Mischung für den ganz großen Erfolg.

„Er war ein tüchtiger und einmaliger Fahrer und Mensch", sagte einmal ein Sportjournalist über den berühmten Remagener „Caratsch".

Jim Clark

Als Jim Clark am 7. April 1968 in Hockenheim mit seinem Lotus-48-Formel-2 mit mehr als 200 Stundenkilometern von der Strecke abkam und in seinem Wagen starb, war die Welt fassungslos. Mit dem damals 32jährigen Piloten war ein Meisterfahrer ums Leben gekommen, der mehr Formel-1-Rennen gewonnen hatte, als irgend ein anderer vor ihm.

Jim Clark wurde am 14. März 1936 in Schottland geboren. Der Sohn einer Farmerfamilie bestritt im Alter von 20 Jahren auf der schottischen Crimmond-Piste in einem geschlossenen DKW von Auto Union sein erstes Rennen. Später fuhr er bei kleineren Rennsportveranstaltungen auf Sunbeam- und Triumph-Sportwagen.

Auf sein großes Fahrertalent wurde 1958 das Border-Reivers-Team aufmerksam und stellte ihm einen Jaguar D zur Verfügung. 1960 erhielt Clark einen Vertrag bei Aston Martin, wurde aber bald schon für Lotus freigegeben.

Nach dem tödlichen Unfall von Alan Stacey beim Großen Preis von Belgien am 19. Juni 1960 vertraute Lotus-Chef Colin Chapman dem 24jährigen, der zuvor mit großem Erfolg die Lotus-„Junior"-Version gesteuert hatte, einen Formel-1-Rennwagen an. Diese Entscheidung sollte sich als goldrichtig erweisen. Drei Jahre später holte Jim Clark die erste Weltmeisterschaft für sein Team.

Die Erfolgsbilanz des schottischen Ausnahmepiloten ist beeindruckend. Clark wurde auf Lotus 1963 und 1965 Weltmeister. Er siegte 25 mal bei Großen Preisen (darunter viermal in Folge bei den Grand-Prix-Läufen in Belgien und England). In Indianapolis gewann Clark im Jahr 1965 auf einem Lotus-

Ford 38 das 500-Meilen-Rennen. Im selben Jahr wurde er bei fünf Weltmeisterschaftsläufen Erster.

Jim Clark galt als zuverlässiger und sicherer Fahrer. Er besaß den richtigen Instinkt für die Rennstrecke und sein Fahrzeug. Zeitgenossen schildern noch heute, mit wieviel Fingerspitzengefühl der Schotte seine Lotus-Rennwagen steuerte. Defekte Wagen brachte er oftmals noch sicher ins Ziel. Der zweimalige Formel-1-Weltmeister war darüber hinaus ein Perfektionist und Fahrer mit hoher Konzentrationsgabe. All diese Eigenschaften stellte Jim Clark auf verschiedenen Lotus-Modellen unter Beweis. Ob auf dem Formel-Junior, dem Lotus-Formel-2, dem schnellen Lotus-Climax oder auf dem Lotus-Cosworth-V8-Rennboliden, der Meister aus Schottland beherrschte all diese Fahrzeuge gleichermaßen sicher.

Als die Nachricht vom tragischen Tode Clarks in Hockenheim bekannt wurde, löste sie bei vielen Motorsport-Anhängern einen Schock aus.

Juan Manuel Fangio

Juan Manuel Fangio war der beste Fahrer, den Argentinien je hatte. Für viele Rennsportexperten ist Fangio sogar der beste Fahrer aller Zeiten. Auch wenn der Streit um die Reihenfolge in der „ewigen Rennfahrer-Rangliste" letztendlich nie geklärt werden kann, steht fest: Der fünfmalige Weltmeister aus Buenos Aires gehörte zu den allergrößten „Meistern des Volants". Fangio nahm an den berühmtesten und schwersten Rennen in fast allen Ländern der Erde teil. Sein Talent, sein Können, seine Intelligenz und sein Streben nach Perfektionismus führten ihn ein ums anderemal zum Sieg. Über Jahre hinweg konnte sich der Südamerikaner an der Weltspitze behaupten und seinen Platz gegen die stärkste Fahrerkonkurrenz verteidigen.

Juan Manuel Fangio wurde am 24. Juni 1911 als Sohn eines italienischen Einwanderers im argentinischen Balcarce geboren. Er wurde zum Mechaniker ausgebildet und kam dadurch schon früh mit dem Rennsport in Berührung. Ende der 30er und Anfang der 40er Jahre fuhr Fangio in seinem Heimatland Rennen. Mit einem Chevrolet hatte er beispielsweise auf der 6000-Meilen-Strecke Buenos Aires nach Lima in Peru den „Grand Premio Internacional del Norte" gewonnen. Der argentinische Automobilclub, auf den inzwischen schon 38jährigen Ausnahmefahrer aufmerksam geworden, sandte Juan Manuel Fangio 1949 mit einem 1,5-Liter-Maserati nach Europa. Hier gewann Fangio auf Anhieb die Großen Preise von Pau, San Remo, Perpignan und Albi. Er siegte auch beim Mar-del-Plata-Grand-Prix, in Marseille und auf Ferrari in Monza. Die Fachwelt war ver-

blüfft, die Rennsportfreunde in aller Welt waren begeistert vom „Stern aus Argentinien".

Die Erfolge von Juan Manuel Fangio können an dieser Stelle nicht einzeln aufgezählt werden. Es sind zu viele. Fangio wurde 1951, 1954, 1955, 1956 und 1957 Weltmeister. Zahlreiche Grand-Prix-Siege in Europa und Südamerika haben diese Titel ermöglicht. Fangio fuhr zusammen mit Giuseppe Farina und Luigi Fagioli im Werksteam von Alfa Romeo, bei Maserati und Ferrari. 1954 holte Alfred Neubauer den Spitzenmann zu Mercedes. In den folgenden Monaten gewann Fangio für das Untertürkheimer Werk die Großen Preise von Frankreich, Deutschland, Italien und der Schweiz. Mit den Mercedes-Wagen siegte der überall beliebte Südamerikaner 1955 bei den Grand-Prix-Veranstaltungen von Argentinien, Belgien, Holland und Italien.

Als sich Ende 1955 die Daimler-Benz AG vom Rennsport zurückzog, wechselte Juan Manuel Fangio in den Rennstall von Commendatore Enzo Ferrari. In der Saison 1956 fuhr er die

Lancia-Ferrari D 50 in Argentinien, beim englischen Grand Prix und auf dem Nürburgring zum Sieg.

Sein letztes großes Rennsportjahr war 1957. Es war zugleich das Jahr, in dem er das größte Rennen seines Lebens fahren sollte.

Am 4. August 1957 beim Großen Preis von Deutschland am Nürburgring unterbot Fangio auf einem Maserati 250 F in fast jeder Runde seinen soeben erst aufgestellten Rundenrekord. Zuvor hatte der Argentinier beim Reifenwechsel und Tanken viel Zeit verloren. Phantastisch, wie er jetzt die 54 Sekunden Rückstand aufholte und das Tempo höher und höher schraubte. Hinter den beiden führenden Ferrari-Piloten Hawthorn und Collins machte Fangio Sekunde um Sekunde gut. Und gewann schließlich doch noch – nach über 500 Kilometern mit einem Vorsprung von 3,6 Sekunden. Das Publikum feierte den Weltmeister an diesem Tag begeistert. Fangio selber bezeichnete den 4. August 1957 später einmal als größten Tag in seiner glanzvollen Karriere.

Fangio startete seine europäische Motorsport-Karriere 1949 beim Gran Premio von San Remo. Er gewann dieses Rennen an der italienischen Blumen-Riviera vor dem Siamesen Birabongse, Baron de Graffenried und Campos.

Auf der französischen Grand-Prix-Strecke von Reims beendete er am 6. Juli 1958 mit dem vierten Platz auf Maserati im Großen Preis von Frankreich seine Laufbahn.

Juan Manuel Fangio starb am 17. Juli 1995 in Buenos Aires.

Jacky Ickx

Jacques-Bernard Ickx, von allen nur „Jacky" genannt, galt als „der schnellste Belgier auf Rädern". Der am 1. Januar 1945 in Brüssel geborene Ickx war schon von frühester Jugend an vom Motorsport begeistert: Sein Vater, ein in der Heimat bekannter Motorsportjournalist und früherer Rennfahrer, hatte diese Faszination wohl auf den Sohn übertragen.

Jacky Ickx fuhr bereits Anfang der 60er Jahre Motorradrennen, mit knapp 16 Jahren dann bei Bergrennen ein 700-ccm-BMW-Coupé, später für Ford einen Cortina. Auch ihn entdeckte der englische Rennstallbesitzer Ken Tyrrell und stellte 1964 zunächst einen Formel-3-Matra, bald danach einen Formel-2-Matra-Rennwagen zur Verfügung. Und wie bei anderen Nachwuchstalenten, so ging auch im Falle des Belgiers die Rechnung von Ken Tyrrell auf. Jacky Ickx erfüllte alle in ihn gesetzten Erwartungen und holte auf den Fahrzeugen des englischen Teamchefs seine ersten Trophäen.

Mit seinem waghalsigen und temperamentvollen Fahrstil fuhr sich Jacky schon sehr bald in die Herzen aller Zuschauer. Andere Rennställe wurden hellhörig und versuchten, das große Talent von Tyrrell „loszueisen". Ickx blieb. Ende 1967 erhielt er einen Formel-1-Cooper-Maserati V12 und wurde Sechster beim Großen Preis von Monza in Italien.

1968 machte Enzo Ferrari das Rennen um den Nachwuchspiloten und holte ihn in seine Werksmannschaft. Am 7. Juli gewann Jacky Ickx in Rouen seinen ersten Weltmeisterschaftslauf. Er siegte im Grand Prix von Frankreich für Ferrari. Es folgten dritte Plätze bei den Großen Preisen von Belgien, England und Italien, vierte Plätze in Holland und Deutschland. Weitere große Erfolge auf Ford-GT40-Fahrzeugen rundeten dieses so erfolgreiche Rennsportjahr ab.

Überraschenderweise hielt es den belgischen Formel-1-Piloten nicht allzu lange bei Ferrari. 1969 wechselte er zu Brabham. Auf dem Brabham-Cosworth-V8-Rennwagen wurde Jacky Ickx in diesem Jahr Zweiter in der Weltmeisterschaft durch Grand-Prix-Siege in Deutschland und Kanada, zweite Plätze in England und Mexiko, einen dritten Platz in Frankreich und einen fünften Rang in Holland.

Der sympathische Fahrer arbeitete sich Ende der 60er und Anfang der 70er Jahre rasch in die europäische Spitzenklasse der Formel 1 vor. Siege beispielsweise beim 12-Stunden-Rennen von Sebring und bei den „24 Stunden" von Le Mans unterstrichen eindrucksvoll die fahrerische Vielseitigkeit und Klasse des Brüsselers.

Nach seinem Gastspiel bei Brabham kehrte Ickx nach Maranello zurück. Von 1970 bis 1973 startete er in den Läufen zur Formel-1-Welmeisterschaft für Ferrari und errang weitere WM-Siege in Österreich, Kanada und Mexiko (1970), in den Niederlanden (1971) und im Großen Preis von Deutschland 1972.

Danach hatte der Mann, der als einer der besten Nürburgring-Kenner galt, in der Formel 1 nur noch selten Gelegenheit, sein Können unter Beweis zu stellen: Ickx mußte sich ab 1974 meistens mit zweitklassigen Wagen begnügen und fuhr nur noch vereinzelt in die Punkteränge. Am 7. Oktober 1979 startete er beim Großen Preis der USA in Watkins Glen zu seinem letzten Grand Prix.

Ickx pilotierte nur noch Sportwagen und blieb hier erste Wahl. Der Belgier wurde zu einem der erfolgreichsten Langstrecken-Fahrer aller Zeiten, gewann allein sechsmal das 24-Stunden-Rennen von Le Mans und wurde in den Jahren 1982 und 1983 Langstrecken-Weltmeister.

In den Jahren nach seiner Formel-1-Laufbahn und seiner Zeit als Sportwagen-Pilot nahm Ickx eine neue Herausforderung an: Er widmete sich der Rallye Paris – Dakar und weiteren „exotischen" Langstreckenveranstaltungen.

Hermann Lang

Das Haus Daimler-Benz ehrte 1954 einen verdienstvollen Mitarbeiter und gefeierten Rennfahrer der Vorkriegs-Silberpfeil-Ära mit einer außergewöhnlichen Geste: Hermann Lang, inzwischen 45 Jahre alt, durfte noch einmal in einen Grand-Prix-Wagen steigen. Auf dem Mercedes W 196 beim Großen Preis von Europa auf dem Nürburgring schaffte Lang mit einer Trainingszeit von 10:13,1 Minuten einen Startplatz in der fünften Reihe. Lang startete hervorragend, lag zeitweise an zweiter Position, fiel aber zu Beginn der elften Runde wegen eines Drehers, hervorgerufen durch einen blockierten Motor, aus. Dieses Rennen sollte – neben einem früheren Formel-1-Einsatz in Monza – allerdings der letzte offizielle Auftritt des Piloten sein. Danach zog sich Lang vom Motorsport zurück und wechselte in die Abteilung „Kundendienst" bei Mercedes.

Hermann Lang, am 6. April 1909 im württembergischen Bad Cannstatt geboren, verband schon früh Beruf und sportliches Talent. Der gelernte Mechaniker liebte Motorräder über alles und gewann in den zwanziger und dreißiger Jahren zahllose Rennen mit Seitenwagenmaschinen. 1933 bewarb sich Lang bei Daimler-Benz als Motorenschlosser. Er wurde eingestellt und wechselte ein Jahr später als technischer Betreuer des Grand-Prix-Wagens von Luigi Fagioli in die Daimler-Benz-Rennabteilung.

Hier wurde Rennleiter Alfred Neubauer auf das fahrerische Können des Schwaben aufmerksam. Lang absolvierte einige erfolgreiche Testrunden und erhielt eine Fahrerausbildung. Beim Eifelrennen auf dem Nürburgring im Jahr 1935 steuerte der Debütant einen der Silberpfeile noch auf den fünften Platz, obwohl er vorher von der Strecke abgekommen war. Im Jahr darauf wurde Hermann Lang Reservefahrer im Mercedes-Team.

1937 bis 1939 sollten die erfolgreichsten Jahre des jungen Nachwuchsfahrers werden. Gleich zu Saisonbeginn 1937 sorgte Hermann Lang für eine Sensation: Beim Großen Preis von Tripolis verwies er den großen Konkurrenten Bernd Rosemeyer auf Platz zwei. Schon vorher hatte der Cannstatter das Berliner Avus-Rennen gewonnen, bei den Großen Preisen in der Schweiz und in Italien wurde er Zweiter. Auch das Jahr 1938 gab Alfred Neubauer, der mit Langs Berufung ins Mercedes-Team eine glückliche Hand bewiesen hatte, recht. Der ambitionierte und fähige Lang siegte erneut in Tripolis, dann in Livorno und wurde auf dem Mercedes W 125 in dieser Rennsaison noch dreimal Zweiter. 1939 war der Höhepunkt in Langs Karriere: Der Ex-Motorradrennfahrer, der erst knapp vier Jahre in der Rennwagenklasse fuhr, wurde Europameister. Der Cannstatter gewann im 1,5-Liter-Mercedes zum dritten Mal den Großen Preis von Tripolis, anschließend mit dem 3-Liter-Formel-1-Mercedes die Großen Preise von Pau, Belgien und der Schweiz. Zu Saisonbeginn hatte Hermann Lang bereits das Eifelrennen vor Nuvolari auf Auto Union und Caracciola auf Mercedes gewonnen. 1939 triumphierte Lang auch beim Wiener Höhenstraßenrennen, in Spa und am Großglockner. Hier holte er die deutsche Bergmeisterschaft.

Der Zweite Weltkrieg unterbrach die Laufbahn Langs auf tragische Weise. Nach dem Krieg konnte er nicht mehr an die ganz großen Erfolge der dreißiger Jahre anknüpfen.

1950 wurde Hermann Lang noch einmal Zweiter auf der Solitude, 1951 einmal Zweiter und einmal Dritter bei den „Peron Cup Races" in Argentinien. 1952 siegte der Deutsche bei den „24 Stunden" von Le Mans und beim Großen Preis für Sportwagen auf dem Nürburgring, holte zweite Plätze in Bern und bei der mexikanischen Carrera Panamericana. Der Abschied vom Rennsport auf Raten hatte aber schon begonnen.

Hermann Lang, ohne Zweifel einer der besten Fahrer, die Deutschland je hervorbrachte, starb am 19. Oktober 1987 im Alter von 78 Jahren in Bad Cannstatt.

Stirling Moss

Stirling Moss, der am 17. September 1929 geborene Engländer, prägte die Rennfahrer-Ära der Jahre 1948 bis 1962 wie kein Zweiter. Der temperamentvolle aber auch kluge Fahrer gewann von seinen 66 Formel-1-Weltmeisterschaftsläufen 16 Grand-Prix-Rennen, wurde jedoch nie selbst Weltmeister.

Bereits im Alter von 19 Jahren griff der Londoner ins Rennsportgeschehen ein. Mit völliger Hingabe und Konzentration auf seinen Beruf als Fahrer kannte er nur ein Ziel: An die Weltspitze zu gelangen, und dort seine Position zu verteidigen. Moss lernte schnell, pflegte einen sauberen und schnellen Fahrstil und arbeitete sich systematisch von den kleinen Formel-3-Rennwagen zu den damals führenden Formel-1-Wagen empor. Erstaunlich dabei war die ungewöhnliche Anpassungsfähigkeit des jungen Mannes. Moss beherrschte die kleinen und großen Monoposti. Bei seinen zahlreichen Langstreckenrennen und bei den Grands Prix der Formel 1 erzielte Moss Erfolge, die ihn Ende der 50er Jahre zum wahrscheinlich besten Rennfahrer machten. Erinnert sei an dieser Stelle nur an seine vier Siege in den ADAC-1000-km-Rennen der Jahre 1956, 1958, 1959 und 1960.

Im Laufe seiner Karriere gewann er für Mercedes die „Mille Miglia" und die „Targa Florio", er siegte bei den Großen Preisen von England, Monaco und Monza, triumphierte bei den Grand-Prix-Rennen in Australien, Venezuela, Neuseeland, Italien, Schweden, Argentinien, Holland, Portugal,

Marokko, Melbourne, Kuba, Syracuse und Amerika. Erste, zweite und dritte Preise errang dieser brillante Fahrer beispielsweise beim 12-Stunden-Rennen in Reims, bei der Daily Telegraph Trophy, der englischen Tourist Trophy, bei den 1000 Kilometern von Buenos Aires und am Nürburgring. Die Erfolgsliste von Moss ist noch länger. Die viele Rennen, in denen er gegen stärkste Konkurrenz antrat und bestand – Fahrer wie Fangio, Hill, Brooks, Hawthorn, Collins, Brabham, von Trips, McLaren, Bonnier oder Clark – können an dieser Stelle jedoch nicht alle genannt werden.

Nicht nur Fachleute sind auch heute noch der Meinung, daß der beste Fahrer der Jahre von 1957 bis 1961 nie Weltmeister wurde, weil er nur selten auf Top-Material zurückgreifen konnte.

Unvergessen bleiben drei Rennen, die wohl die größten des Engländers waren: Der Mille-Miglia-Sieg auf Mercedes 1955 zusammen mit seinem Beifahrer Denis Jenkinson und die gewonnenen Weltmeisterschaftsläufe in Monaco sowie auf dem Nürburgring 1961, als Moss die leistungsmäßig weit überlegenen Werks-Ferrari schlug.

Stirling Moss, einer der überragenden Fahrer der Epoche zwischen 1951 und 1961, mußte seine Rennsportkarriere 1962 beenden: Am 23. April startete er in Goodwood bei einem nicht zur Weltmeisterschaft zählenden Formel-1-Rennen. In der 36. Runde verunglückte Moss mit seinem Lotus aus ungeklärter Ursache und wurde schwer verletzt. Monate später absolvierte der Londoner zwar noch einige Probefahrten, die Folgen seines Unfalles waren jedoch für Moss Grund genug, den Motorsport aufzugeben.

Tazio Nuvolari

Rennsportfans nennen ihn noch immer liebevoll „den großen kleinen Mann". Sie haben Tazio Giorgio Nuvolari, von Experten als besten Fahrer aller Zeiten bezeichnet, bis heute nicht vergessen.

„Mantovano volante", ein am 16. November 1892 in Casteldario bei Mantua geborener Italiener, war ein Fahrer wie aus einer anderen Welt. Es gab Piloten, die mehr Erfolge errangen als er, gleich gute Fahrer vor und nach ihm. Dennoch: Das Geheimnis seiner ungebrochenen Berühmtheit lag in dem Unglaublichen, daß er mehr als einmal auf der Piste bot. Tazio Nuvolari besaß Kämpfernatur, Mut zum „alles oder nichts" und Leistungsreserven, um die ihn alle anderen Fahrer beneideten. Saß der Italiener erst einmal hinter dem Lenkrad seines Rennwagens, kannte er nur ein Erfolgsrezept: So schnell wie möglich ins Ziel, auch wenn dabei das schier Unmögliche möglich gemacht werden mußte. So war es auch beim Großen Preis von Deutschland am 28. Juli 1935 auf dem Nürburgring, als der Mantuaner in einem denkwürdigen Rennen siegte. „Ein guter Fahrer, ein guter Wagen und Glück", urteilte damals die Fachpresse über Nuvolari, der ein rennsporthistorisches Meisterstück abgeliefert hatte.

Tazio Giorgio Nuvolari war bis 1930 einer der besten Motorradrennfahrer Italiens. Zehn Jahre zuvor hatte er erstmals auf Diatto ein Autorennen bestritten. Seine späteren Erfolge auf dem Alfa Romeo der Scuderia Ferrari, bei Maserati, Bugatti oder bei seinem Gastspiel bei Auto-Union sind Legende. Die Triumphe hier alle aufzuführen, würde den Rahmen sprengen. Nur die wichtigsten seien erwähnt: 1927 siegte Nuvolari auf einem 1990-ccm-Bugatti 35C in Rom und beim Garda-Rennen, 1928 in Tripolis und Alessandria. 1930 gewann er die Tourist Trophy in Irland und mit Guidotti die heimatliche „Mille Miglia". Ein Jahr später holte sich der Italiener die begehrten Trophäen beim Großen Preis von Europa in Monza (mit Campari), bei der Targa Florio und in Montenero. 1932 sollte eines der besten Jahre des Rennfahrers werden: „Der kleine Mann aus Mantua" stand in Monaco, beim Grand Prix von Frankreich, mit Campari beim Grand Prix von Italien, bei der Targa Florio und bei anderen großen Rennen im Rampenlicht. 1933 gewann das Idol aller italienischen Rennsportfreunde erneut die „Mille Miglia" (zusammen mit Campagnoni), danach die 24 Stunden von Le Mans mit Raymond Sommer sowie die Großen Preise von Tunis, Alessandria, Nimes und das Eifelrennen am Nürburgring.

Die Jahre 1934 und 1935 waren gekennzeichnet durch die Wechsel von Alfa Romeo zu Maserati, von Maserati zu Bugatti und zurück zum Rennstall von Alfa Romeo unter Rennleiter Enzo Ferrari. Dies alles hatte Tazio Nuvolari anscheinend gut verkraftet, denn die Erfolge sprachen für sich. 1935 war das Jahr des sensationellen Nürburgring-Sieges. Es folgten erste Plätze bei den Rennen in Turin, Biella, Nizza, Montenero und Modena. Im darauffolgenden Jahr gewann Nuvolari für die Scuderia Ferrari die Großen Preise von Penya Rhin, Modena, Mailand, Ungarn, Montenero und den amerikanischen Vanderbilt-Cup. Bis zum Beginn des Zweiten Weltkrieges konnte der Ausnahmefahrer aus Casteldario weitere unzählige Siegeslorbeeren ernten.

Ende der 40er Jahre wollte die Motorsportlegende Tazio Nuvolari noch einmal die Zeiger der Uhr zurückdrehen. Der Italiener startete mit einem 1,5-Liter-Maserati beim Grand Prix von Albi. Und gewann! Beim „Mille Miglia"-Rennen wurde er zusammen mit Carena auf einem Cisitalia Zweiter. In sein letztes Rennen ging Nuvolari 1948. Es war der Große Preis von Frankreich in Reims auf einem Maserati, der andere Fahrer zur Verzweiflung gebracht hätte. Das Fahrzeug, alles andere als in Ordnung, steuerte der damals 56jährige „Meister des Lenkrads" auf den siebten Platz.

Tazio Giorgio Nuvolari starb am 11. August 1953 in Mantua.

Bernd Rosemeyer

Bernd Rosemeyer, am 14. Oktober 1909 in Lingen/Ems geboren, galt in den 30er Jahren als größtes Talent, das jemals hinter dem Steuer eines Rennwagens saß. Der Ruf des „Draufgängers", des risikoreichen, temperamentvollen Fahrers, eilte Rosemeyer bereits voraus, als er noch erfolgreich Motorradrennen fuhr. 1935 war der Lingener dann auf „die vier Räder" umgestiegen.

In jenem Jahr fuhr der 26jährige erstmals den ungelenken, übergroßen 16-Zylinder-Auto-Union-Heckmotorrennwagen und löste als Debütant in Fachkreisen ungläubiges Erstaunen aus. Niemals zuvor in einem Rennwagen auf der Piste unterwegs, gewann Rosemeyer in seinem Auftaktjahr auf Auto Union am Masaryk-Ring bei Brünn. Er wurde Zweiter beim Eifelrennen auf dem Nürburgring und jeweils Dritter beim Grand Prix von Italien und der Schweiz. Hervorragende Plazierungen errang der Lingener in der Saison 1935 auch bei den Großen Preisen von Deutschland, Frankreich und in Spanien. Ein neuer Stern am Himmel des Motorsports war aufgegangen.

Bernd Rosemeyer, so urteilten in jenen Jahren Kenner der Szene, war ein Individualist reinsten Wassers. Dies kam seiner Fahrtechnik zugute. Anders als routinierte Piloten wählte Rosemeyer zwar eine „höhere Fahrgrenze", nahm dabei die Kurven der Rennstrecken schneller und offensichtlich viel mutiger als die Konkurrenz. Bei allem bewußt gewählten Risiko jedoch beherrschte er die Technik absolut sicher. Der Erfolg sollte ihn in seiner Strategie und Rennsport-Psychologie bestätigen: Mit der schwer zu fahrenden Konstruktion von Auto Union, der „Rakete" mit dem großen 16-Zylinder-Motor im Heck, eilte der Deutsche 1937 von Erfolg zu Erfolg. Rosemeyer siegte bei den Großen Preisen in Deutschland, in der Schweiz und in Italien. Auch bei den Bergrennen am Schauinsland bei Freiburg und am Feldberg gewann er. Vordere Plätze bei anderen großen Rennsportveranstaltungen machten den „Seiteneinsteiger" endgültig zum Publikumsliebling in Deutschland.

Die Nation trauerte, als am 28. Januar 1938 der Stern des Europameisters verlosch. Bernd Rosemeyer, der inzwischen die bekannte Fliegerin Elli Beinhorn geheiratet hatte, starb an diesem Tag auf der Autobahn Frankfurt-Darmstadt. Der „Blonde aus Lingen" war auf dem Weg zu einem neuen Weltrekord für Rennwagen. Alle Rekordhoffnungen für Auto Union machte plötzlich auftretender Seitenwind zunichte. Eine Laune der Natur blies das Lebenslicht eines Rennfahrers aus, der das Zeug dazu hatte, einer der ganz Großen auf den Rennpisten dieser Welt zu werden.

Jackie Stewart

Jackie Stewart, weitläufig verwandt mit dem leider so früh verunglückten Jim Clark, wurde am 11. Juni 1939 in Dumbuck geboren. Der Fahrer aus dem kleinen Ort nahe der schottischen Industriestadt Dumbarton interessierte sich bereits während seines Studiums mehr für die Großen der Rennsportszene als für seine Vorlesungen. Da Jackies älterer Bruder in den fünfziger Jahren auf dem Nürburgring mit einem Jaguar aber einen Unfall gehabt und sich danach vom Rennsport zurückgezogen hatte, gab es zu den Zukunftsplänen des jungen Schotten zunächst ein kategorisches mütterliches „Nein"! Erst 1963, als Ken Tyrrell, seiner guten „Nase" vertrauend, Jackie einen Fahrervertrag anbot, gab Mutter Stewart nach.

Rennstallbesitzer Tyrrell setzte das Rennsporttalent nach phantastischen Versuchsfahrten sofort im Cooper-BMC-Formel-3-Wagen ein. Stewart dankte das Vertrauen durch Siege in Snetterton, Goodwood, Aintree, Rouen, Reims und Oulton Park. Im Formel-2-Lotus-Cosworth wurde der „Youngster" Zweiter in Clermond-Ferrand und auf der Bahn in Montlhéry. Mit einem Lotus Elan siegte Stewart auch in Brands Hatch, auf Lotus Cortina holte er sich den Siegeslorbeer beim Tourenwagenrennen um den Coupe des Salon.

1965 unterschrieb Jackie Stewart einen Formel-1-Vertrag bei BRM. Spitzenfahrer war zur damaligen Zeit Graham Hill. Der „Neue" gewann gleich in seinem ersten Formel-1-Jahr den Großen Preis von Italien und belegte zweite Plätze bei den Grand-Prix-Rennen in Belgien, Frankreich und Holland. Vordere Plätze gab es in Monaco, England und Südafrika. Am Ende seiner ersten Formel-1-Saison war der Schotte bereits Weltmeisterschaftsdritter.

Die Jahre danach waren von weiteren großen Erfolgen gekrönt – kein Wunder, daß sich jetzt auch andere Rennställe für Jackie Stewart interessierten. Der Schotte allerdings hielt BRM zunächst die Treue und wurde dort 1967 Spitzenfahrer, als Graham Hill zurück zu Lotus ging.

1968 sorgte Stewart für Aufsehen, als er auf Matra das Regenrennen in Zandvoort gewann und wenige Wochen später den berühmten Nebel-Grand-Prix auf dem Nürburgring mit einem Vorsprung von mehr als vier Minuten vor dem Zweitplazierten Graham Hill für sich entschied.

1969 war dann das Jahr des Mannes aus Dumbarton. Durch Siege auf dem Matra-Cosworth V8 (Typ MS 80) bei den Großen Preisen von Südafrika, Spanien, Holland, Frankreich, England und Italien sowie durch einen zweiten Platz beim Großen Preis von Deutschland holte sich Jackie Stewart seine erste Formel-1-Weltmeisterschaft.

1969 gewann Stewart auch das Rennen in Brands Hatch, wurde Dritter in Silverstone bei der Daily-Express-Trophy und siegte beim Eifelrennen am Nürburgring und in Jarama.

1970 folgte ein „schwächeres" Jahr, denn seine „Dienstfahrzeuge", ein March-Ford und ein Tyrrell-Ford, waren nicht immer konkurrenzfähig.

Stewart schloß aber 1971 und 1973 an seinen Weltmeistertitel von 1969 an: Auf Tyrrell-Ford gewann er zwei weitere WM-Titel. In diesem Zeitraum beendete er allein 15 Grands Prix als Sieger. In seiner Karriere sorgte Stewart auch für einen weiteren (inoffiziellen) Rekord: 27 Grand-Prix-Siege in 99 Weltmeisterschaftsläufen.

Der dreifache Weltmeister hatte nach dem Training zum Großen Preis der USA in Watkins Glen 1973 seinen Rücktritt erklärt, als Teamgefährte François Cevert tödlich verunglückte.

Jackie Stewart lebt heute mit seiner Familie in der Schweiz. Der Schotte, dessen Markenzeichen die langen Haare waren, galt als ehrgeiziger und gewissenhafter Fahrer. Er fuhr seine Rennen mit kühlem, klugen Kopf und konzentrierte sich nur auf eines: den Sieg!

Jackie Stewart bleibt nicht nur eine Fahrerlegende, er blieb der Formel 1 und dem Motorsport eng verbunden.

Fast ein Vierteljahrhundert später ist Stewart wieder Mitglied im exklusiven Kreis der Formel 1. Zusammen mit seinem Sohn Paul gründete Stewart einen eigenen Rennstall, der am 9. März 1997 in Melbourne erstmals an den Start ging.

John Surtees

Der am 11. Februar 1934 in Tatsfield geborene Engländer John Surtees hatte die Liebe zum Rennsport von Geburt an „im Blut". Sein Vater war vor dem Zweiten Weltkrieg einer der besten englischen Seitenwagenfahrer, und auch Johns Mutter verstand von Motoren, Motorrädern und Rennen eine ganze Menge. Kein Wunder, daß die Eltern den Kleinen bereits zu Rennsportveranstaltungen mitnahmen, als dieser noch nicht richtig laufen konnte.

John Surtees steht in einer Reihe mit Fahrern wie Tazio Nuvolari, Bernd Rosemeyer, Achille Varzi oder Alberto Ascari. Wie diese großen Vorbilder, so begann auch Surtees seine Laufbahn als Motorradrennfahrer. Er erzielte zahlreiche Erfolge und wechselte anschließend zu den Renn- und Sportwagen, wo er schon bald zur Spitzengruppe gehören sollte.

Der Engländer, ausgestattet mit großem Interesse für technische Dinge, bestritt bereits als 16jähriger seine ersten Motorradrennen auf Excelsior, Triumph, Vincent und anderen „frisierten" Maschinen. 1956 wurde er von MV Agusta für die Werksmannschaft verpflichtet. Auf den italienischen Vierzylindermaschinen belegte Surtees in den Klassen bis 350 ccm und bis 500 ccm bei vielen Rennen erste Plätze. Als er Ende 1960 seine Karriere als Motorradfahrer beendete, um sich ganz dem Automobilsport widmen zu können, hatte er sieben Motorrad-Weltmeistertitel errungen.

Sein Debüt auf vier Rädern gab John Surtees 1960. In einem Formel „Junior" bestritt er für den Tyrrell-Rennstall in Goodwood das erste Rennen und wurde dabei gleich Zweiter hinter Jim Clark auf Lotus. In Oulton Park saß Surtees bereits in einem Formel-2-Cooper. Wieder schaffte er Platz zwei, diesmal hinter Innes Ireland. Kurze Zeit später bot ihm Colin Chapman einen Lotus-Formel-1-Werkswagen an. John Surtees wußte die Gunst der Stunde zu nutzen: Beim Großen Preis von England in Silverstone belegte der „Neuling" den zweiten Platz hinter Jack Brabham.

John Surtees, der auf dem Nürburgring bereits Motorrad-Grands-Prix gefahren hatte, wurde in den Jahren von 1961 bis 1967 zu einem der erfolgreichsten Piloten auf dem deutschen Traditionskurs: In den WM-Läufen der Formel 1 belegte er 1961 auf Cooper den fünften Platz, 1962 wurde er auf Lola Zweiter, 1963 und 1964 gewann er die Großen Preise auf Ferrari, 1966 kam er hinter Jack Brabham auf Rang zwei und 1967 reichte es auf einem Honda noch für Platz vier. Hinzu kamen seine Siege in den ADAC-1000-km-Rennen 1963 und 1965.

John Surtees entwickelte sich im Laufe der Jahre vom temperamentvollen zum ruhigen, ausgereiften Fahrer. Stets interessierte sich der erfahrene Techniker dabei für Weiterentwicklungen im Bereich des Fahrzeug- und Motorenbaus. Surtees feierte seinen größten Erfolg in der Formel 1 im Jahr 1964. Knapp vor Graham Hill und Jim Clark gewann er auf Ferrari V8 die Weltmeisterschaft. Die Grand-Prix-Siege am Nürburgring und in Monza, zweite Plätze in Holland, Amerika und Mexiko und Rang drei beim englischen Grand Prix in Brands Hatch hatten ihm den WM-Titel gesichert. 1964 gewann der Engländer auch in Syracuse und auf der Stuttgarter Solitude.

Bei Surtees, so urteilte einmal ein

Kenner der Rennsportszene, habe man immer das Gefühl gehabt, er wolle mit den Fahrzeugen gewinnen, die in der Hand anderer Fahrer kaum siegen würden. Surtees war ehrgeizig und wollte das Unmögliche realisieren. Vielleicht erklärt sich so sein mehrfacher Wechsel zu Marken, die ihn oft zur Verzweiflung trieben.

1961 hatte John Surtees beim Yeoman-Credit-Team angeheuert und gewann mit einem Cooper-Climax in Goodwood und Snetterton. 1962 wechselte er zur Bowmaker-Mannschaft und half mit bei der Konstruktion des Lola-Formel-1-Rennwagens mit V8-Climax-Motor. 1963 verpflichtete Enzo Ferrari den Fahrer, der in diesem Jahr in einem Ferrari V6 den Großen Preis von Deutschland gewinnen konnte, Zweiter beim Großen Preis von England und Dritter in Holland wurde. Mit einem Ferrari 250P gewann er zusammen mit Ludovico Scarfiotti das Rennen von Sebring, mit Willy Mairesse das 1000-Kilometer-

Rennen am Nürburgring. Nach dem Weltmeisterjahr 1964 wechselten Licht und Schatten ab. Mit einem Ferrari 330P2 und seinem Teamkollegen Scarfiotti gab es 1965 zwar noch einmal einen Erfolg am Nürburgring bei den „1000-Kilometern“ und zweite Plätze in Monza und bei den „12-Stunden“ in Reims. Die ganz großen sportlichen Erfolge wurden aber immer seltener.

Von Ferrari wechselte Surtees 1966 zu Cooper, um ein Jahr später einen Vertrag bei Honda zu unterschreiben.

Nach großen Enttäuschungen mit den unausgereiften Honda-Rennwagen startete Surtees 1969 bei BRM. Auch hier hielten sich seine Erfolge in Grenzen.

Mit einem eigenen Auto und einem eigenen Team wollte sich John Surtees dann noch einmal behaupten, aber nach vielen Rückschlägen und Niederlagen wurde der Rennstall 1978 aufgelöst.

Danksagung

Die Herausgeber danken den folgenden Personen, Unternehmen und Clubs für ihre Mitwirkung und Unterstützung bei der Entstehung dieses Buches:

Archiv Rhein-Zeitung, Koblenz
Dewitz, Christian
Engel, Herbert
Grube, Wolfgang
Kleymann, Michael
Krackowizer, Helmut
Louis, Christoph
Louis, Reinold
Ludes, Peter
Mauer, Karl
Michels, Willi K.
Moderne Verlags GmbH
Molter, Günther
Motorbuch-Verlag
Ostrovsky, Gisela
Parr, Klaus
Pöhle, Hildegard
Prüller, Heinz
Rochau, Gisela
Roland, Martin-Paul
Scheuer, Luki
Schneider, Bernd
Schneider, Herbert
Trips-Sportstiftung
Vereinigte Motor-Verlage
Völker, Bernhard
Weber, Franz
Weinand, Heinz

Bildquellennachweis:
Archiv ADAC
Archiv Alfa Romeo
Archiv Auto Union
Archiv Allison
Archiv AvD
Archiv BMW
Archiv Büttner
Archiv Daimler-Benz
Archiv Engel
Archiv Esch
Archiv Födisch
Archiv Ford
Archiv Goodyear
Archiv Herrmann
Archiv Hessel
Archiv Heyer
Archiv Krackowizer
Archiv Ludes
Archiv Mang
Archiv Mauer
Archiv Millanta
Archiv Molter
Archiv Nürburgring
Archiv Opel
Archiv Ostrovsky
Archiv Pietsch
Archiv Pirelli
Archiv Pöhle
Archiv Porsche
Archiv Prüller
Archiv Salvadori
Archiv Stadler
Archiv Surer
Archiv Surtees
Archiv Trips-Stiftung
Archiv VW
ATP
Beissel
Caspari
Deblon
Dorint AG
ELF
Gorys
Grabow
I.S.P. Grube
Klein
Kroechel
Noellner
Paumann
Römer
Seufert
Völker
Weitz
Wörner

Sämtliche Luftaufnahmen wurden von der Fa. Winfried Römer, Luftbild- und Industriewerbung, St. Augustin, zur Verfügung gestellt.

Hinweis:
Die Herausgeber haben die Urheber der verwendeten Fotos nach bestem Wissen recherchiert und auf sie im Bildquellennachweis hingewiesen. Bei einigen Archiv-Aufnahmen war dies leider nicht möglich, da sie mit keinerlei Urheberrechtsvermerken versehen waren.
Selbstverständlich lösen Verlag bzw. Herausgeber berechtigte Ansprüche dieser Fotoautoren gegebenenfalls im Ausmaß der üblichen Verlagsusancen ein.

Literaturhinweise:

Auto-Jahr
Der Nürburgring, Richard von Frankenberg
Der Nürburgring, Luki Scheuer
Mercedes-Benz-Pressedienst
Nürburgring, Luki Scheuer
Nürburgring, Willi K. Michels/Luki Scheuer
Nürburgring-Chronik
Nürburgring-Cosmos-Report
Nürburgring-Pressedienst